Linguística para Fonoaudiologia: Interdisciplinaridade Aplicada

Conselho Acadêmico
Ataliba Teixeira de Castilho
Carlos Eduardo Lins da Silva
Carlos Fico
Jaime Cordeiro
José Luiz Fiorin
Tania Regina de Luca

Proibida a reprodução total ou parcial em qualquer mídia
sem a autorização escrita da editora.
Os infratores estão sujeitos às penas da lei.

A Editora não é responsável pelo conteúdo deste livro.
A Organizadora e os Autores conhecem os fatos narrados, pelos quais são responsáveis,
assim como se responsabilizam pelos juízos emitidos.

Consulte nosso catálogo completo e últimos lançamentos em **www.editoracontexto.com.br**.

Aniela Improta França

Linguística para Fonoaudiologia: Interdisciplinaridade Aplicada

Copyright © 2022 da Organizadora

Todos os direitos desta edição reservados à
Editora Contexto (Editora Pinsky Ltda.)

Ilustração de capa
Simon Lee/Unsplash

Montagem de capa
Gustavo S. Vilas Boas

Preparação de textos
Da organizadora

Diagramação e revisão
Patricia Mabel Kelly Ramos

Dados Internacionais de Catalogação na Publicação (CIP)

Linguística para fonoaudiologia : interdisciplinaridade
aplicada / organizado por Aniela Improta França ;
Thiago Oliveira da Motta Sampaio ... [et al.]. – São Paulo :
Contexto, 2025.
272 p. : il.

Bibliografia
ISBN 978-65-5541-122-5

1. Fonoaudiologia 2. Linguística 3. Saúde
I. França, Aniela Improta

21-5708   CDD 616.855

Angélica Ilacqua – Bibliotecária – CRB-8/7057

Índice para catálogo sistemático:
1. Fonoaudiologia

2025

EDITORA CONTEXTO
Diretor editorial: *Jaime Pinsky*

Rua Dr. José Elias, 520 – Alto da Lapa
05083-030 – São Paulo – SP
PABX: (11) 3832 5838
contato@editoracontexto.com.br
www.editoracontexto.com.br

Sumário

PREFÁCIO 09
Janaina Weissheimer

    Bibliografia 17

UM MERGULHO HISTÓRICO NAS CIÊNCIAS DA LINGUAGEM:
AUDIOLOGIA, TERAPIA DA FALA, LINGUÍSTICA E FONOAUDIOLOGIA.
DE ONDE VIERAM? 19
Thiago Oliveira da Motta Sampaio

    Como passamos a nos interessar pelos estudos da linguagem? 20

    Estudos da linguagem até o século XIX 21

        Estudos sobre o funcionamento das línguas 21

        Estudos e soluções para a saúde auditiva 22

        Estudos sobre os déficits na produção da fala 24

        Psicologia e linguagem 24

    O nascimento da Linguística 26

    O nascimento da Terapia da Fala e da Audiologia 29

    O nascimento da Fonoaudiologia 30

    Fonoaudiologia e Linguística 32

    Considerações finais 34

    Bibliografia 35

VARIAÇÃO SOCIOLINGUÍSTICA 37
Christina A. Gomes, Marcelo Melo, Suzana M. Nery e Marcela S. Sousa

    O que é Variação Sociolinguística? 37

    Como estudar? 42

    Resultados de investigações 47

    Estudo de caso 55

    Bibliografia 57

FONÉTICA..59
Thaïs Cristófaro Silva e Larissa Berti

O que é a Fonética?...59

Como estudar?..65

A Fonética na Fonoaudiologia..67

Exemplos clínicos...69

Exemplo clínico 1: Omissão de tepe em encontro consonantal [Cɾ]:
Apagamento...70

Exemplo clínico 2: Substituição de [b] → [p]: Vozeamento.............71

Exemplo clínico 3: Substituição de /k/→[t]: Lugar de articulação....72

Exemplo clínico 4: Substituição de /l/ por [ɾ]: Modo de articulação..................74

Conclusão..76

Bibliografia...77

FONOLOGIA...79
Gean Damulakis e Gladis dos Santos

Os traços distintivos..80

Unidades maiores que o segmento...86

A sílaba..87

Teoria CV versus Teoria Moraica...89

Constituintes silábicos: propriedades...90

Formando a sílaba...91

Processos...92

Tipos de regras e processos..92

Aquisição fonológica do português...93

Fonologia e a clínica fonoaudiológica...96

Exame fonético..96

Subsídios para o diagnóstico e estratégias terapêuticas....................97

Resultado de exame fonético..99

Bibliografia...103

SINTAXE 105
Ana Regina Calindro, Adriana Leitão Martins e Fernanda de Carvalho Rodrigues

Noções preliminares...106

As bases sintáticas fundamentais trazidas pelo estudo formal da linguagem 106

Distúrbios sintáticos 109

Componentes da Sintaxe 112

    Categorias funcionais e lexicais 112

    Constituintes sintáticos..114

    Teoria X-Barra...117

    Complementação e Teoria Temática...120

    Movimento de constituintes e Teoria do Caso 124

    Morfologia verbal...128

Estudo de caso...129

Bibliografia..132

PSICOLINGUÍSTICA..133
Marcus Maia, Luciana Mendes e Guiomar Albuquerque

    O surgimento da Psicolinguística..134

    Dislexia e estudos da Psicolinguística...140

        A dislexia..141

        Estudos de leitura monitorada e Sintaxe na dislexia..............142

        Estudos de *priming* morfológico visual e auditivo na dislexia 143

        Rastreamento ocular e dislexia..145

    TDAH e estudos da Psicolinguística...149

        O TDAH...149

        Estudos de decisão lexical e leitura monitorada no TDAH........151

    Relatos de casos 154

    Considerações finais..156

    Bibliografia..156

NEUROCIÊNCIA DA LINGUAGEM..159
Aniela Improta França, Emily Silvano e Silas Augusto Martins

    A abordagem de correlação anátomo-clínica...............................162

    O grande desafio: a aquisição de linguagem 164

    Enfocando a tarefa mais básica: o acesso lexical.........................170

    Relato de caso..176

        Caso 01 181

        Caso 02 183

    Importância da Fonoaudiologia na abordagem neurocirúrgica com o paciente

    acordado 184

    Bibliografia..185

PRAGMÁTICA..187
Diogo Pinheiro, Liana Biar e Renata Mousinho

Como estudar Pragmática..188

Tópicos em Pragmática clássica..189

Dêixis...189

Pressuposição..191

Implicatura conversacional...193

Estudos da fala-em-interação...196

O sistema de troca de turnos...198

Enquadre, *footing* e pistas de contextualização.........................200

Exemplo clínico...202

Estudo de caso...204

Bibliografia..207

LINGUAGEM, SURDEZ E SURDOS..209
Marília U. C. Lott de M. Costa, Felipe Venâncio Barbosa e Andrew Ira Nevins

O funcionamento da audição..210

Linguagem contexto surdo-cego...215

Aquisição de linguagem e o dilema da idade....................................217

Contribuições do bilinguismo..220

Relato de caso..226

Considerações finais..231

Bibliografia..232

AFASIAS...237
Adriana Lessa, Arabie Bezri Hermont e Maria Isabel D. Freitas

Um breve histórico das Afasias..238

Classificação das Afasias...242

O estudo das Afasias sob o prisma linguístico.................................247

Estudo de caso..254

Considerações finais..259

Bibliografia..260

NOTAS...261

OS AUTORES...265

Prefácio

Mapeando as interfaces entre a Fonoaudiologia e a Linguística

Janaina Weissheimer

Costuma-se pensar sobre cognição e linguagem como partes inseparáveis de um todo, e que esse todo não tem como ser o que é em plenitude se lhe faltar alguma das partes. Já pensou o que seria de um violão sem as cordas? Como ele iria funcionar e cumprir o seu papel de violão sem as cordas? Muito provavelmente ele poderia se tornar qualquer outra coisa, menos um violão. A comunicação humana é predominantemente oral e a capacidade de produzir sons, processá-los e interpretá-los é característica essencial da linguagem. A linguagem costuma ser compreendida como um sistema mental que utiliza os sentidos e a cognição como meios de transmissão e de recepção de informações. Para compreender esse sistema mental tão impressionante, não basta pensar em como a linguagem se organiza como um sistema autônomo e fechado, é preciso estudar o sistema como um todo.

Mas vamos começar falando de interfaces, a essência deste livro. Há uma parábola bastante conhecida que ilustra bem isto: a dos cegos e do elefante. Segundo essa parábola, um príncipe indiano mandou chamar um grupo de cegos e pediu que apalpassem um elefante. O que se deu a partir daí foi uma enorme confusão. O cego que tinha apalpado a barriga, disse que o objeto apalpado era uma enorme panela. O que tinha apalpado a cauda até os pelos da extremidade discordou e disse que se parecia mais com uma vassoura, e assim por diante. Os cegos se envolveram numa discussão sem fim, cada um querendo provar que os outros estavam errados e que o que cada um deles havia apalpado era o que, de fato, correspondia ao objeto. Evidentemente, cada um se apoiava na sua própria experiência e não conseguia entender como os demais podiam afirmar o que afirmavam. O príncipe, então, explicou que deveriam juntar as experiências de todos e tentar imaginar como a parte que cada um apalpou se une às outras para formar esse todo que seria o elefante.

Há muitas conclusões que podemos tirar dessa parábola. A principal, na minha opinião, é que a experiência das coisas que cada um de nós pode ter é sempre restrita. Por isso, somos obrigados a levar em conta também as experiências dos outros para se chegar a uma síntese. É assim na vida e também é assim na ciência, ou pelo menos deveria ser. O que um pesquisador pode revelar é geralmente uma parte ínfima de um objeto ou fenômeno muito complexo, que somente fará sentido se e quando associada a outros olhares de outros pesquisadores sobre o mesmo objeto ou fenômeno. É o que chamamos de interdisciplinaridade. Algumas ciências são mais susceptíveis a interfaces que outras. No caso da Fonoaudiologia e da Linguística, as interfaces são constituintes de sua natureza.

Vou me permitir uma breve digressão aqui para falar de um exemplo fascinante de como interfaces se formam na ciência. É o caso do matemático suíço Leonhard Euler, que ficou conhecido em 1736 por resolver o problema das Sete Pontes de Königsberg. Na cidade de Königsberg, hoje Kaliningrado na Rússia, havia duas grandes ilhas circundadas pelo Rio Prególia (figura 1).

Figura 1: À esquerda, o enigma das sete pontes de Königsberg. À direita, o grafo de Euler.

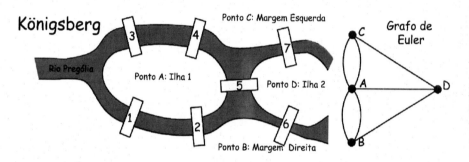

Fonte: Elaborado pela autora.

Discutia-se a possibilidade de se atravessar todas as sete pontes sem repetir nenhuma. Desenhando possivelmente o primeiro grafo da história (figura 1, à direita), Euler então usou um raciocínio matemático em que descartava tudo que era irrelevante ao problema para chegar a um esquema que podia solucionar não só esse, mas também muitos outros enigmas com configuração semelhante. Nele havia quatro pontos representando territórios da cidade: dois para as margens do rio (B e C), um terceiro para uma das ilhas (A) e o quarto para a outra ilha (D). Euler, então, percebeu que só seria possível atravessar o caminho inteiro passando uma única vez em cada ponte se houvesse exatamente zero ou dois pontos de onde saísse um número ímpar de caminhos. A razão de tal coisa é que de cada ponto deve haver um número par de caminhos, pois será preciso um caminho para "entrar" e outro para "sair". Os dois pontos com caminhos ímpares referem-se ao início e ao final do percurso, pois estes não precisam de um para entrar e um para sair, respectivamente. Se não houver pontos com número ímpar de caminhos, pode-se (e deve-se) iniciar e terminar o trajeto no mesmo ponto, podendo esse ser qualquer ponto do grafo. Isso não é possível quando temos dois pontos com números ímpares de caminhos, sendo obrigatoriamente um o início e outro o fim.

Estruturas que podem ser representadas por grafos estão em toda parte e muitos problemas de interesse prático podem ser formulados como questões sobre grafos. Ou seja, o que em princípio foi uma estratégia para resolver um problema prático de deslocamento pela cidade de Königsberg deu origem mais tarde à Teoria de Grafos, uma proposta que vem sendo utilizada para explicar uma série de problemas de naturezas diversas, desde o comportamento em redes sociais até a cognição humana. Mais recentemente, linguistas (entre eles a equipe que integro no Instituto do Cérebro da UFRN) têm aplicado a Teoria de Grafos para investigar a relação entre a trajetória gráfica de palavras no discurso oral ou escrito e sua possível relação com outros aspectos mentais e cognitivos. Para citar apenas um exemplo, no contexto pandêmico da Covid-19, publicamos um estudo em que mostramos que, através da análise de grafos, é possível diferenciar relatos de sonhos do período pandêmico de relatos de sonhos anteriores à pandemia (Mota et al., 2020). Nossos resultados mostram que relatos de sonhos pandêmicos têm maior proporção de palavras ligadas à "raiva" e à "tristeza", além de maior aproximação entre arestas de termos como "contaminação" e "limpeza". Além disso, os atributos da análise de grafos mostraram estar associados ao índice de sofrimento mental vinculado ao isolamento social dos indivíduos, corroborando a hipótese de que os sonhos refletem resíduos diurnos da vigília, neste caso evidenciando o sofrimento mental, medo de contágio e mudanças no cotidiano típicas de um cenário pandêmico. Em síntese, uma bela interface entre a Matemática, a Linguística e a Psiquiatria Computacional.

Mas vamos retornar à interface específica que nos interessa aqui, aquela entre a Fonoaudiologia e a Linguística. Neste momento, impõe-se um esclarecimento terminológico sobre a natureza e o processo dessas duas áreas. Embora a Linguística e a Fonoaudiologia tenham tido origens distintas, a primeira mais interessada em desvendar fenômenos de natureza básica e a segunda bastante ligada à área da saúde, hoje elas são vistas claramente como áreas complementares. Enquanto uma desenvolve pesquisas no intuito de melhor conhecer a natureza e os mecanismos de processamento da linguagem humana, a outra tem o interesse de aplicar esse e outros conhecimentos na atenção e promoção da saúde. Para fazer essas duas ciências dialogarem, temos as abordagens translacionais que, por definição, transportam conhecimentos das ciências de base – aqui a Linguística – para as aplicadas – aqui a Fonoaudiologia.

Ou seja, tanto a Linguística quanto a Fonoaudiologia são, em sua essência, ciências de interface. Desde o advento da Linguística enquanto ciência, que data cerca de pouco mais de um século (portanto, uma ciência demasiadamente jovem) fica claro, como dissemos no início deste prefácio, que ela não pode se prender ao núcleo da linguagem. Ela deve também fazer interfaces que podem nos ajudar a explicar a natureza e o uso de cada um dos níveis linguísticos – por exemplo, Sintaxe, Fonologia, Semântica, Pragmática – e aplicações que nos permitem utilizar o conhecimento básico sobre a linguagem para fins específicos.

A Fonoaudiologia é também um campo eminentemente interdisciplinar. O fonoaudiólogo atua na área de saúde com as diferentes formas de comunicação humana – linguagem oral e escrita, voz, fala, audição – em situações de desenvolvimento de linguagem em indivíduos saudáveis e também em inúmeras situações de perdas e disfunções de linguagem. Em cada uma dessas frentes de trabalho, uma área de saber de grande importância fundacional para fonoaudiólogo é a Linguística. No entanto, aprender Linguística no contexto de um curso de Fonoaudiologia apresenta vários desafios. A maioria dos estudantes que ingressam na graduação em Fonoaudiologia normalmente tem em mente o contexto de atendimento aos pacientes e o fascínio pelas disfunções cognitivas. Neste contexto, é fundamental que aprendam como os conhecimentos de Linguística podem se tornar ferramentas práticas de uso no dia a dia da profissão. É neste sentido que este livro pode ajudar.

Podemos pensar que a relação entre a Linguística e a Fonoaudiologia surgiu já na Medicina, mesmo antes de as duas áreas serem cunhadas como ciência. Tal encontro se deu no campo das afasias, sendo as mais clássicas as reportadas pelo neurologista Paul Pierre Broca (1895), na França, e pelo também neurologista Karl Wernicke (1848-1905), na Alemanha. O primeiro descreveu o caso de um paciente que havia passado por um acidente vascular cerebral (AVC) tendo problemas na fluência da fala como sequelas, apesar de sua prosódia ser aparentemente normal. Já o segundo médico reportou casos de pacientes que tinham problemas de compreensão além de problemas na construção de frases com sentido. Esses estudos culminaram com análises post-mortem dos cérebros desses pacientes, uma vez que, na época ainda não era possível uma análise neurofisiológica não-invasiva. As lesões dos pacientes de Broca foram localizadas na terceira circunvolução da parte frontal esquerda do cérebro. Já as dos pacientes de Wernicke foram associadas ao giro temporal superior esquerdo (figura 2).

Figura 2: O Modelo Clássico das áreas da linguagem,
usado até a primeira metade do século XX

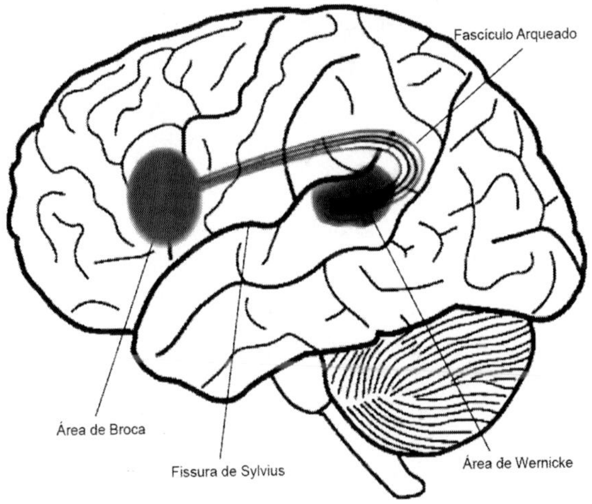

Fonte: Elaborado pela autora.

Deu-se aí o início do estudo do mecanismo da linguagem no cérebro, afinal, tudo indicava que haviam descoberto as áreas relacionadas à produção e à compreensão da linguagem nesse órgão tão misterioso que é o cérebro. Esse foi só o pontapé inicial para quase dois séculos de estudos, que chegam aos dias de hoje apontando que a linguagem, na verdade, mobiliza todo o cérebro, especialmente as regiões no entorno do sulco lateral, também conhecido como fissura de Sylvius (figura 3).

Figura 3: Hemisfério esquerdo com diferentes áreas perisilvianas
relacionadas ao processamento de linguagem

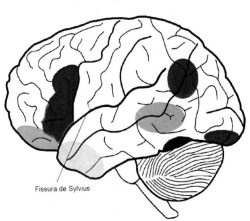

Fonte: Elaborado pela autora.

Uma vez esclarecida a natureza interdisciplinar e um possível lócus da interface entre a Fonoaudiologia e da Linguística, o próximo passo é entendermos como estas duas ciências podem dialogar. Desde que Donald E. Stokes introduziu o Quadrante de Pasteur[1] em 1950, inúmeras possibilidades e desafios na translação entre as ciências básicas e aplicadas têm se apresentado. O quadrante de Pasteur é uma classificação de pesquisas científicas que buscam a compreensão fundamental dos problemas científicos, mas também o seu uso imediato para a sociedade. As pesquisas de cunho translacional, que almejam transpor conhecimentos de forma bilateral de uma ciência de base para uma aplicada, surgiram a partir de então, com o intuito, sobretudo, de acelerar ações políticas, econômicas e sociais baseadas em evidências científicas (Lent; Buchweitz; Mota, 2018; Dresler et al., 2018). Uma proposta recente e interessante é a de Dorothy Bishop (2014), pesquisadora que ilustra muito bem as possibilidades de interface translacional entre a Neurociência e a Educação, no caso específico da aquisição da leitura e da dislexia.

Abro parênteses aqui para falar brevemente sobre a dislexia, a título de ilustração. Isto porque a dislexia é uma janela importante para entendermos a relação entre Linguística e Fonoaudiologia, à luz da abordagem translacional descrita no parágrafo anterior. A dislexia configura-se em um transtorno do neurodesenvolvimento de causa multifatorial que afeta a aprendizagem da leitura na sua fase de decodificação e consequentemente pode interferir na compreensão do que é lido (Capovilla; Capovilla, 2000; Mojen; França, 2006; Shaywitz et al., 2006; Dehaene, 2012). Seu diagnóstico é multidisciplinar, envolvendo avaliação de vários profissionais, como neurologista, fonoaudiólogo, neuropsicólogo, dentre outros. A persistência dos sintomas é relevante, mas estes podem ser mitigados através de intervenções pedagógicas. Os sintomas se manifestam mais evidentemente a partir da alfabetização, com alteração do padrão de leitura, com velocidade abaixo do esperado para idade e nível escolar da criança. As intervenções para a dislexia geralmente consideram a consciência fonológica como preditor do desenvolvimento da fala e posteriormente da escrita e da leitura das crianças portadoras dessa neurodiversidade. Crianças com transtorno fonológico apresentam dificuldades em lidar com as regras grafo-fonológicas da língua, que podem estar relacionadas à programação cognitivo-linguística, que inclui o sistema fonológico. Neste sentido, entender essa ligação entre Neurociência e Linguagem permite informar intervenções mais eficazes a serem implementadas por fonoaudiólogos no tratamento de indivíduos portadores de dislexia do desenvolvimento.

Pois bem, ao avaliar os resultados gerais de várias intervenções para a dislexia, em propostas translacionais, Bishop (2014) vislumbrou quatro cenários possíveis, inspirada também no Quadrante de Pasteur: um cenário "ideal", em que mudanças cerebrais são associadas a mudanças positivas no desempenho de leitura em sala de aula como resultado da intervenção (o que interessaria igualmente a educadores e neurocientistas); um cenário "indesejável", em que nem mudanças cerebrais nem mudanças no desempenho de leitura são identificadas após a intervenção; um terceiro cenário, em que mudanças são vistas apenas nos mecanismos cerebrais, mas não na performance de leitura (o que interessaria exclusivamente aos neurocientistas); e um quarto e último cenário, em que mudanças são percebidas no aprimoramento da leitura em sala de aula, mas sem a identificação de correlatos neurais (o que interessaria exclusivamente aos educadores). A título de ilustração, suponha que os pesquisadores queiram investigar o efeito de uma intervenção de leitura, meçam os correlatos neurais antes e depois do treino fonológico e descubram que o giro angular esquerdo se torna mais ativo à medida que as crianças disléxicas aprendem a ler. O que um professor deve fazer com essas informações? Como elas podem ser traduzidas para o campo da aprendizagem? O que importa para o professor é se o treinamento é eficaz para melhorar a leitura do seu aluno. Realmente não vai fazer nenhuma diferença para o professor se mudanças cerebrais detectáveis aconteceram ou não. O desafio neste caso, segundo Bishop (2014), está em fazer as ciências de interface (no caso do exemplo dela, a Neurociência e a Educação) dialogarem com vistas a extrair uma melhor explicação possível dos resultados encontrados, que nem sempre são favoráveis às duas áreas.

Faz sentido pensarmos no quadrante proposto de forma geral, uma vez que avanços tecnológicos da década do cérebro[2] vem permitindo a identificação cada vez mais precisa dos mecanismos que governam o processamento psicolinguístico, incluindo os sistemas de linguagem, cognição e fonoaudiológicos. A emergência de métodos não-invasivos de neuroimagem, como o eletroencefalograma (EEG), a ressonância magnética funcional (fMRI) e a espectroscopia funcional de infravermelho próximo (fNIRS), para citar alguns, indica que a Fonoaudiologia e a Psicolinguística têm um campo muito vasto a ser explorado, sobretudo acerca da utilização de técnicas on-line[3] para a avaliação da leitura e da escrita no contexto da clínica fonoaudiológica e com grande contribuição para a Fonoaudiologia Educacional. Com a inovadora técnica de fNIRS, por exemplo, é possível detectar a atividade hemodinâmica cerebral e prever a conexão entre diferentes regiões cerebrais no exato momento em que os participantes estão realizando uma tarefa em sala de aula, permitindo com que eles se movimentem e até mesmo conversem entre si, o que não era possível até então. Com isso, muito pode ainda vir a ser feito para aprimorar práticas fonoaudiológicas e educacionais sob a luz de estudos psicolinguísticos, tanto visando os distúrbios e atipicidades, quanto pensando em boas práticas para todos os aprendizes.

Conhecer um pouco da história e da natureza da Linguística e da Fonoaudiologia nos faz compreender que muitos dos temas que estudamos em uma área são também comuns à outra, como mostramos no exemplo das afasias e da dislexia. Para além disso, começamos a perceber que aqueles pontos em que parecíamos ter divergências começam a fazer um pouco mais de sentido, como, por exemplo, o porquê de estudarmos tanto a estrutura sintática das sentenças e fazermos experimentos psicolinguísticos, ou o porquê de a Audiologia que, por definição, estuda o sistema auditivo, também ter uma importância fundamental nos estudos da linguagem.

É neste contexto de interfaces que *Linguística para Fonoaudiologia: Interdisciplinaridade Aplicada* torna-se um livro-texto essencial ao fornecer em uma mesma obra, aspectos da teoria Linguística inerentemente conjugados a instâncias práticas da Fonoaudiologia. Os autores constroem um panorama didático atual e instigante para uma compreensão verdadeiramente aplicada dos conceitos dos principais níveis e temas linguísticos: Sintaxe, Variação, Fonética, Fonologia, Psicolinguística, Neurociência da Linguagem, Pragmática, Linguagem e Surdez, Linguagem e Afasia. A argumentação teórica é apresentada por linguistas que ensinam nos cursos de Fonoaudiologia e conhecem a necessidade prática dos leitores potenciais desse livro. Cada ponto teórico é ilustrado por estudos de casos apresentados por um fonoaudiólogo que é coautor de cada capítulo. Essa abordagem integrada das duplas ou trios de linguistas e fonoaudiólogos é enfatizada e enriquecida por todo o livro, através de referências ao estado da arte dos recursos clínicos. Este livro-texto conciso e de fácil leitura se converterá em um apoio inédito para todos os estudantes de graduação e pós-graduação de Fonoaudiologia, assim como para terapeutas em todas as áreas das ciências cognitivas que desejem enriquecer sua compreensão das avaliações linguísticas que fazem na prática.

E é neste diálogo entre teoria e prática que *Linguística para Fonoaudiologia: Interdisciplinaridade Aplicada* intervém e deve ser conhecido pela comunidade Linguística e Fonoaudióloga. Esta obra explica como o conhecimento de Linguística e a pesquisa neste domínio são indispensáveis para informar e orientar os profissionais, estudiosos e pesquisadores na área de Fonoaudiologia, em especial. Para voltar à fábula dos cegos e do elefante, mencionada no início deste prefácio, a compilação de textos que o leitor encontrará aqui permitirá que ele não siga apalpando no escuro uma ciência que lhe parece misteriosa, mas que una suas experiências às de outros teóricos, curiosos e estudiosos com vistas a lançar luz sobre mecanismos e fenômenos de interesse mútuo.

Por fim, agradeço honrada aos organizadores pela oportunidade de unir minhas ideias as deles em forma de prefácio a esta obra que, além de inovadora, é extremamente necessária para orientar e esclarecer os proficionais e estudantes de Fonoaudiologia e de Linguística do país. Vida longa às interfaces e aos saberes compartilhados!

BIBLIOGRAFIA

BISHOP, Dorothy. What is Educational Neuroscience. *Bishop Blog*. Disponível em: <http://deevybee.blogspot.com/2014/01/what-is-educational-neuroscience.html>. Acesso em: 25 jan. 2014.

CAPOVILLA, A. G. S.; CAPOVILLA, F. C. *Problemas de leitura e escrita:* como identificar, prevenir e remediar numa abordagem fônica. 2. ed. São Paulo: Fapesp, 2000.

DEHAENE, S. *Os neurônios da leitura:* como a ciência explica a nossa capacidade de ler. Trad. Leonor Scliar-Cabral. Porto Alegre: Penso, 2012.

DRESLER Thomas et al. A Translational Framework of Educational Neuroscience in Learning Disorders. *Frontiers in Integrative Neuroscience*, v. 12, n. 25, 2018. Doi: 10.3389/fnint.2018.00025.

MOTA Natália B. et al. Dreaming during the Covid-19 pandemic: Computational assessment of dream reports reveals mental suffering related to fear of contagion. *Plos One*, v. 15, n. 11, 2020. e0242903. Disponível em: <https://doi.org/10.1371/journal.pone.0242903>.

MOOJEN, S.; FRANÇA, M. Dislexia: visão fonoaudiológica e psicopedagógica. In: ROTTA, N. T. et al. *Transtornos da aprendizagem:* abordagem neurobiológica e multidisciplinar. Porto Alegre: Artmed, 2006.

LENT, Roberto; BUCHWEITZ, Augusto; MOTA, Mailce B. *Ciência para Educação:* uma ponte entre dois mundos. Rio de Janeiro: Atheneu, 2018.

STOKES, Donald E. *Pasteur's Quadrant:* Basic Science and Technological Innovation. Washington: Brookings, 1950.

SHAYWITZ S.; MODY, M.; SHAYWITZ, B. A. Neural Mechanisms in Dyslexia. *Current Directions in Psychological Science*, v. 15, n. 6, 2006, pp. 278-81. Doi:10.1111/j.1467-8721.2006.00452.x.

Um mergulho histórico nas ciências da linguagem: Audiologia, Terapia da Fala, Linguística e Fonoaudiologia. De onde vieram?

Thiago Oliveira da Motta Sampaio

A comunicação humana é um tema de extrema importância. Essa capacidade, em parte inconsciente, de produzir símbolos organizados e de interpretá-los são características essenciais do que chamamos de linguagem. E desde muito cedo essa capacidade despertou curiosidade na nossa espécie. Diversas áreas surgiram com o objetivo de compreender a origem, a natureza e o funcionamento da linguagem e duas delas são os temas principais desse livro: a Linguística e a Fonoaudiologia.

No que diz respeito à origem da linguagem, diversos estudos prevêem momentos diferentes para o seu surgimento e, assim, não é possível indicar uma época exata. De todo modo, nenhuma proposta que eu tenha conhecimento prevê que a linguagem tenha surgido há menos de 500 mil anos. Uma das razões para essa dúvida é que "*a linguagem não deixa fósseis*". Por mais que existam evidências históricas das capacidades anatômicas que nos permitem produzir e compreender linguagem, essas evidências, sozinhas, não indicam o momento em que começamos a utilizar esses órgãos para a comunicação por meio de línguas, e também não nos permitem estudar a produção linguística em si. Ademais, todas as formas naturais da comunicação humana são efêmeras, seja em sua forma predominante, falada, seja em formas gestuais (ex. Libras e Língua Gestual Cena, no Piauí), ou em formas assobiadas (ex. Silbo Gomero nas Ilhas Canárias e Sfyria na Ilha de Evia, na Grécia). Nenhuma dessas formas mantém registros e, consequentemente, não deixam rastros do conhecimento técnico de nossa espécie até pelo menos cerca de 5 mil anos atrás, quando surgiria a escrita.

A escrita foi uma invenção cultural que surgiu por volta de 3.200 anos a.e.c na Mesopotâmia (Higounet, 2003). Esse método inovador de produção Linguística permitiu que as produções Linguísticas realizadas por meio da escrita, como histórias e documentos, se tornassem tão duradouros quanto os materiais em que foram escritos, como a argila, os papiros e o papel. Apesar disso, grande parte da população das primeiras civilizações a desenvolver um sistema de escrita ainda era analfabeta e a escrita era uma ferramenta exclusiva de pessoas bastante influentes na sociedade. Outra dificuldade encontrada era a forma dos registros, ainda feitos à mão, dificultando a cópia e, consequentemente, a difusão de documentos e de livros (Gunaratne, 2001).

A difusão da escrita daria um enorme salto em 1439 com a invenção da imprensa de Gutemberg. Esse avanço tecnológico permitiu a cópia em massa dos livros e a invenção dos jornais, bem como a criação de acervos de obras que contavam a história e o conhecimento humano, como as bibliotecas. Ainda assim, a alfabetização só viria a se tornar uma questão de política pública nos séculos mais recentes. Desse modo, é de se esperar que os documentos mais antigos da nossa espécie sejam envoltos de todo um ar místico misturado ao ar de respeito e de poder. Alguns exemplos dessa característica mística dos textos antigos ditam os primórdios das áreas que este livro irá perpassar.

COMO PASSAMOS A NOS INTERESSAR PELOS ESTUDOS DA LINGUAGEM?

Os estudos da linguagem mais antigos que conhecemos até o momento foram introduzidos por filósofos hindus, na Índia. Sua motivação era compreender o Sânscrito Védico, a língua em que foram escritos os quatro textos sagrados do hinduísmo, *Rigveda, Yajurveda, Samaveda* e *Atarvaveda,* datados de cerca de 4 mil anos atrás, mil anos após a invenção da escrita (Matilal, 1990). Por serem textos sagrados, filósofos e gramáticos de cerca de 1500 e 500 a.e.c estudavam a língua não pelo puro objetivo de compreender características da língua ou da escrita. Eles a estudaram pois, compreendendo o funcionamento da língua dos textos sagrados, eles estariam mais próximos do plano divino. A título de exemplo, um dos principais pontos levantados pelos estudiosos hindus era a diferença entre duas categorias ontológicas presentes nas palavras: os *bhava,* que representavam a ação, a vida ou o sentimento, em que a ideia predominante é a de uma ação ou estado, como aqueles representados pelos verbos, e os *sattva* que indicavam o equilíbrio, a harmonia e a estática, em que a ideia de um nome ou objeto predomina sobre a de uma ação.

Na mesma época, os egípcios registraram em seus papiros alguns dos tratados xamânicos mais importantes da história. Dentre eles, os papiros de Ebers, de Edwin, de Berlin e de Vienna retratam o que é considerado o embrião da medicina. Esses são alguns dos textos mais antigos conhecidos hoje a discutir, a forma (Anatomia), o funcionamento (Fisiologia) e as alterações no funcionamento (Patologias) do ouvido que levam a perdas auditivas e, consequentemente, a dificuldades de comunicação por meio de línguas orais (Mudry, 2004).

Mais tarde, por volta de 500 a.e.c, veremos o interesse na linguagem pelos filósofos clássicos da Grécia como em Crátilo de Platão, que discute a convencionalidade dos nomes, ou no livro IX da Metafísica aristotélica que estabelece talvez a primeira classificação dos eventos que são descritos pelos verbos (Sampaio; França, 2010). Nessa mesma Grécia e em um viés mais clínico, também foram escritos os 58 volumes do *Corpus Hippocraticum*, atribuído comumente à Hippocrates mas provavelmente elaborado por diferentes autores entre 450 e 150 a.e.c. Esses tratados são comumente indicados como o nascimento da medicina e incluem, entre os temas abordados, infecções de ouvido, perda auditiva, câncer de pescoço, fraturas da mandíbula dentre outros temas em saúde que teriam impacto significativo na produção de fala e em sua compreensão (Benmoussa et al., 2018).

Ainda na Grécia clássica, enquanto dissecava e estudava a Fisiologia animal, o médico Alcmaeon viria a descrever a audição como resultado da força do ar exercendo força sobre um vácuo existente em um dos ossos localizados atrás de nossa orelha. Seu conhecimento seria complementado por Empédocles que descobriu no ouvido uma cartilagem em forma de caracol, hoje conhecido como cóclea, indicando que a percepção sonora seria resultado da passagem do ar por esse órgão (Robinson, 1941: 199).

ESTUDOS DA LINGUAGEM ATÉ O SÉCULO XIX

É deveras interessante realizar esse mergulho histórico nos primórdios de duas áreas tão interessantes de pesquisa. Porém, por questão de espaço, as próximas seções farão saltos maiores no tempo estabelecendo um panorama histórico das áreas aqui discutidas. Assim, essa seção apresentará um panorama do desenvolvimento dessas áreas até o século XIX, momento em que a Linguística, a Terapia da Fala e a Audiologia estariam à ponto de serem oficializadas.

Estudos sobre o funcionamento das línguas

Do lado dos estudos do funcionamento das línguas, com o avançar dos anos e especialmente com a difusão dos livros e a implementação da alfabetização como política pública, as gramáticas se tornaram cada vez mais essenciais para as nações, estabelecendo "o bem falar" de suas línguas, que funciona como uma força centralizadora em meio à variação natural da língua falada. Em meio às primeiras gramáticas já era possível observar uma preocupação na classificação e na natureza dos fenômenos linguísticos que viriam a ser importantes na Linguística atual. Por exemplo, ainda antes da era comum, o gramático latino Varrão, que viveu entre 116 e 26 a.e.c, estabelecia a diferença entre flexão (*derivatio naturalis*), uma forma de indicar modos diferentes de uma mesma palavra (ex. menino/a/s, quebr-ar/-aram/-ou/-ado), e a derivação (*derivatio voluntaria*), com a qual poderíamos criar novas palavras a partir de uma base inicial (ex. [inter[nacional]]). Outro tipo de livro importante eram os dicionários, que já existiam desde cerca de 2000 a.e.c mas que ganharam em organização e método ao longo dos anos.

Além desse caráter de atribuição de ressaltar importância às línguas nacionais, os estudos das línguas adotaram, até por volta do século XIX, um caráter filosófico na Filosofia da linguagem, ou de crítica literária. Ademais, os estudos da linguagem também se interessaram pela própria história e evolução das línguas e seu estudo arqueológico, bem como na decodificação de línguas antigas como, por exemplo, nos estudos sobre o Sânscrito, culminando no nascimento da Filologia e do que viria a ser a Linguística Histórica (Hall, 1968).

Estudos e soluções para a saúde auditiva

Já do lado da saúde, na idade média alguns médicos trataram pacientes que apresentavam perdas auditivas através de métodos de sucção do tímpano com tubos metálicos, buscando desobstruir o canal auditivo, além de estimulações auditivas com a fala mais alta e mais suave, de modo a facilitar a compreensão (Mishra, 2019).

Considerando que nem toda perda auditiva era solucionável, entre os séculos XVI e XIX vimos o desenvolvimento da educação especial para famílias da aristocracia na Espanha através do trabalho do monge Benedictine Pedro Ponce de Leon, cujo método mesclava o uso de línguas sinalizadas, escrita e língua falada de maneira mais articulada e mais suave. Seu trabalho influenciou muitos educadores da época, inclusive alguns negacionistas. Por exemplo, Juan Pablo Bonet no século XVI, modificou seu método passando a insistir na leitura labial para a compreensão, e na vocalização para expressão por parte dos surdos (Plann, 1997). Essa prática ficou bastante popular entre educadores espanhóis e alemães e, ainda hoje, encontra aderência na mentalidade de alguns educadores.

Entre os séculos XVII e XIX, conchas do mar e chifres de animais passaram a ser utilizados como aparelhos que facilitariam a comunicação, seja aumentando a voz de quem fala, seja focalizando e amplificando o som diretamente no canal auditivo. Esses aparelhos ficaram conhecidos como trombetas, e tinham versões de boca e de ouvido. As trombetas eram muito utilizadas por navegadores. Por exemplo, os capitães das embarcações o utilizavam para focar a recepção de informações de seus tripulantes em seu ouvido e, também, para amplificar a voz ao lhes dar comandos. Com o tempo, esses aparelhos ficaram menores e mais populares até que começaram a ser recomendados para pacientes com comprometimento parcial da audição (Mishra, 2019).

A partir do século XIX toda a tecnologia do planeta seria afetada pelo domínio sobre a eletricidade, a ponto de esta ser implementada em todas as cidades do mundo e se tornar a energia mais importante para praticamente tudo o que utilizamos hoje em dia. Esse domínio tornou possível a transmissão elétrica de voz, realizada por Alexander Graham Bell em 1876.

A invenção do telefone seria uma revolução na comunicação humana permitindo a comunicação por voz à distância mas, além disso, também gerou um enorme impacto no desenvolvimento de soluções para a saúde auditiva. Muitas pessoas com perdas parciais de audição reportaram ser capazes de compreender melhor a fala ao telefone do que pessoalmente. As razões seriam provavelmente, (i) o formato do altofalante dos telefones da época, semelhantes às trombetas, e posicionados diretamente na orelha e (ii) a invenção dos transmissores de carbono por Thomas Edison na segunda metade do século XIX, que permitiu a melhora da transmissão do sinal elétrico e a amplificação do áudio dos telefones em cerca de 15 (dB) abrindo caminho para outras aplicações e invenções que melhorariam a transmissão do sinal acústico.

As trombetas de ouvido se beneficiaram da tecnologia dos telefones e continuaram a ser modernizadas até que, na virada do século XIX para o século XX, Ferdinand Alt desenvolveu um aparelho auxiliar auditivo que não apenas coletava e focalizava o som ambiente mas, assim como o telefone, utilizava um microfone de carbono para receber esse som e o transmitia para um fone de ouvido magnético, amplificando o sinal. Todo esse procedimento era alimentado por uma bateria, fazendo dessa invenção o primeiro aparelho auditivo elétrico, capaz de ajudar pacientes com perdas auditivas leves e moderadas (Mishra, 2019). A partir de então, diversas empresas se interessaram em desenvolver e comercializar aparelhos auditivos.

Estudos sobre os déficits na produção da fala

As questões de saúde que comprometem a comunicação não se resumem às perdas auditivas. Existem aqueles que desenvolveram dificuldades motoras na produção de linguagem. O caso mais clássico é o relatado pelo médico Paul Pierre Broca (1824-1880), na França, que atendeu um paciente que havia passado por um acidente vascular cerebral (AVC) tendo como sequelas uma perda na fluência da fala, apesar de sua prosódia ser aparentemente normal. Seu paciente também tinha consciência de sua dificuldade e, apesar desta condição, a compreensão da linguagem se manteve intacta, permitindo a manutenção da comunicação com o paciente. Anos depois se seguiram os relatos de pacientes do médico Karl Wernicke (1848-1905), na Alemanha, que apresentavam sequelas diferentes. Os pacientes reportados por Wernicke tinham dificuldades de compreensão e na construção de frases com sentido. Curiosamente, e ao contrário dos pacientes de Broca, eles não tinham consciência de seus desvios na comunicação.

Na época ainda não era possível uma análise neurofisiológica não-invasiva e, portanto, as descobertas vieram em análises *post-mortem* dos cérebros desses pacientes. Os exames mostraram que um dos pacientes de Broca, tinha uma lesão na terceira circunvolução da parte frontal esquerda do cérebro. Já os pacientes de Wernicke foram associados a uma lesão no giro temporal superior esquerdo. Esse era o início do estudo do mecanismo da linguagem no cérebro, afinal, tudo indicava que tínhamos descoberto as áreas relacionadas à produção e à compreensão da linguagem, respectivamente, nesse pedaço de carne tão misterioso.

Com tamanha descoberta, era agora possível criar modelos da Fisiologia da linguagem e fazer algumas previsões relacionando seu funcionamento normal e patológico (Kandel et al., 2014). Você poderá ler informações mais detalhadas sobre esse assunto no capítulo *Afasias,* deste livro.

Psicologia e linguagem

Na mesma época, em Leipzig, na Alemanha, uma geração de pesquisadores daria origem à Psicofísica. Dentre eles, o médico Ernst Weber (1795-1878) começou a medir a percepção sensorial humana através do método dos limiares, em que diferentes intensidades dos estímulos eram apresentados aos participantes até que eles o percebessem ou deixassem de percebê-lo. Seu aluno, Gustav Theodor Fechner (1801-1887) melhorou o método dos limiares elaborando uma equação e, posteriormente, uma escala logarítmica, que considerava o estímulo já existente para o cálculo do estímulo necessário para que fosse possível perceber uma diferença na estimulação (Schultz; Schultz, 2015).

Baseado nos avanços científicos dos colegas de universidade, Wilhelm Wundt (1832-1920) estabeleceu a Psicologia como uma área autônoma e experimental. Wundt teve uma enorme importância na diferenciação entre as pesquisas sobre os processos cognitivos básicos, ou seja, a forma como nosso corpo detecta as informações do mundo através dos sentidos, e as pesquisas sobre os processos cognitivos superiores que, geralmente, dependem das informações sensoriais (Wundt, 1922). Nesse sentido, podemos dizer que a linguagem falada depende da audição, enquanto a linguagem escrita e sinalizada dependem da visão. Mas a linguagem poderia ser considerada um sistema mental independente e integrativo que se utiliza dos sentidos como meio de transmissão e de recepção de informações.

Nessa época, Friederich von Humboldt (1767-1835) e Heymann Steinhall (1823-1899), frisavam que a linguagem estudada até aqui se focava nos registros escritos, na produção linguística ou nas normas da língua. Porém, pouco se sabia sobre os mecanismos mentais que permitiam aos humanos a produção desses registros. Era preciso uma teoria de linguagem que se focasse nos processos fisiológicos e mentais que acontecem enquanto nos comunicamos através de uma língua, além da ontogenia linguística, ou seja, a capacidade de uma criança adquirir uma língua e aprimorá-la durante anos de aquisição. Desse modo, o avanço na ciência da mente deveria incentivar a relação com os estudos da linguagem (Levelt, 2014).

Wundt tinha um interesse especial por linguagem e começou a estudar como se dava sua estruturação de um ponto de vista psicológico, extrapolando o ponto de vista normativo das gramáticas, ou artístico na crítica literária. Uma de suas mais importantes obras, *Volkerpsychologie* (1922), de 10 volumes dedicados aos processos cognitivos superiores, um deles, *Die Sprache*, dedicado à linguagem (oral e sinalizada). Uma de suas contribuições foi o Modelo Continental da Linguagem. Nesse modelo, Wundt postulava os mecanismos pelos quais a capacidade linguística humana realizaria operações mentais de manipulação de elementos abstratos, permitindo a comunicação. Ademais, Wundt foi um dos principais defensores das línguas sinalizadas na Alemanha do século XIX, indo contra toda aquela tradição de educação especial iniciada no século XVI na Espanha.

Devido a diferentes fatores, especialmente às dificuldades de encontrar métodos robustos de controle experimental para linguagem, temas como linguagem, cultura e aprendizagem ficaram restritos ao escopo da Psicologia Social e nunca foram objeto de sua Psicologia Experimental. Infelizmente seu laboratório acabou destruído em meio à primeira guerra e muitas de suas pesquisas se perderam.

Felizmente, no início do século XX, seu aluno James McKeen Cattell daria prosseguimento a tradição de Leipzig nos EUA e, agora, aplicaria parte do método em Psicologia Experimental para mapear tempos de resposta relacionados com a linguagem, como a nomeação de objetos, de letras e de cores, fornecendo as bases para fenômenos como o efeito *stroop*, de 1935, que demonstra a dificuldade de controle inibitório na tarefa de leitura quando devemos indicar as cores em que as palavras foram escritas.

O NASCIMENTO DA LINGUÍSTICA

No início do século XX a Linguística se oficializou como ciência tendo como marco a publicação do *Curso de Linguística Geral* (Saussure, 1916). Apesar de atribuída à Ferdinand de Saussure, "o Curso" se trata de uma obra póstuma, organizada por dois de seus alunos e baseada em anotações de aula. A obra apresenta a Linguística Estruturalista que buscava detalhar e elaborar descrições do funcionamento dos diferentes níveis da linguagem como a Fonologia, Morfologia, Sintaxe e Semântica.

O estruturalismo saussureano ficou conhecido por suas dicotomias, que ajudavam a organizar as pesquisas em Linguística até o momento. Por exemplo, uma das bases estruturalistas era a dicotomia entre sincronia e diacronia. Um estudo sincrônico significa que estamos retratando um momento histórico de uma determinada língua, seja o momento atual ou algum momento de seu passado. Já a diacronia fará a relação entre os vários retratos, reportando como se deu a evolução da língua ao longo do tempo.

Curiosamente, um exemplo da dicotomia entre sincronia e diacronia viria na diferença dos principais temas de pesquisa entre o estruturalismo europeu e seus colegas em outro continente. Enquanto a Linguística europeia tinha especial interesse nas línguas antigas através de estudos de seus registros escritos, os linguistas estruturalistas no continente americano se focaram na descrição e na documentação de línguas minoritárias, como as línguas indígenas. Ao contrário das línguas indoeuropeias, as indígenas eram ágrafas e não tinham registros escritos. Por outro lado, por ainda serem faladas, é possível ter acesso à forma oral das línguas indígenas que poderiam, agora, ser registradas através de gravadores de áudio.

Outras dicotomias saussureanas também foram importantes. Uma delas se estabelece entre o significado e o significante que diz que não basta estudar um único lado da Semântica. É preciso notar de que existe um conceito a ser representado (ex. um brinquedo de forma esférica), e a palavra que, em sua versão falada, seria a forma acústica que nos remete a esse conceito (ex. bola). A forma escolhida para se referir a este conceito seria arbitrária, visto que cada língua passou por seus próprios processos de atribuição e de formação das palavras, de modo que um mesmo conceito pode ter nomes bastante diferentes em línguas diferentes (ex. borracha, *eraser* [inglês], *gomme* [francês]).

Nesse momento, a Linguística já havia categorizado o núcleo dos estudos da linguagem, sendo ele composto de cada um de seus níveis estruturais, como a Fonética (natureza física dos sons), a Fonologia (sistema de sons de uma língua), a Morfologia (partes da palavra), a Sintaxe (organização das palavras nas frases), a Prosódia (entonação, ritmo e acentos da língua) e a Semântica (significado). Também fica claro que a ciência Linguística não pode se limitar a esse núcleo, devendo também fazer interfaces que podem nos ajudar a explicar a natureza e o uso de cada um dos níveis e a encontrar formas de aplicar o conhecimento básico sobre a linguagem em diferentes áreas do conhecimento. A partir de então a Linguística começa a se aproximar de outras disciplinas.

Um exemplo é a Psicolinguística. Apesar das influências de Humboldt e Steinhall nos séculos XVIII e XIX quanto à necessidade de aproximação dos estudos da mente e do comportamento com os estudos da linguagem, essa aproximação só viria a se concretizar em 1954 com a publicação de *Psycholinguistics: a survey of theory and research problems* organizada por Charles Osgood e Thomas Sebeok. Em meados do século XX, surgem as ciências cognitivas, tendo como marco o simpósio de teoria da informação, em 11 de setembro de 1956 no MIT, focada no desenvolvimento de inteligências artificiais. Para isso, é preciso compreender o que seria a inteligência e o que seria a linguagem, questão que fomentou diversos debates interdisciplinares. Em meio a essas discussões, surge uma versão da psicolinguística liderada por George Armitage Miller e Jerome Bruner mais próximo da teoria gerativa de Noam Chomsky e também da computação, o que impulsionaria o surgimento do processamento de linguagem natural, na Linguística computacional.

Essas não são as únicas áreas interdisciplinares dos estudos da linguagem. No início do século XX, William Labov começou a pensar a linguagem por um ponto de vista mais social criando a Sociolinguística (capítulo *Variação Sociolinguística*, deste livro). Além desses, diversos outros desdobramentos começam a surgir, interligando a Linguística com outras disciplinas como o direito (Linguística Forense), com a Biologia (Biolinguística / Linguística Evolucionária), com o desenvolvimento infantil (aquisição da linguagem), e com as Neurociências (Neurociência da Linguagem / Neurolinguística Experimental).

Figura 1: Gráfico das especialidades da Linguística, indicando seu núcleo, no centro, alguns aspectos externos e de uso, e suas interfaces em cada uma das grandes áreas do conhecimento. O gráfico não busca esgotar as pesquisas e interfaces da Linguística, sendo apenas um exemplo das relações entre a área e suas especialidades.

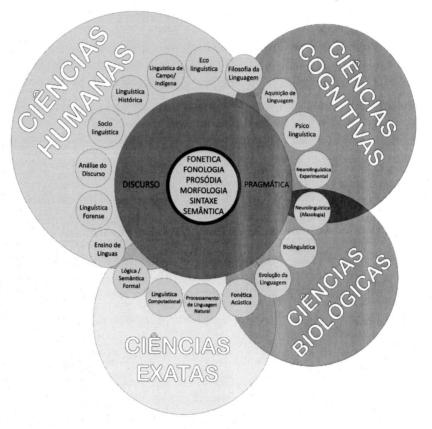

Fonte: Imagem autoral (Thiago Motta Sampaio).

No Brasil, a Linguística teve início no Museu Nacional da UFRJ dentro de seu departamento de Antropologia. Pelas características sociais e políticas do país, bem como pelo seu berço, a Linguística brasileira se desenvolveu com uma forte atenção à descrição e documentação de línguas indígenas. Com o passar dos anos a disciplina ganhou maior reconhecimento na ciência brasileira e, hoje, está de alguma forma presente em vários cursos de graduação das diferentes grandes áreas do conhecimento, em especial nos cursos de Letras e de Fonoaudiologia. Ainda assim, ainda são poucos os bacharelados em Linguística no país, tendo como destaques os cursos da Unicamp e da UFSCar, além do curso de Letras com habilitação em Linguística na USP.

O NASCIMENTO DA TERAPIA DA FALA E DA AUDIOLOGIA

Com as descobertas de Broca e de Wernicke, diferentes estudos foram conduzidos para conhecer melhor a arquitetura da linguagem e as consequências de lesões cerebrais que afetam a linguagem. Diversos modelos neurofisiológicos da linguagem, basicamente ligando a área de Broca no lobo Frontal à área de Wernicke no lobo temporal, foram propostos, passando pelo modelo Clássico Conexionista de Wernicke-Lichtheim do fim do século XIX, que foi atualizado por Norman Geschwind na segunda metade do século XX. Esse modelo bem simplista de certa forma ainda resiste até hoje, embora, como vimos já na Apresentação desse livro, ele já tenha sido tecnicamente suplantado por modelos que consideram que a linguagem mobiliza dinamicamente diferentes circuitos em todos os lobos cerebrais.

Além das afasias, foram constatados outros tipos de desvios de fala como a disartria, de natureza motora, que dificulta a articulação da fala, a disprosodia que afeta a prosódia e o sotaque, a rouquidão e a afonia que afetam a produção da voz, a mudez, que torna o paciente incapaz de produzir sons da fala. Ademais, também foram descritas disfunções características da leitura e da escrita como a dislexia.

Não existem muitas referências sobre o nascimento da Terapia da Fala, mas é possível dizer que o crescente interesse nos desvios da fala teve como consequência a atenção de profissionais da saúde e também da educação. Na década de 1920, foram criadas associações interessadas em estudos sobre a correção da fala nos EUA. Para citar algumas, a *National Association of Teachers of Speech* foi criada por educadores em 1923, a *American Academy of Speech Correction* em 1925 por profissionais da saúde. Em 1927 surge a mais conhecida *American Society for the Study of Disorders of Speech*, por ambas as áreas.

Vale ressaltar que, até aqui, essas associações se focaram especificamente nos desvios de fala, não tendo representação da área da Audiologia. Porém, algumas das dificuldades de audição também diziam respeito à saúde da fala, visto que o feedback da produção Linguística é um importante recurso para sabermos se estamos falando corretamente e corrigirmos alguns desvios de desempenho articulatório. A Audiologia da época estava avançando rapidamente no desenvolvimento de aparelhos auxiliares auditivos e, junto com eles, outras técnicas e aparelhos para medição da capacidade auditiva. Um exemplo foi a invenção do audiômetro em 1920 para realizar um teste psicofísico da audição, capaz de identificar se os limiares perceptuais de um paciente está dentro ou abaixo da média de uma pessoa saudável.

Em paralelo a esse desenvolvimento tivemos duas grandes guerras. Uma de suas consequências foram as perdas auditivas identificadas em muitos soldados sobreviventes, devido à constante exposição a sons extremamente altos de veículos, máquinas, tiros e explosões. Em alguns países, esses soldados passaram por testes audiométricos e por sessões de reabilitação auditiva. Esses fatos culminaram no desenvolvimento de pesquisas, tratamentos e terapias, impulsionados por pesquisadores como Raymond Carhart e Norton Canfield, comumente indicados como os pais da Audiologia.

Os registros mais antigos do termo Audiologia datam de 1946. Ainda há evidências de que o termo já era utilizado em artigos e em anúncios de cursos universitários da área da saúde nos EUA (Berger, 1976). Associações dessa área foram formadas em vários países, a profissão passou a ser oficializada, e cursos superiores foram certificados para a formação do profissional em Audiologia. Em 1978 nos EUA, a American Society for the Study of Disorders of Speech passa a representar também a crescente área da Audiologia, e, para tal, foi rebatizada para a atual American Speech and Hearing Association (Asha).

Nos EUA, existe uma área mais livre, chamada de Fonoterapia. Ainda assim, em muitos países as duas áreas continuam independentes, e seus profissionais também passam por uma formação bastante específica.

O NASCIMENTO DA FONOAUDIOLOGIA

Ao longo das últimas seções, evidenciamos que o desenvolvimento da Linguística, da Terapia da Fala e da Audiologia aconteceram de formas relativamente independentes pelo menos nos últimos 5 mil anos.

Nos EUA, a criação da Asha demonstra a percepção de que a Terapia da Fala e a Audiologia são áreas correlacionadas. Ainda assim, as áreas mantêm suas particularidades e formação própria, de modo que os estudantes optantes pela Audiologia cursam disciplinas e se certificam para lidar com dificuldades na audição. Já aqueles que optam pela fonoterapia têm uma possibilidade de atuação mais livre. No Canadá, temos a Audiologia e a Terapia da Fala como áreas distintas podendo se diferenciar em cada estado. O Reino Unido também separa a Audiologia da Terapia da Fala e da Linguagem.

Na América Latina já é possível ver uma união mais forte entre as áreas, especialmente com a criação do nome Fonoaudiologia. A área existe desde pelo menos 1948 na Argentina, apesar de sua associação manter o nome de Asociación

Argentina de Logopedia, Foniatría y Audiología (Asalfa). Segundo a associação, a Argentina foi o primeiro país latinoamericano a formar os profissionais que hoje chamamos de fonoaudiólogos e é a associação mais antiga da área no continente. No Chile, o curso existe desde 1956 na Universidade de Chile tendo origem em um grupo de professores otorrinolaringologistas que se interessaram por uma carreira especializada na comunicação oral e com apoio de psicólogos e fonoaudiólogos argentinos (Maggiolo; Schwalm, 2017).

No Brasil, o primeiro curso de Fonoaudiologia surgiu em 1961 na USP. Assim como no Chile, esse pontapé inicial teve auxílio da clínica de otorrino do HC-USP, ao qual era vinculado. No ano seguinte, a PUC-SP seguiria um caminho diferente, iniciando seu curso de Fono vinculado ao seu Instituto de Psicologia. O reconhecimento dos cursos pelo Conselho Federal de Educação, porém, só veio em 1976 em sua Resolução 54/76. Apesar do reconhecimento do curso, a profissão só seria reconhecida em dezembro de 1981 com a Lei 6.965/81, resultando em alterações no currículo dos cursos que, em 1984 passou a ter um novo currículo mínimo com 2.700 horas obrigatórias.

Em 1986 surge o Conselho Federal de Fonoaudiologia (CFFa) que regulamenta a profissão no Brasil. Enquanto vimos que, ao longo da história, diversas especialidades surgiram dentro da Audiologia e da Terapia da Fala, a Fonoaudiologia também foi ganhando novas especialidades, muitas delas voltadas para a promoção de políticas públicas em saúde. Hoje são 14 áreas abaixo.

1. **Motricidade Orofacial** – especializada no funcionamento e movimentos da boca e da face, bem como nos processos envolvidos com a respiração, mastigação e movimentos da fala.
2. **Fonoaudiologia Neurofuncional** – especializada na reabilitação de pacientes que sofreram lesões cerebrais como afasias.
3. **Linguagem** – especializada na comunicação oral e na escrita. Pode ter atuação em crianças com trocas na fala ou com dificuldades escolares.
4. **Neuropsicologia** – especializado no diagnóstico, avaliação e tratamento de desvios no desenvolvimento que podem afetar diferentes sistemas cognitivos como, por exemplo, a linguagem.
5. **Voz** – especializado na avaliação, reabilitação ou menos no aperfeiçoamento da voz. Especialmente atuante entre cantores, atores, professores e outros profissionais que utilizam a voz como ferramenta de trabalho.
6. **Fluência** – atua na identificação e na intervenção de transtornos de fluência de fala.
7. **Disfagia** – atua na dificuldade de deglutição.

8. **Audiologia** – especializada na avaliação e no tratamento de comprometimentos auditivos.
9. **Fonoaudiologia Educacional** – atua na assessoria a equipes educacionais.
10. **Fonoaudiologia do Trabalho** – atua na avaliação e na organização do trabalho de modo a prevenir desvios de ordem fonoaudiológica decorrentes de situações ocupacionais.
11. **Gerontologia** – especializado na prevenção e diagnóstico de desvios de ordem fonoaudiológica causados pela idade.
12. **Saúde Coletiva** – especializado no planejamento de políticas públicas de saúde.
13. **Perícia Fonoaudiológica** – especializado em perícias e auditorias que envolvam conhecimentos fonoaudiológicos
14. **Fonoaudiologia Hospitalar** – especializado em triagens, diagnóstico, prognóstico, terapia e gerenciamento de questões fonoaudiológicas em ambiente hospitalar (cf. capítulo *Neurociência da Linguagem*, que traz um estudo de caso sobre esse tipo de aplicação).

A expansão dessas especialidades parece refletir a história da Fonoaudiologia no país ao expandir as ações do fonoaudiólogo de um profissional que busca tratar e reabilitar seus pacientes, para um profissional que atua ativamente na promoção da saúde em diversas esferas (Nascimento, 2020).

FONOAUDIOLOGIA E LINGUÍSTICA

É possível perceber que os interesses e estudos que levaram ao desenvolvimento do que hoje conhecemos por Terapia da Fala, Audiologia e Linguística foram distintos. Enquanto a Linguística tinha o interesse no conhecimento de natureza mais básica, a Audiologia esteve sempre bastante próxima das práticas e tratamentos ligados à saúde. A Terapia da Fala, por sua vez, está também bastante ligada à saúde mas, ao mesmo tempo, tem um certo histórico dentro da promoção da educação inclusiva. A Terapia da Fala e a Audiologia passaram a se enxergar como complementares resultando na representação conjunta de associações das duas profissões, na criação do termo Fonoaudiologia e, também na luta conjunta para o reconhecimento e o desenvolvimento da área no Brasil e na América Latina.

Nesse caminho, hoje é possível ver que a Linguística e a Fonoaudiologia também podem ser enxergadas como complementares. Enquanto uma desenvolve

Um mergulho histórico nas ciências da linguagem: Audiologia, Terapia da Fala, Linguística... 33

pesquisas no intuito de melhor conhecer a natureza e os mecanismos da comunicação humana, a outra tem o interesse de aplicar esse e outros conhecimentos na atenção e promoção da saúde.

A título de exemplo, a Fonética e a Fonologia fazem parte do conhecimento essencial de um fonoaudiólogo, considerando que a Fonética lida com as características físicas dos sons da linguagem e a Fonologia lida com a função desses sons em uma língua. Por lidar com a física dos sons da linguagem, o funcionamento normal da Fonética articulatória deve ser conhecido para identificar eventuais desvios que podem ser causados por dificuldades de ordem motora, objeto da motricidade. Esses desvios podem resultar em questões de fluência ou mesmo de voz. O conhecimento da Fonologia também é importante para identificar se algumas dificuldades de produção fonética estão acompanhadas de desvios na percepção fonética, que pode ser resultado de pequenas perdas auditivas. Ademais, a Afasiologia também pode atuar aqui na identificação de lesões cerebrais que afetam o controle motor, o que pode acontecer com maior frequência em idosos, sendo também objeto da Gerontologia.

Outro tema essencial para os profissionais da Fonoaudiologia é o desenvolvimento da linguagem, estudado pela área da aquisição. A partir desses estudos é possível indicar o ritmo normal de desenvolvimento do controle motor do aparelho fonador, ou em que idades as crianças já conhecem, produzem e compreendem determinadas formas e estruturas linguísticas. Conhecer o desenvolvimento normal é fundamental para detectar quando o desenvolvimento da criança apresenta atraso e para atuar da maneira correta e em momento oportuno. Ademais, em caso de atenção a pacientes estrangeiros, é preciso ter noção de que sua língua é diferente e isso leva a sotaques. Portanto, desvios sistemáticos podem ter origem na diferença entre a língua nativa (L1) e a língua local (L2), não devendo ser confundidos com desvios de fala, o que poderia levar a um diagnóstico incorreto de transtorno fonológico ou de controle motor.

O reconhecimento da importância da interação entre as áreas vem acontecendo ao redor do mundo. Uma evidência é a incorporação de disciplinas de Linguística na grade curricular dos cursos de Fonoaudiologia (ou nos cursos de Audiologia e de Terapia da Fala e da Linguagem) nas universidades. O contrário, embora menos comum, também é verdadeiro. Na Universidade de Rutgers, nos EUA, existe o certificado de Ciências da Fala e da Audição em Linguística (*Certificate in Speech and Hearing Science in Linguistics*), que prepara os alunos de Linguística para extrapolarem a ciência básica da linguagem e seguirem carreira na sua aplicação para a saúde.

No Brasil, em que não há separação entre a Terapia da Fala e a Audiologia, não poderia ser diferente. Talvez o maior exemplo nacional seja o curso de graduação em Fonoaudiologia da Universidade Estadual de Campinas, que é gerenciado pelo Departamento de Desenvolvimento Humano e Reabilitação da Faculdade de Ciências Médicas, junto com o Departamento de Linguística do Instituto de Estudos da Linguagem. As disciplinas específicas de Linguística constituem 12% do total de créditos do curso. Com a parceria, os alunos dos cursos de Linguística e de Fono interagem ao longo de sua formação, além do reingresso facilitado para seus formandos.

Na UFRJ, o departamento de Linguística é responsável por cerca de 10% dos créditos obrigatórios do curso de Fonoaudiologia, além de vários alunos da Fonoaudiologia prosseguirem sua formação acadêmica no mestrado e no doutorado em Linguística, o que revela um bom intercâmbio entre as duas áreas.

CONSIDERAÇÕES FINAIS

Carl Sagan, em 1980, diz que *"você precisa conhecer o passado para entender o presente"*. A citação parece ter também sobrevivido ao tempo considerando que alguns atribuem a frase ao filósofo Thucydides no século V a.e.c, além daquela mais *clichê*, de George Santayana em 1905, que diz que *"aqueles que não conhecem o passado estão condenados a repetí-lo"*. Para conhecermos nossa área é importante retomar um mínimo de sua história, compreendermos a evolução das motivações, do pensamento, das técnicas e de sua Epistemologia.

Conhecer a história das ciências da linguagem nos faz compreender que muitos dos temas que estudamos na Linguística são também comuns à Fonoaudiologia, como a Afasiologia e a Neurociência da Linguagem. Mais do que isso, aqueles pontos em que nossas preocupações parecem ser tão diferentes começam a fazer um pouco mais de sentido como o porquê de estudarmos tanto a estrutura sintática das frases e fazermos experimentos psicolinguísticos, ou o porquê de a Audiologia que, por definição, estuda o sistema auditivo, também tem uma importância fundamental nos estudos da linguagem.

Esperamos que, a partir desse panorama histórico, você possa se interessar mais pela história de sua profissão, seja ela a Linguística ou a Fonoaudiologia, ou a Psicologia e áreas afins, mas também entenda melhor as pesquisas que são feitas pelos colegas das áreas vizinhas. Ademais, esperamos que esse percurso possa ter despertado ainda mais o interesse de seguir a leitura deste livro, cujos capítulos são escritos a pelo menos duas mãos, e com certeza a duas profissões.

BIBLIOGRAFIA

BENMOUSSA, Nadia; HANSEN, Kevin; CHARLIER, Philippe. Hippocrates the otolaryngologist: an epidemiological analysis of ear–throat–nose diseases in the Corpus Hippocraticum. *Acta Oto-Laryngologica*, v. 138, 2018.

BERGER, Kenneth W. Genealogy of the words "audiology" and "audiologist". *Journal of the American Audiology Society*, v. 2, n. 2, 1976, pp. 38-44.

BEVER, Thomas G. *The psychological reality of grammar:* A student's eye view of cognitive science. The making of cognitive science: A festschrift for George A. Miller. Boston: MIT Press, 1988, pp. 112-42.

GANERI, Janardon. *Semantic Powers:* Meaning and the Means of Knowing in Classical Indian Philosophy, Oxford: Clarendon Press, 1999.

GUNARATNE, Shelton A. Paper, printing and the printing press: a horizontally integrative macrohistory analysis. *International Communication Gazette*, v. 63, n. 6, 2001, pp. 459-79.

HALL, F. W. A *Companion to Classical Texts*. Oxford, Inglaterra: Clarendon Press, 1968, pp. 22–52.

HIGOUNET, Charles. *História concisa da escrita*. São Paulo: Parábola, 2003.

KANDEL, Eric R. et al. *Princípios de Neurociências*, 5. ed., Porto Alegre: AMGH, 2014.

LEVELT, Willem J. M. *A history of Psycholinguistics:* the pre-chomskyan era. Oxford University Press, 2014.

MAGGIOLO, M.; SCHWALM, E. Escuela de Fonoaudiología: Notas acerca de su historia. *Revista Chilena de Fonoaudiología*, n. 16, 2017, pp. 1-6.

MATILAL, Bimal Krishna. *The word and the world:* India's contribution to the study of language. Oxford: OUP, 1990.

MUDRY, Albert. Otology in Medical Papyri in Ancient Egypt. *The Mediterranean Journal of Otology*, 2004.

NASCIMENTO, Camila L. *Histórias da inserção da Fonoaudiologia no Sistema Único de Saúde:* encontros das águas. Campinas, 2020. Tese de doutorado em Saúde. Interdisciplinaridade e Reabilitação. Universidade Estadual de Campinas.

PLANN, Susan. *A Silent Minority:* deaf education in Spain. 1550-1835. London, England: University of California Press. 1997, pp. 1-10.

ROBINSON, Victor. Chronology of Otology. Transactions of the seventeenth annual meeting of the American Association of the History of Medicine. *Bulletin of the History of Medicine*, v. 10, n. 2, 1941.

SAMPAIO, Thiago O. M; FRANÇA, Aniela I. Eventos: História, Teoria e Experimentação. *Revista Virtual dos Estudos da Linguagem - ReVEL*, v. 8, n. 14, 2010.

SAUSSURE, Ferdinand. *Cours de Linguistique Générale* (1916). Paris: Payot, 1949.

SCHULTZ, D. P.; SCHULTZ, S. E. *História da Psicologia Moderna*. São Paulo: Trilha, 2015.

WUNDT, Wilhelm Max. *Völkerpsychologie:* von Eine Untersuchung der Entwicklungsgesetze von Sprache. Mithus und Sitte. 4. ed. Die Sprache. Leipzig: Alfred Kröner, 1922, v. 2, (inalterada).

Variação Sociolinguística

Christina A. Gomes, Marcelo Melo, Suzana M. Nery e Marcela S. Sousa

A compreensão das manifestações linguísticas de grupos clínicos com afetamento da produção e/ou da percepção depende do entendimento do limite entre o comportamento típico e o atípico, definido com base em uma determinada modelagem do conhecimento linguístico dos falantes. Desde os anos 1960, para a Sociolinguística Variacionista do linguista americano William Labov (1927-), o conhecimento linguístico internalizado é heterogêneo, isto é, contém variação, e sua organização e funcionamento estão sujeitos a condicionamentos de ordem linguística, social e cognitiva.

O QUE É VARIAÇÃO SOCIOLINGUÍSTICA?

O que se entende então por variação linguística ou sociolinguística? Todo indivíduo que fala uma língua percebe que há variabilidade entre falantes de um mesmo dialeto ou mesma variedade de língua, entre variedades da mesma língua e até mesmo entre falantes nativos e falantes estrangeiros dessa língua. Essas diferenças entre falantes da mesma língua podem ser observadas na maneira de produzir a forma sonora das palavras na mesma variedade, como na palavra *louça*, que também pode ser produzida como *loça*, ou em variedades diferentes, como a produção da consoante "s" em *festa* por paulistanos e cariocas. Estruturas mais abstratas também apresentam variação, como pode ser observado na retomada anafórica do complemento do verbo mencionado na pergunta *"Você viu **o Roberto** ontem?"*. Na resposta, o complemento do verbo pode não ser mencionado, como em *"Sim, vi Ø"*, pode ser repetido ou substituído por um outro sintagma nominal ou pronome lexical, como em, respectivamente, *"Sim, vi o Roberto ontem"*, *"Sim, vi **meu amigo** ontem"*, *"Sim, vi **ele** ontem"*, ou ainda, ser retomado por um pronome clítico, como em *"Sim, eu o vi"*, esta última, praticamente ausente em amostras de fala do português brasileiro (PB). Também se observa variabilidade na alternância entre a forma de plural *"guardiões"*, mais usada, e a forma *"guardiães"*, entre outras possibilidades de variação. De acordo com a Sociolinguística Variacionista, ou Teoria da Variação e Mudança, variação foi definida como diferentes maneiras (diferentes formas linguísticas) de expressar, no mesmo contexto, o mesmo significado referencial (Labov, 1972), ou ainda mesma equivalência funcional (Lavandera, 1978) ou Pragmática (Barron; Schneider, 2009). As formas alternantes, em variação, constituem uma variável linguística, e as formas que alternam são chamadas de variantes. Assim, como observado anteriormente, de acordo com Gomes (2014) e Duarte e Freire (2014), as diferentes retomadas anafóricas do objeto direto constituem uma variável linguística (ou variável sociolinguística) e as variantes são a ausência do complemento (ou categoria vazia), sintagma nominal, pronome lexical e pronome clítico. Ainda, de acordo com os pressupostos teóricos da Sociolinguística Variacionista, a variabilidade observada na fala não é aleatória ou acidental, e pode constituir processo de mudança em curso na língua. Estudos sobre essa variável linguística mostraram que o português brasileiro passa por um processo de mudança no sentido do desaparecimento dos pronomes clíticos de terceira pessoa, *o, a os, as,* como referência à 3a pessoa do discurso.

A hipótese da heterogeneidade estruturada, inerente ao sistema abstrato, também referido como gramática, permite explicar: como as línguas mudam, conforme mencionado no parágrafo anterior, sobre os pronomes clíticos no PB; como os falantes organizam as representações de formas linguísticas que se encontram em processo avançado de mudança em curso, ou mesmo com a mudança completa entre falantes mais jovens, quando comparados ao comportamento dos falantes das gerações anteriores. Também busca explicar como os indivíduos percebem e utilizam a indexação social das formas linguísticas (ou variantes) na produção, percepção e processamento da fala.

O conceito de variação sistemática ou heterogeneidade ordenada se opõe ao conceito de variação livre. Inicialmente, no Estruturalismo, a variabilidade ou heterogeneidade da fala foi excluída da delimitação do objeto de estudo da Linguística, definida como "uma soma de sinais depositados em cada cérebro, mais ou menos como um dicionário cujos exemplares, todos idênticos, fossem repartidos entre os indivíduos" (Saussure, 1969: 27). Essa concepção invariante de conhecimento linguístico firmada no Estruturalismo teve continuidade com o advento da Teoria Gerativa, no final da década 1950 (Chomsky, 1959). Desde então, a variabilidade tem sido tratada, nestes modelos, como aleatória, imprevisível, isto é, não passível de ser explicada em função da organização interna do sistema linguístico. A alegada aleatoriedade da variação foi traduzida no conceito de variação livre, no Estruturalismo, e no de opcionalidade, na Teoria Gerativa. No entanto, a Sociolinguística Variacionista vem apresentando evidências, há mais de meio século, de que a variação é parte do sistema linguístico e é condicionada, conforme mencionado no início deste capítulo, por fatores de ordem linguística, social, e cognitiva (Labov, 1994; 2001; 2010). Os fatores de ordem linguística dizem respeito às características, organização e funcionamento do sistema linguístico. Por exemplo, as variantes da variável *retomada anafórica do objeto direto*, apresentada anteriormente, são relacionadas à estrutura projetada pelo verbo (se o complemento é um sintagma nominal ou um verbo) e qual o traço semântico do objeto direto (animado, como no exemplo, ou inanimado). Os fatores sociais dizem respeito às características sociais do falante, tais como status socioeconômico, idade, sexo, escolaridade, entre outros, e também às situações de uso, como com quem conversa, com que objetivo, identidade entre os participantes da conversa etc. Os fatores cognitivos são fatores que influenciam a aquisição do sistema linguístico, o acesso lexical, percepção e processamento da variação. Também podem estar relacionados a mecanismos cognitivos gerais como a Analogia, efeitos de *priming*, que é o efeito da exposição a uma determinada forma sobre o processamento e produção da forma seguinte, e de planejamento de enunciados, que podem ter efeito na produção das variantes.

A postulação da relação entre aspectos sociais dos falantes de uma língua e o conhecimento linguístico, isto é, os condicionamentos sociais da variação linguística, tem relação com a hipótese da Sociolinguística Variacionista de que o conhecimento da linguagem não é autônomo em relação aos usuários (falantes) e aos usos (situações discursivas, interacionais etc.). Assim, assume-se uma relação estreita entre língua e sociedade. Não se trata de negar a gramática de cada falante, mas de situar a gramática adquirida do indivíduo em relação ao conjunto de padrões linguísticos e de avaliação social das formas linguísticas, observados na sociedade em que o falante se encontra inserido.

A ausência de uma hierarquização entre linguagem, sociedade e cognição, nas postulações da Sociolinguística Variacionista, situa o estudo da variação linguística na mesma direção observada em estudos de outras áreas do conhecimento, como a Biologia (Robinson; Fernald; Clayton, 2008), e teorias linguísticas, como os Modelos baseados no Uso ou Modelos de Exemplares (Bybee, 2010), de superação da dicotomia *nature* (determinado biologicamente) x *nurture* (determinado social e culturalmente) para dar conta dos aspectos biológicos e de comportamento de seres vivos.

Weinreich, Labov e Herzog (1968: 126) buscaram equacionar a relação entre esses diferentes aspectos, propondo a integração dos avanços teóricos da Linguística à noção de variação como forma de avançar a compreensão sobre a mudança linguística. Mais recentemente, outros modelos teóricos têm buscado integrar a variação linguística em suas proposições. Para Coetzee e Kawahara (2013: 48), "[de] fato, a variação se tornou tão importante, que a habilidade de um modelo gramatical de dar conta da variação é agora frequentemente usada como uma das medidas da suficiência do modelo".[4] Nos Modelos baseados no Uso ou Modelos de Exemplares, a variabilidade observada na fala também é entendida como parte integrante do conhecimento abstraído e representado, assim como aspectos da experiência do falante com a língua, sejam eles discursivos, sociais, interacionais. Também, entre pesquisadores na área da Psicolinguística, há o reconhecimento de que a variabilidade é uma propriedade inerente de todos os sistemas biológicos, está presente na fala e não pode ser ignorada ou tratada como ruído, ao contrário, deve ser tomada seriamente e integrada aos protocolos experimentais (Pisoni; Levi, 2005: 9).[5]

Uma questão importante que se coloca é o status da variação linguística no conhecimento internalizado pelo falante. Inicialmente, a variação foi definida como regra, no texto seminal de Weinreich, Labov e Herzog, isto é, um processo que se aplica a uma forma invariável e abstrata, concepção que tem sido mantida em muitos estudos sociolinguísticos. No entanto, mais recentemente, os Modelos baseados no Uso ou Modelos de Exemplares sustentam que a variação não pode ser concebida apenas como o resultado de um processo e, portanto, periférica ao sistema. Ao contrário, a variação tem status representacional, não podendo ser modelada apenas por meio de processos ou regras de reescritura, devendo ser acomodada em uma teoria capaz de incorporar gradiência e distribuições probabilísticas. Em outras palavras, os Modelos de Exemplares adotam a hipótese de representação detalhada da variabilidade com base na experiência do indivíduo com a língua. As representações detalhadas incluem informações neurofisiológicas, acústicas, e até mesmo informações da indexação social das formas linguísticas, relativas à idade, sexo, etnia, status socioeconômico do falante. De acordo com Cristófaro Silva; Gomes (2020), os Modelos de Exemplares se referem a aspectos da variabilidade presentes na fala que vão além da variação sociolinguística, porém sua modelagem permite acomodar os fatos investigados pela Sociolinguística Variacionista.

Os estudos sociolinguísticos buscam explicar a relação entre língua e sociedade, não só ao estudar as motivações sociais da mudança linguística em curso, como também ao abordar a relação entre valor social atribuído às formas linguísticas e suas consequências em relação à organização, processamento e uso da língua. Além das evidências encontradas nos 60 anos de pesquisa com base nos pressupostos teóricos da Sociolinguística Variacionista, Van Berkun et al. (2008), com base em resultados de ERP (Event-Related Potentials), mostram que o processamento da informação linguística se dá com base na integração entre a informação linguística propriamente dita e as características sociais identificadas ou percebidas de quem fala. Segundo os autores, sentenças inconsistentes com relação a características sociais dos falantes (idade, sexo e status socioeconômico), como "Toda noite bebo uma **taça de vinho** antes de ir dormir", produzida por uma criança, mas consistente, como a mesma sentença produzida por um adulto, foram processadas da mesma maneira que sentenças com anomalia semântica do tipo "Trens holandeses são **amargos**". Foi observado o mesmo padrão N400 para os estímulos nas duas condições experimentais. O padrão N400 de atividade elétrica é capturado em forma de onda em torno de 400ms após a apresentação de um estímulo e está relacionado a processamento semântico, não somente a respostas a estímulos não incongruentes ou anômalos. O padrão foi medido em função da atividade capturada no item lexical relevante nos exemplos anteriores (taça de vinho e amargos). Segundo os autores, os resultados mostraram que o cérebro integra à mensagem características do falante muito rapidamente, em torno de 200-300 msec depois do início acústico da palavra relevante. As inconsistências relacionadas ao falante elicitam a mesma resposta do cérebro para as anomalias semânticas, o efeito N400 (cf. capítulo *Neurociência da Linguagem*, neste livro). Isto é, a informação inferida da voz de quem fala é levada em consideração juntamente com os mecanismos de interpretação linguística de construção do significado interno da sentença.

Ainda, especificamente à avaliação social de formas linguísticas, valores de prestígio ou de estigma podem ser atribuídos às variantes, e, assim, a variação linguística pode ser estratificada socialmente. Munson (2009) adverte que nem sempre é tarefa fácil avaliar se a variação entre formas linguísticas encontradas na fala pode ou não constituir uma Patologia e, consequentemente, necessitar de intervenção especializada. O autor argumenta que essa análise não pode prescindir do conhecimento da função social das formas em variação para o grupo social em que tais formas são observadas, isto é, se fazem parte dos padrões da comunidade em que são produzidas. Além disso, não se deve ignorar o fato de que avaliações sociais negativas de indivíduos, em função de status socioeconômico, frequentemente estão associadas a formas linguísticas estigmatizadas. Assim, é importante avaliar cuidadosamente os padrões de variação presentes na variedade linguística, a fim de garantir que uma produção típica, mas estigmatizada socialmente, não seja indevidamente tratada como Patologia.

Portanto, a Sociolinguística Variacionista pode contribuir para a identificação de limites entre o típico, os usos em curso em uma determinada sociedade em determinado momento, e o atípico, aqueles usos que são específicos de grupos clínicos. A caracterização de falantes típicos e atípicos pode envolver a natureza e a incidência de determinadas variantes em cada um desses dois grupos de falantes. Por exemplo, no português brasileiro, observa-se a alternância das consoantes [l] e [ɾ], respectivamente lateral e tepe alveolares, em sílabas com duas consoantes, como em *globo ~ grobo*, sendo a realização com o tepe altamente estigmatizada em variedades urbanas do PB. Essa alternância também pode ocorrer em sílabas apenas com consoante e vogal, como em *pílula ~ pírula*, e é também estigmatizada, além de ser restrita a algumas palavras. Por outro lado, também se observa a mesma alternância, em alguns itens lexicais, quando o segmento sonoro esperado é o tepe, como em *cérebro ~ célebro*. Todos esses casos podem ser caracterizados como produções típicas, porém com algum tipo de avaliação social negativa. No entanto, não há registro de padrão variável no PB com a consoante lateral no grupo consonantal na situação em que a segunda consoante esperada do grupo consonantal é o tepe e não a lateral. Portanto, produções como *plato*, ao invés de *prato*, podem ser consideradas como produções atípicas. Assim, para a compreensão das produções observadas no período de aquisição da linguagem, a caracterização de crianças com desenvolvimento típico e atípico deve levar em conta não só a observação de aspectos desenvolvimentais, mas também a realidade sociolinguística da variedade alvo.

COMO ESTUDAR?

O estudo da variação linguística utiliza dados de produção e de percepção. Tanto os dados de produção quanto os de percepção permitem acessar aspectos da organização cognitiva da variação e da indexação social das formas linguísticas, que também fazem parte do conhecimento linguístico internalizado. A Sociolinguística Variacionista desenvolveu um aparato metodológico próprio para obtenção de dados de produção e tem se utilizado de metodologias da Psicologia e da Psicolinguística desde os primeiros trabalhos de Labov. Cada tipo de dado fornece evidências para se buscar responder diferentes questões no entendimento da variação linguística como característica intrínseca da linguagem humana.

Dados de produção constituem a base empírica de estudos que buscam responder às seguintes questões: a) como as línguas mudam?; b) como a mudança linguística se propaga?; c) por que uma determinada mudança ocorre em uma determinada língua em determinado momento e em determinadas condições, mas não ocorrem/ ocorreram na mesma língua ou em outra língua sob as mesmas condições?; d) quais os condicionantes linguísticos, sociais e cognitivos da variação?; e) de que maneira a variação está encaixada na estrutura linguística e na estrutura social? f) como a variação é adquirida?; entre outras.

O aparato metodológico que subsidia os estudos de produção envolve a obtenção de dados que possibilitem observar a estratificação social da variação e a mudança em curso. A Sociolinguística Variacionista privilegia dados de produção espontânea, em especial aqueles obtidos em situação de fala com baixo ou nenhum monitoramento por parte do falante. Estes dados são obtidos através do gênero conhecido como "entrevista sociolinguística". A metodologia de condução de uma entrevista sociolinguística envolve mecanismos para a obtenção de diferentes estilos de fala, que devem ir em um contínuo de nenhum monitoramento por parte do indivíduo cuja fala será registrada, até o maior monitoramento possível, já que, no uso real, os falantes participam de diferentes situações interacionais. Já na obtenção de amostras de fala para o estudo da aquisição da variação, é necessário lidar com as especificidades do período aquisitivo no que diz respeito à obtenção de dados de fala espontânea, não seguindo a mesma metodologia da entrevista sociolinguística (Roberts, 2002; Gomes, 2008).

As amostras de uma determinada comunidade de fala devem buscar refletir a estrutura social em que os falantes estão inseridos, situando os indivíduos em função das especificidades da sociedade ou comunidade de fala observada, que podem se basear em categorias que vão desde classe social, escolaridade, etnia, sexo/gênero, características típicas de estratificação de indivíduos de centros urbanos de países de economia com base no modelo capitalista, a categorias como clã e geração, utilizadas respectivamente no estudo de línguas minoritárias (Mansfield; Stanford, 2017) e de herança (Nagy, 2017).

Já a abordagem sincrônica do estudo da mudança, isto é, a identificação se a variação observada na fala constitui mudança em progresso, é possível com a conjugação de dados obtidos através do construto do tempo aparente e de evidências de tempo real. O construto do tempo aparente é a metodologia utilizada para identificar a mudança em curso e foi difundido nos estudos sociolinguísticos por Labov, que identificou seu uso no estudo de Gauchat (1905), sobre mudança fonológica na cidade de Charmey na Suíça. O pressuposto básico do construto do tempo aparente é que diferenças linguísticas observadas entre indivíduos de sucessivas gerações refletem o percurso diacrônico da língua, de maneira que o comportamento linguístico de cada geração é entendido como refletindo o estado da língua no momento em que ela foi adquirida. Essa postulação se baseia em outra hipótese, a de que o conhecimento linguístico se estabiliza após o período aquisitivo. Dessa forma, amostras de fala representativas de uma comunidade de fala de uma variedade linguística geralmente são também estratificadas por idade, além das categorias macrossociais mencionadas anteriormente. Estudos de tempo real conjugam duas amostras coletadas em um determinado intervalo de tempo, com a mesma estratificação social e metodologia. Evidências de tempo real permitem lidar com potenciais problemas da abordagem em tempo aparente: o fato de que o conhecimento linguístico dos indivíduos muda ao longo da vida, porque a comunidade muda ou independentemente da comunidade de fala (Paiva; Duarte, 2003; Harrington, 2006; Sankoff; Blondeau, 2007; Buchstaller, 2016).

Dados de produção espontânea também têm sido analisados em função de mecanismos cognitivos, como planejamento de enunciados, memória de trabalho, além do já mencionado efeito de *priming*.

Assim, estudos sobre o funcionamento da língua em situação real de uso fornecem evidências que subsidiam os limites entre o típico e o patológico, identificando o que é o conhecimento linguístico compartilhado pelos falantes de uma mesma variedade. Por exemplo, estudos sociolinguísticos sobre o português brasileiro têm mostrado não só que a relação verbo e sujeito com referência à 3ª pessoa do plural, no que diz respeito à realização de forma verbal com marca explícita de plural, é variável, isto é, pode ou não ocorrer, como também a variabilidade está relacionada ao processamento, pelo falante, da estrutura sintática de que o sujeito e o verbo participam, entre outros fatores (Scherre; Naro, 1997). A distância e a posição do sujeito em relação ao verbo têm efeito na menor ou maior realização da forma verbal de 3a pessoa do plural, de maneira que, quanto maior a distância linear (medida em número de sílabas), menor será a probabilidade de ocorrer a forma marcada ("Eles dizem: 'chutei tudo'; Eles também não diz"),[6] da mesma forma quando o sujeito está posposto ao verbo ("Aí bateu dois senhores na porta").[7] Também tem sido observado efeito de *priming* na produção de formas marcadas e não marcadas de sujeitos de 3ª. p. plural, isto é, o efeito de uma forma marcada ou não marcada sobre as subsequentes na fala ("Por exemplo, essas novela que acontece no Rio e em São Paulo, geralmente, é levada para todo lugar do Brasil...").[8] Esses efeitos independem da escolaridade do falante, ao mesmo tempo que se observa a tendência a uma maior realização de formas verbais marcadas de 3ª pessoa do plural quanto mais alta for a escolaridade do falante. Assim, estudos dessa natureza devem ser considerados como ponto de partida do que pode ser esperado como base do conhecimento internalizado de indivíduos de grupos clínicos para que se possa determinar em que medida este grupo difere dos demais indivíduos da mesma comunidade de fala.

A variação também pode ser observada a partir de métodos experimentais. Técnicas experimentais podem ser usadas para obtenção de dados raros, isto é, de baixa frequência de ocorrência na fala, e são primordiais nos estudos de percepção. Os estudos de percepção permitem abordar como a variação linguística é processada, buscando responder a questões como: a) de que maneira a variação linguística está representada no conhecimento linguístico do falante?; b) como a forma linguística e respectivo valor social são percebidos/processados pelos indivíduos?; c) em que medida a mudança linguística em curso impacta o conhecimento linguístico internalizado?; d) condicionamentos linguísticos e sociais das variantes, identificados nos dados de produção, têm o mesmo efeito na percepção?, entre outras. Os estudos de percepção da variação normalmente tomam como ponto de partida os resultados já identificados em dados de produção, uma vez que os estudos de produção podem indicar qual o grau de relação entre uma variável linguística e características sociais, evitando, portanto, que se busquem, na percepção, correlações que de fato não existem em determinada variedade linguística (Drager, 2014: 59).

O método experimental adotado depende, entre outras coisas, do tipo de questão de pesquisa. Assim, diferentes *designs* e técnicas experimentais têm sido utilizados nos estudos de percepção da variação. A técnica de *matched-guise*, introduzida por Wallace Lambert e colegas da Universidade McGill, Canadá, nos anos 1960, foi a primeira a ser utilizada com a finalidade de acessar atitudes dos indivíduos em relação aos valores sociais atribuídos a diferentes línguas, variedades de uma mesma língua ou variantes de uma mesma variável linguística. A técnica consiste na apresentação de estímulos gravados por um mesmo falante e atribuídos a diferentes indivíduos (disfarces ou *guises*) que são avaliados em função de características que mapeiam como as pessoas se sentem e reagem frente ao falante "diferente" e que crenças possuem sobre ele. Estudos de percepção também têm sido utilizados para acessar a organização cognitiva da variação, isto é, como o falante percebe a variação em função do estágio da mudança em uma determinada comunidade de fala. Estes dois aspectos da variação linguística, avaliação social e organização cognitiva, têm sido acessados através de técnicas experimentais que permitem observar como os indivíduos processam a variação, tais como: a) *priming*, que consiste, conforme mencionado anteriormente, na observação do efeito da ativação de uma determinada forma na produção e percepção das formas seguintes; b) rastreamento do movimento ocular (do inglês, *eye-tracking)*, técnica que permite identificar o tempo de fixação do olho e os movimentos sacádicos, as fixações do olho em função de estímulos visuais, que podem ser figuras/imagens ou língua escrita; c) potenciais relacionados a evento (do inglês, *event-related potentials* ou Erps), técnica que permite identificar a atividade elétrica do cérebro em resposta à exposição a estímulos sensoriais, cognitivos e motores.

Também estudos de decisão lexical têm sido usados para verificar de que maneira as variantes de uma variável estão organizadas no conhecimento internalizado da língua, sendo o processamento acessado através do tempo de resposta a um estímulo controlado em função de algumas características. Connine et al. (2008) observaram o efeito das diferentes frequências das variantes de uma palavra, no processamento da variação, através de uma tarefa de decisão lexical. Foi solicitado aos participantes do experimento que indicassem se o estímulo ouvido (uma palavra do inglês ou uma pseudopalavra, formada com segmentos e sílabas típicos da língua inglesa, porém não existente) eram uma palavra da língua. O experimento contou com 24 palavras do inglês, realizadas variavelmente na língua com e sem a vogal postônica, como em *corporate ~ corp'rate* e *camera ~ cam'ra*.[9] Dados de produção espontânea do inglês mostram que há dois grupos de palavras: a) grupo 1: palavras que ocorrem mais frequentemente com a variante sem a vogal postônica (entre 69,1% e 100% de ocorrência); grupo 2: palavras com frequência baixa da variante sem a vogal (entre 3,7% e 32,4% de ocorrência), isto é, ocorrem mais frequentemente com a vogal postônica. O experimento contou também com mais 24 pseudopalavras formadas a partir da mudança da primeira e da última consoante de uma palavra correspondente do inglês (cardinal/pardinim). Os 24 itens lexicais alvo do experimento 2 são todos formas fonéticas das palavras sem a vogal postônica distribuídas em três grupos: 8 palavras em que a variante sem a vogal é altamente frequente, e nas quais a ausência da vogal resulta na sequência de consoantes encontradas na língua (op'ra - opera); 8 palavras em que a variante sem a vogal é altamente frequente, porém a ausência da vogal resulta em sequências de consoantes não encontradas na língua (av'rage - average); e, finalmente, 8 palavras com baixa ocorrência da variante sem a vogal postônica (sal'ry - salary), resultando também em sequências de consoantes não encontradas no inglês. Os resultados mostraram, conforme esperado, índices de acurácia (se o estímulo é palavra da língua) altos para os três grupos de palavras, já que as variantes são todas encontradas na variedade do inglês a que os participantes estão expostos. Os resultados estatísticos mostraram que o tempo de resposta maior, para os itens lexicais com frequência baixa da variante sem a vogal postônica (307 ms), difere significativamente dos tempos de respostas para os dois grupos de itens cuja variante sem a vogal postônica é mais frequente (sequência de consoantes existente: 190 ms; sequência de consoantes inexistentes: 205 ms). Também foi verificado que não há diferença nos tempos de resposta dos dois tipos de estímulos cuja variante sem a vogal é de alta frequência de ocorrência. O tempo de resposta para as não-palavras foi de 365 ms. Esses resultados mostraram que não houve interferência do tipo de sequência de consoantes no processamento dos estímulos, e que o fato de a variante sem a vogal ser menos frequente para os itens do grupo

3 interfere no processamento. O experimento 3 foi constituído pelos mesmos itens e categorias de agrupamento dos itens lexicais do experimento 2, com a mesma tarefa (decisão lexical) e mesma variável dependente (tempo de reação), porém a variante de todos os estímulos contém a vogal postônica. Os índices de acurácia foram altos para estímulos alvo e não-palavras. Com relação ao tempo de reação, os resultados encontrados indicaram menor tempo de resposta (187 ms) para os itens com baixa ocorrência da variante com a postônica, isto é, que ocorrem mais frequentemente com a vogal, e tempos maiores para os itens cuja variante mais frequente é sem a vogal (sequência de consoantes existente: 217 ms; sequência de consoantes inexistentes: 216 ms). O tempo de resposta para as não-palavras foi alto (306 ms). Tomados em conjunto, os resultados dos experimentos 2 e 3 são indicativos de que o processamento das palavras se baseia na experiência do indivíduo com a língua, isto é, a frequência com que o indivíduo é exposto a uma determinada forma fonética ou variante de um item lexical tem efeito no processamento desta palavra. Também fornecem evidência de que o conhecimento da variação linguística integra as representações das formas sonoras das palavras no léxico e é utilizado no reconhecimento das palavras.

As questões abordadas na Sociolinguística sejam relativas à modelagem da variação no conhecimento linguístico da falante, à mudança linguística, à indexação social da variação, porque se referem ao conhecimento linguístico dos falantes, também se colocam no entendimento de indivíduos atípicos, como crianças e adultos de grupos clínicos. As seções a seguir apresentam estudos de caso relacionados às duas contribuições da Sociolinguística para a Fonoaudiologia, mencionadas na primeira parte deste capítulo, refletindo sobre os limites entre o típico, padrões de variação da comunidade de fala, e o atípico, manifestações circunscritas a grupos clínicos, e em que medida o conhecimento da variação está afetado em crianças de grupos clínicos.

RESULTADOS DE INVESTIGAÇÕES

Nesta seção, apresentaremos evidências de estudos com dados de populações clínicas e dados de produção de crianças com desenvolvimento típico e usuárias de implante coclear, com o objetivo de mostrar de que maneira o processamento da variabilidade linguística está afetado em crianças de grupos clínicos com déficit fonológico e também com o objetivo de situar a importância do conhecimento da variação linguística na análise de dados de aquisição. Conforme mencionado nas seções anteriores, a perspectiva teórica aqui apresentada reconhece a variabilidade do sinal de fala como parte do conhecimento linguístico, isto é, a variabilidade não é um aspecto somente da fala, é inerente à própria natureza da linguagem. Sendo parte do conhecimento de uma língua específica, a variação também é adquirida e pode estar afetada em populações clínicas.

Nathan e Wells (2001) realizaram um estudo com o objetivo de investigar se crianças com comprometimentos linguísticos poderiam apresentar dificuldades em processar um sotaque desconhecido. Sotaque se refere às diferentes maneiras de pronunciar palavras e até mesmo frases em termos de entonação e curva melódica. Os autores avaliaram 18 crianças (6 meninas e 12 meninos) com dificuldades de linguagem, isto é, que apresentaram desempenho inferior, mais que um desvio padrão abaixo da média, em uma tarefa de nomeação (5-6 anos de idade, idade média de 5;11), e 18 crianças (5 meninas e 13 meninos) com desenvolvimento típico (5-6 anos de idade, idade média de 5;09). Os participantes foram identificados a partir de um grupo de crianças com e sem dificuldades de linguagem que fizeram parte de um estudo longitudinal (Stackhouse; Nathan; Goulandris; Snowling, 1999, apud Nathan; Wells, 2001). Os critérios de inclusão do grupo clínico foram: apresentar dificuldades de linguagem, não apresentar deficiência auditiva, condição médica associada e dificuldades graves de linguagem receptiva ou pragmática de acordo com testes padrão de avaliação. As crianças do grupo controle foram selecionadas nas escolas frequentadas pelas crianças do grupo pesquisa. Os critérios de inclusão foram: não apresentar alterações de linguagem, deficiência auditiva, dificuldades gerais de aprendizagem e condições médicas como, por exemplo, epilepsia. Todos os participantes eram monolíngues do inglês, moradores de Londres.

As crianças responderam a uma tarefa de decisão lexical com figuras, por meio de um sotaque familiar de Londres (condição 1) e um sotaque regional de Glasgow (condição 2). Todos os estímulos possuíam uma sílaba. Os estímulos foram apresentados visualmente e auditivamente. Duas listas com 12 itens lexicais foram apresentadas nos dois sotaques (Londres e Glasgow). Os participantes recebiam uma imagem e deveriam decidir se a palavra correspondia ao nome da imagem (resposta: sim ou não). As não palavras foram elaboradas a partir da mudança de ponto e modo de articulação de uma consoante de um item lexical do inglês (ex: *box* e *mox*) e foram gravadas com outra voz.

Os resultados revelaram que as crianças com dificuldade de linguagem apresentaram desempenho parecido com as crianças com desenvolvimento típico na tarefa que utilizou o sotaque familiar. Por outro lado, apresentaram desempenho aquém do grupo controle na tarefa com sotaque desconhecido. De acordo com os autores, esses achados indicam que a variação do sotaque compromete a capacidade das crianças com desenvolvimento atípico em identificar com precisão se uma determinada sequência sonora pode ser interpretada como sendo uma palavra da língua. As formas apresentadas na variedade de Glasgow eram muito diferentes das representações das crianças do grupo clínico, e por isso, na maioria das vezes, nenhum item lexical foi acionado, ou seja, essas crianças não foram capazes de discriminar as características fonéticas desconhecidas dos estímulos e mapeá-los em suas representações. Portanto, verificou-se que as crianças com dificuldade de linguagem conhecem menos que as crianças da mesma idade com desenvolvimento típico sobre correspondências sistemáticas entre diferentes variantes sociofonéticas.

Os achados do estudo de Nathan e Wells (2001) fornecem evidência adicional para pensarmos a variabilidade como parte do conhecimento internalizado do falante e contribui também para analisarmos o grau de comprometimento da população clínica estudada.

Pautados nos Modelos baseados no Uso, que postulam a existência de diferentes níveis ou tipos de representação fonológica, sendo um desses níveis a representação do detalhe fonético fino, além de outros níveis mais abstratos que envolvem as abstrações e generalizações sobre as estruturas fonológicas, conforme mencionado na primeira seção, diversos estudos com populações clínicas mostram evidências de que, dependendo do grupo clínico estudado, os déficits ocorrerão em níveis de conhecimento fonológicos distintos.

Beckman, Munson e Edwards (2007) realizaram um estudo com duas populações clínicas, crianças com Transtorno Fonológico (TF) e crianças com Transtorno do Desenvolvimento da Linguagem (TDL), com o objetivo de observar quais níveis de representação estariam afetados em cada grupo clínico. Os dois grupos clínicos e mais dois grupos controles, um grupo de crianças com idades equivalentes às dos grupos clínicos e o outro, formado por crianças mais novas, foram avaliados por meio de testes de acuidade perceptiva e de verificação do tamanho do léxico, cujos índices obtidos para cada criança serviram de preditores para a avaliação da habilidade de estabelecer abstrações fonológicas por meio de um experimento de repetição de pseudopalavras. Os autores observaram que o desempenho das crianças nos experimentos aplicados foi diferente em cada grupo clínico. As crianças com TDL apresentaram um léxico reduzido e um desempenho aquém das crianças com desenvolvimento típico na tarefa de repetição de pseudopalavras. A relação entre o desempenho no teste e o tamanho do léxico se deve ao fato de que, de acordo com os Modelos de Exemplares, o conhecimento fonológico abstrato emerge de generalizações das palavras no léxico, e essas abstrações possibilitam, por sua vez, a aquisição de novas palavras. Assume-se que as pseudopalavras são processadas através de inferências probabilísticas sobre os padrões abstratos do léxico mental.

Sendo assim, ao avaliar o desempenho em testes de repetição de pseudopalavras, podemos inferir sobre a robustez dessas representações.

Já as crianças com Transtorno Fonológico apresentaram desempenho, no experimento de repetição de pseudopalavras e no teste que avaliou o tamanho do léxico, semelhante aos das crianças do grupo controle da mesma idade. Porém, no teste de acuidade perceptiva, foi observado um desempenho semelhante ao do grupo controle, formado por crianças mais novas, e um desempenho inferior ao das crianças do grupo controle com idades pareadas à do grupo clínico. Esses resultados indicam que os níveis de representação afetados nesses dois grupos clínicos são diferentes. No grupo com TL, o nível afetado parece ser o da codificação perceptual do sinal acústico; já no grupo de crianças com TDL, o nível de representação afetado seria o das abstrações da gramática fonológica. Nesse caso, o detalhe fonético não é relativo à variação socialmente indexada, porém os resultados se somam aos de Nathan e Wells (2001) como indicativos de que o conhecimento da variabilidade é parte do conhecimento internalizado pelas crianças, e pode ser afetado em crianças com desenvolvimento atípico. Esteves (2013) realizou um estudo semelhante envolvendo três grupos clínicos (dislexia, TL e TDL) com crianças falantes do PB e encontrou resultados semelhantes aos do estudo de Beckman et al. (2007).

Um ponto importante a ser destacado se refere ao grupo clínico do estudo de Nathan e Wells (2001). Os autores mencionam que os critérios utilizados na seleção dos participantes permitiram a inclusão não só de crianças que podem ser diagnosticadas com um déficit fonológico, mas também crianças que podem receber o diagnóstico de dispraxia verbal desenvolvimental/apraxia da fala (déficit no planejamento e/ou programação motora para a execução dos sons de fala). Levando em consideração as diferenças relatadas entre os diferentes grupos clínicos, nos estudos apresentados acima, em relação ao comprometimento em diferentes níveis, destacamos a importância de pesquisas desse tipo utilizarem grupos homogêneos, a fim de diminuir o viés da pesquisa, e fornecer informações que possam ser interpretadas de forma mais clara e abrangente. Apesar dessa questão, o estudo de Nathan e Wells revela que o processamento da variação do sotaque sofre influência da robustez e integridade das representações fonológicas. As crianças do grupo clínico relatado apresentaram um déficit no nível da discriminação fonética que compromete o processamento do sotaque desconhecido.

O conhecimento da variação linguística também precisa ser considerado, por exemplo, no entendimento do desenvolvimento fonológico de crianças com desenvolvimento típico e atípico. Conforme mencionado na primeira seção deste capítulo, nem sempre é fácil definir se uma variação observada na fala reflete uma característica de um grupo clínico ou se é relacionada à diversidade linguística.

Segundo Munson (2009), as características articulatórias e perceptuais dos sons de fala podem variar entre falantes (diferenças anatômicas e dialetais), e no mesmo falante (ruído ambiental e habilidades de linguagem para quem se fala), sem que haja qualquer patologia envolvida nesse processo. Segundo o autor, compreender a natureza da variabilidade auxilia a diferenciar essas duas situações, Patologia e Variação. Com o objetivo de refletir sobre essa questão, serão apresentados a seguir dados de produção de crianças com desenvolvimento típico de diferentes idades e de crianças com deficiência auditiva usuárias de Implante coclear (IC), nascidas e moradoras da cidade do Rio de Janeiro, quanto à produção do (r) em coda interna, como nos itens lexicais *porta* e *corda*. Os dados aqui apresentados foram retirados dos trabalhos de Mendes (2014) e Mendes-Nery (2018).

Segundo Mezzomo (2004), a coda (r) medial do PB aparece nas produções de crianças com 2 anos e 2 meses. Porém, segundo a autora, a aquisição dessa estrutura silábica somente ocorre por volta dos 3 anos e 10 meses. No entanto, é preciso observar que a realização da sílaba com coda (r), no PB, não é categórica, ao contrário, exibe variabilidade quanto às características articulatório-acústicas desta consoante e também no sentido de não ser produzida, como nos itens lexicais *ceØveja, teØça-feira*. Na comunidade de fala do Rio de Janeiro, de acordo com Melo (2017), a produção variável da coda (r) medial é condicionada por fatores linguísticos, como a consoante seguinte, sendo favorecida quando seguida por consoante fricativa, como em *força* e *parceiro*, e desfavorecida nos demais contextos, como em *parte, tarde* e *normal*. A maior ou menor incidência da ausência da coda (r) tem relação com o perfil social dos grupos que compõem as três amostras de que foram coletados os dados. Foram observados os percentuais de ausência de coda de 25,2%, em dados de fala de 8 adolescentes excluídos socialmente, moradores de favelas, cumprindo medida socioeducativa em instituição pública do estado do RJ (Amostra EJLA), e 17,2% em 8 adolescentes moradores de favelas, mas incluídos em atividade extraclasse na Fiocruz e cursando o Ensino Médio em escolas públicas (Amostra Fiocruz). Foi encontrado apenas um percentual de 3% de ausência de coda em um subgrupo de 8 falantes de classe média da Amostra Censo 2000, formada por adultos com Ensino Fundamental e Médio. A distribuição observada da coda (r), nos três grupos de falantes com diferentes perfis sociais, revela que há estratificação social da variante nula, o que pode refletir diferença de avaliação social da variante sem a coda. Resultados para um teste de atitudes, do mesmo estudo de Melo (2017), revelaram que participantes universitários e participantes com o mesmo perfil dos indivíduos que compõem a Amostra Fiocruz atribuem valor negativo à variante sem a coda interna. Já os participantes com o mesmo perfil da Amostra EJLA não percebem as duas variantes como relacionadas a perfis sociais diferentes. Esses resultados indicam que a variante sem a coda interna é marcada do ponto de vista social para indivíduos com mais escolaridade. Já os dados de 11 crianças entre 2;1 e 5;0, do trabalho de Menezes e Gomes (2012), adquirindo o PB no Rio de Janeiro, mostraram que os percentuais de ocorrência da coda (r) medial aumentam gradualmente em função da idade das crianças, revelando aspectos desenvolvimentais e também relativos à variação encontrada na fala, uma vez que, mesmo entre crianças acima de três anos, não foram observadas realizações categóricas da coda medial. Foi observado, em crianças de 2;1 a 2;6, um percentual de realização da coda (r) medial de 26%, que aumenta nas produções de crianças de 3;0 a 3;3 para 72%, chegando a 96% nas crianças de 3;6 a 3;10.

Dados obtidos em tarefa de nomeação de figuras, em Mendes (2014), aplicada a 66 crianças distribuídas em três grupos de acordo com a idade, refletem o observado na comunidade de fala no estudo de Melo (2017), de maneira que não há a produção categórica da coda (r), caracterizando, portanto, um estágio final do processo de aquisição de acordo com o indicado em Mezzomo (2004). Os três grupos etários foram: Grupo I, 20 crianças com 5 anos de idade; Grupo II, 23 crianças com 7 anos de idade; Grupo III, 23 crianças de 9 a 12 anos. Os participantes são crianças com desenvolvimento típico, em sua maioria alunos de escola municipal situada na Zona Norte do Rio de Janeiro, sendo apenas oito participantes de escolas particulares de diferentes regiões do município do Rio de Janeiro. As produções aqui analisadas foram obtidas por meio do teste de linguagem infantil ABFW (Andrade; Beffi-Lopes; Fernandes; Wertzner, 2004). Esse teste é composto por avaliações nas áreas de fluência, Vocabulário, Pragmática e Fonologia. No estudo de Mendes (2014), foi utilizada, para a coleta de dados, a prova de nomeação da parte de Fonologia do teste. A prova de nomeação é composta por 34 pranchas com figuras dos vocábulos, e apenas um item lexical com a coda (r) medial, a palavra *garfo*, que apresenta o contexto favorável de ausência da coda. Assim, no estudo de Mendes, a variabilidade observada por criança e não nas diferentes produções das crianças. O gráfico 1, a seguir, apresenta a distribuição das produções com e sem a coda interna na produção para o item *garfo*.

Gráfico 1: Distribuição das produções do item *garfo* com e sem a coda interna no conjunto de participantes e por grupo etário

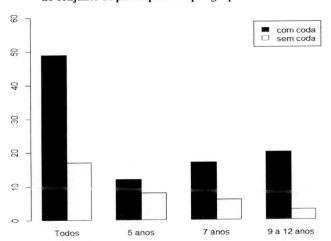

Dos 66 participantes, 49 (74,3%) produziram a coda interna e 17 (25,7%) não produziram. Na distribuição dos dados por faixa etária, observa-se um decréscimo da ausência da coda à medida que a idade aumenta. As crianças mais novas apresentaram mais produções do item lexical sem a coda do que as demais crianças. Todas as produções sem a coda interna foram de crianças da escola pública. A ausência de ocorrência da palavra *garfo* sem coda entre as crianças de escola particular e sua incidência somente entre as crianças de escola pública refletem o observado no estudo de Melo (2017) quanto ao perfil social dos falantes com maior tendência a produzir itens alvo como *garfo* sem a coda. A distribuição por idade reflete aspectos desenvolvimentais associados ao desenvolvimento fonológico e à sensibilidade das crianças aos padrões de variação da coda (r) medial na comunidade de fala. Como os participantes do estudo de Mendes (2014) foram selecionados de modo a excluir qualquer sujeito com alterações de linguagem, dificuldades escolares e comprometimento auditivo, as diferenças observadas nas produções por grupo etário refletem os padrões de variação linguística de um determinado grupo de falantes definidos em função de um perfil social. Estudos sobre aquisição da variação linguística têm mostrado que as crianças têm sensibilidade em relação à distribuição das variantes em sua comunidade de fala.

Dados de 8 crianças com deficiência auditiva, usuárias de Implante Coclear, do estudo de Mendes-Nery (2018), também são considerados a seguir. A deficiência auditiva consiste em um déficit sensorial que pode ser caracterizada em diferentes tipos e graus. No entanto, a perda auditiva do tipo neurossensorial de grau severo e/ ou profundo gera maiores prejuízos ao desenvolvimento da linguagem. Os indivíduos que nascem com esse tipo e grau de perda auditiva, ou a adquirem logo nos primeiros anos de vida, apresentarão enormes dificuldades para desenvolver a linguagem oral. Nesses casos, são necessários recursos tecnológicos para possibilitar a experiência auditiva. Atualmente, o recurso mais eficaz e efetivo para possibilitar a exposição ao *input* auditivo e, consequentemente, favorecer o desenvolvimento da linguagem oral em crianças com perdas auditivas severas e/ou profundas é o implante coclear (IC).

O IC é um dispositivo eletrônico composto por um componente externo, situado atrás da orelha, e um componente interno, implantado cirurgicamente, que contém um feixe de eletrodos que são inseridos na cóclea, e que substitui parcialmente as funções cocleares. Diferentemente dos aparelhos de amplificação sonora individual, que apenas amplificam os estímulos sonoros, o IC capta a onda sonora e a transforma em impulsos elétricos para que ocorra a estimulação das fibras do nervo auditivo.

As crianças que participaram do estudo de Mendes-Nery (2018) tinham idades entre 3 anos e 8 meses e 6 anos e 10 meses, com tempo de ativação do IC de 2 anos a 2 anos e 11 meses. Das 8 crianças que participaram da pesquisa, 5 estudavam em escolas públicas e três em escolas particulares; 6 realizaram a cirurgia e a terapia fonoaudiológica no serviço público de saúde e duas realizaram a cirurgia e terapia em serviços particulares. Todos os participantes apresentavam perda auditiva neurossensorial de grau severo e/ou profundo.

Nessa pesquisa, além dos dados de produção obtidos por meio da prova de nomeação do ABFW (ocorrências da palavra *garfo*), foram também analisadas as palavras com coda (r) interna obtidas na gravação de fala espontânea. Somando-se os dados do ABFW e da gravação de fala espontânea, foi obtido um total de 33 produções cuja palavra alvo contém a coda (r) interna. As palavras analisadas foram *barco*, *quarto*, *Margô*, *irmã*, *irmão*, *vermelho*, *guardar*, *guardei*, *verde*, *dormir* e *garfo*.

Dos trinta e três dados analisados, apenas um foi produzido com a coda interna (a palavra *barco*). O participante que produziu esse item estudava em escola particular e recebia assistência de saúde também em serviços particulares. Vale destacar que esse mesmo participante produziu outros itens sem a coda interna (ex: ['kafʊ] – garfo; [du'mi] – dormir). Assim, esses dados revelam que a coda interna não é imediatamente manifestada nas produções dessas crianças. Considerando que o tempo de exposição à fala ambiente varia de 2 anos a 2 anos e 11 meses para as crianças do estudo de Mendes, embora as crianças da pesquisa tenham idade entre 3 anos e 8 meses e 6 anos e 10 meses, o mais provável é que o comportamento dos participantes com IC reflita aspectos desenvolvimentais, que se assemelham ao observado no estudo de Menezes (2012) para crianças com desenvolvimento típico entre 2;1 e 2;6.

ESTUDO DE CASO

Nesta seção, será apresentada a análise da produção de 2 crianças com diagnóstico de *atraso na aquisição da linguagem*, atendidas no Ambulatório de Transtornos na Aquisição da Linguagem, do INDC/UFRJ. De acordo com Silva (2020), crianças falantes tardios, com diagnóstico de Atraso Simples, apresentam um comportamento linguístico de criança com idade cronológica inferior, com o desenvolvimento da aquisição ocorrendo de acordo com a aquisição típica, porém de forma mais lenta, isto é, defasada em relação às crianças de mesma idade com desenvolvimento típico.

As produções de E.A.S. e R. foram obtidas através da aplicação do teste ABFW, parte de Fonologia (nomeação). Para E.A.S, há informações de coleta em dois momentos diferentes, com intervalo de 5 meses entre as coletas. Para R., há informações somente de uma coleta feita antes da alta. Coletas periódicas de produções em situação de teste, como o ABFW, têm como objetivo checar o desenvolvimento da criança em função da terapia fonoaudiológica. O teste ABFW (parte fonológica) contém 34 figuras de objetos, partes do corpo, animais e outras imagens diversas para nomeação. Especificamente, serão comentadas as produções dos itens com sílabas formadas por duas consoantes e vogal (CCV). A sílaba CCV, no português, pode ser realizada com a consoante lateral alveolar vozeada ou com o tepe alveolar vozeado como a 2ª consoante do grupo consonantal. Os dois tipos de sílaba são produzidos variavelmente nas diversas variedades do português brasileiro. Assim, os itens comentados, que compõem o referido teste, podem ser divididos em dois grupos, de acordo com o esperado para a forma de prestígio, no português brasileiro, para a segunda consoante do grupo consonantal: a) *livro, prato, braço, zebra* e *cruz*, sendo o tepe alveolar vozeado a segunda consoante; b) *blusa* e *planta*, com a lateral alveolar vozeada como segunda consoante.

As sílabas com tepe podem alternar produções sem o tepe, como em *precisa ~ picisa, progresso ~ pogresso*, e as sílabas com a lateral alternam com produções com o tepe, como em *blusa ~ brusa*. No primeiro caso, há uma avaliação social negativa da segunda forma, a depender do item lexical, uma vez que *picisa* não tende a ser estigmatizado, mas *pogresso* sim. Já a ocorrência do tepe no lugar da lateral tende a ser bastante estigmatizada nas variedades do PB, principalmente em grandes centros urbanos. Em relação à alternância CrV ~ CØV, a diferença entre a variação linguística e a produção atípica é uma diferença de grau de incidência da variante sem o tepe. No segundo caso, alternância ClV ~ CrV, não há qualquer produção, no PB, que possa estar associada a produção atípica. Crianças e adultos que apresentam prevalência da forma com o tepe expressam uma determinada identidade sociolinguística.

Na primeira coleta de E.A.S, com 5;09, os itens lexicais em questão foram produzidos da seguinte maneira: prato → [ˈpɾatʊ], braço → [ˈbɾasʊ], zebra → [ˈzebɾə], cruz → [ˈtuʃ], planta → [ˈpɾãtə]. A criança não nomeou *blusa* e *livro* nesta coleta. Na segunda coleta, cinco meses depois, com 6;02, as produções foram: livro → [ˈlivʊ], prato → [ˈpɾatʊ], braço → [ˈbɾasʊ], zebra → [ˈzebɾə], cruz → [ˈkɾuɹʃ], blusa → [ˈbluzə] e planta → [ˈplãtə]. Observa-se, nas duas coletas, que a produção do grupo consonantal, ou *onset* complexo, com tepe expressa a tendência de produção na comunidade de fala do Rio de Janeiro, e da maioria das variedades do PB, de realização com a segunda consoante do grupo, embora ainda não categoricamente em função da ocorrência [ˈtuʃ], na 1ª coleta, e produzida com o tepe, na 2ª. A produção [ˈlivʊ] na 2ª coleta, precisa ser analisada em relação a outros aspectos, já que sílabas em posição átona final são propensas a reduções segmentais e ensurdecimento, podendo ser uma produção comum entre falantes do PB com desenvolvimento típico, como em [ˈoʊtʊ] *outro* e [ˈkʊatʊ] *quatro*. As produções de palavras com grupo consonantal com a lateral apresentaram, nas duas coletas, a ocorrência da segunda consoante. Na 1ª coleta, a palavra *planta* foi produzida com o tepe, e, na 2ª coleta, os dois itens lexicais foram produzidos com a lateral. Interpreta-se que a produção com o tepe expressa a identidade sociolinguística da criança, que pode apresentar variação com a lateral.

As produções da criança R., para os itens lexicais do teste foram: livro → [ˈlivɾʊ], prato → [ˈpɾatʊ], braço → [ˈbɾasʊ], zebra → [ˈzebɾə], cruz → [ˈkɾuʃ] e planta → [ˈpɾãtə]. A criança não nomeou *blusa*. As produções do grupo consonantal em palavras-alvo com tepe acompanharam a tendência mais geral de produção desta consoante, em especial na sílaba tônica, e também na átona final. Na produção de *planta*, há a ocorrência da variante com o tepe, o que expressa a identidade sociolinguística da criança. No conjunto, de acordo com as produções de R., pode-se dizer que o processo terapêutico atuou no ajuste da tendência de produção do grupo consonantal com o tepe como alvo, sem interferir no uso da variante estigmatizada [ɾ], no item *planta*, talvez mais frequente ou comum para esta criança em função de seu perfil social.

Neste capítulo, foram apresentados os principais aspectos teóricos e metodológicos relacionados ao conceito de variação linguística e seu status no conhecimento linguístico de falantes típicos e atípicos. O conjunto amplo de questões abordadas é indicativo da importância da variação linguística como parte do conhecimento da linguagem, com consequências, portanto, para as áreas do conhecimento que lidam com a linguagem humana, como a Fonoaudiologia.

BIBLIOGRAFIA

ANDRADE, C. R. F. et al. *ABFW, Teste de linguagem infantil nas áreas de Fonologia, Vocabulário, Fluência e Pragmática*. Baureri: Pró-Fono, 2004.

BARRON, A.; SCHNEIDER, K. P. Variational pragmatics: Studying the impact of social factors on language use in interaction. *Intercultural Pragmatics*, v. 6, n. 4, 2009, pp. 425-42.

BECKMAN, M. E.; MUNSON, B; EDWARDS, J. The influence of vocabulary growth on developmental changes in types of phonological knowledge. In: COLE, J.; HUALDE, J. (orgs.). *Laboratory Phonology 9*, New York: Mouton de Gruyter, 2007, pp. 241-64.

BUCHSTALLER, I. Investigating the Effect of Socio-Cognitive Salience and Speaker-Based Factors in Morpho-Syntactic Life-Span Change. *Journal of English Linguistics*, v. 44, n. 2, 2016, pp. 199-229.

BYBEE, J. *Language, Use and Cognition*. Cambridge: Cambridge University Press, 2010.

CHOMSKY, N. A Review of B. F. Skiner's "Verbal Behavior". *Language*, v. 35, 1959, pp.26-58.

COETZEE, A.; KAWAHARA, S. Frequency biases in phonological variation. *Natural languages and Linguistic Theory*, v. 31, 2013, pp.47-89.

CONNINNE, C. M.; RANBOM, L. J.; PATTERSON, D. J. Processing variant forms in spoken word recognition: The role of variant frequency. *Perception & Psychophysics*, v. 70, n. 3, 2008, pp. 403–11.

CRISTÓFARO SILVA, T.; GOMES, C. A. Fonologia na perspectiva dos Modelos de Exemplares. In: Gomes, C. A (org.). *Fonologia na perspectiva dos Modelos de Exemplares*: para além da dicotomia natureza/cultura na ciência linguística. São Paulo: Contexto, 2020, pp. 13-36.

DUARTE, M. E. L.; FREIRE, G. Como a escrita padrão recupera formas em extinção e implementa formas inovadoras. In: PAIVA, M. C.; GOMES, C. A. (orgs.) *Dinâmica da variação e da mudança na fala e na escrita*. Rio de Janeiro: ContraCapa/Faperj, 2014, pp. 115-35.

ESTEVES, C. O. *Conhecimento Fonológico de Crianças com Dislexia, Desvio Fonológico e Distúrbio Específico de Linguagem*: Uma Análise Multirrepresentacional da Linguagem. Rio de Janeiro, 2013. Tese (Doutorado em Linguística) – Faculdade de Letras, Universidade Federal do Rio de Janeiro.

GAUCHAT, L. *L'Unité phonétique dans le patois d'une commune*. Aus Romanischen Sprachen und Literaturen: Festschrift Heinrich Mort. Halle: Max Niemeyer, 1905, pp. 175-232.

GOMES, C. A. Uso variável do dativo na escrita jornalística: resistência e inovação na escrita formal contemporânea. In: PAIVA, M. C.; GOMES, C. A. (orgs.) *Dinâmica da variação e da mudança na fala e na escrita*. Rio de Janeiro: ContraCapa/Faperj, 2015, pp. 107-19.

_____. Aquisição da variação estruturada: uma nova perspectiva de pesquisa. In: VOTRE, S.; RONCARATI, C. (orgs.). *Anthony Julius Naro e a Linguística no Brasil*: uma homenagem acadêmica. Rio de Janeiro: 7Letras/Faperj, 2008, pp. 107-14.

GOMES, D. K. *Síncope de proparoxítonas*: um estudo contrastivo entre português brasileiro e português europeu. Rio de Janeiro, 2012. Tese (Doutorado em Letras Vernáculas) – Faculdade de Letras, Universidade Federal do Rio de Janeiro.

HARRINGTON, J. An acoustic analysis of 'happy-tensing' in the Queen's Christmas broadcasts. *Journal of Phonetics*, v. 34, 2006, pp. 439–57.

LABOV, W. *Sociolinguistic Patterns*. Philadelphia: University of Pennsylvania Press, 1972.

_____. *Principles of linguistic change*: Internal factors. Oxford: Blackwell, 1994.

_____. *Principles of linguistic change*: Social factors. Oxford: Blackwell, 2001.

_____. *Principles of linguistic change*: Cognitive and Cultural factors. Oxford: Blackwell, 2010.

LAVANDERA, B. Where does a sociolinguistic variable stop. *Language in Society*, v. 7, n. 2, 1978, pp. 171-82.

MANSFIELD, J.; STANFORD, J. Documenting sociolinguistic variation in lesser-studied indigenous communities: Challenges and practical solutions. In: HILDEBRANDT, K. A.; JANY, C.; SILVA, W. (orgs.) *Documenting Variation in Endangered Languages*. Honolulu: University of Hawai'i' Press, 2017, pp. 116-36.

MELO, M. A. S. L. Direcionalidade da mudança sonora: o papel do item lexical e da avaliação social. Rio de Janeiro, 2017. Tese (Doutorado) – Faculdade de Letras, Universidade Federal do Rio de Janeiro.

MENEZES, Vanessa. Aquisição da Variação da Líquida Não-lateral em Coda no Português Brasileiro. Rio de Janeiro, 2012. Dissertação (Mestrado em Linguística) – Faculdade de Letras, Universidade Federal do Rio de Janeiro.

_____; GOMES, C. A. The Acquisition of Variable Coda (r) in the Speech Community of Rio de Janeiro. *U. Penn Working Papers in Linguistics,* v. 18, n. 2, 2012, pp. 57-65.

MENDES, S. C. *Relação entre Habilidades do Processamento Auditivo e Conhecimento Fonológico Abstrato em Crianças com Desenvolvimento Típico.* Rio de Janeiro, 2014. (Mestrado em Linguística) – Faculdade de Letras, Universidade Federal do Rio de Janeiro.

MENDES-NERY, S. C. *Aquisição fonológica em crianças com deficiência auditiva usuárias de implante coclear.* Rio de Janeiro, 2018. Tese (Doutorado em Linguística) – Faculdade de Letras, Universidade Federal do Rio de Janeiro.

MEZZOMO, C. L. Sobre a aquisição da coda. In: Lamprecht, R. R. (org.) *Aquisição fonológica do português:* perfil de desenvolvimento e subsídios para terapia. Porto Alegre: Artmed, 2004, pp. 129-50.

MUNSON, B. (2009). Pathology or social indexing? In: BOWEN, C. (org.) *Children's speech sound disorders.* Chichester: John Wiley and Sons, Ltd, 2009, pp.96-101.

NATHAN, L; WELLS, B. Can children with speech difficulties process an unfamiliar accent? *Applied Psycholinguistics,* v. 22, 2001, pp. 343–61.

NAGY, N. Documenting variation in (endangered) heritage languages: How and why? In: HILDEBRANDT, K. A.; JANY, C.; SILVA, W. (orgs.) *Documenting Variation in Endangered Languages.* Honolulu: University of Hawai'i' Press, 2017, pp. 33-64.

PAIVA, M. C.; DUARTE, M. E. L. (orgs.) *Mudança linguística em tempo real.* Rio de Janeiro: Contra Capa/ Faperj, 2003.

PISONI, D. B.; LEVI, S. V. Some observations on representations and representational specificity in speech perception and spoken word recognition. In: GASKELL, G. (org.). *The Oxford Handbook of Psycholinguistics.* Oxford: Oxford University Press, 2007, pp. 3-18.

ROBERTS, J. Child language variation. In: CHAMBERS, K.; TRUDGILL, P.; SCHILLING-ESTES, N. (orgs.) *The Handbook of Language Variation and Change.* Oxford: Blackwell, 2002, pp. 333-48.

ROBINSON, G.; FERNALD, R. D.; CLAYTON, D. F. Genes and social behavior. *Science,* v. 322, n. 5903, 2008, pp. 896–900.

SANKOFF, G.; BLONDEAU, H. Language change across the lifespan: /r/ in Montreal French. *Language,* v. 83, n. 3, 2007, pp. 560-88.

SAUSSURE, F. de. *Curso de Linguística Geral.* Trad. de Antônio Chelini, José Paulo Paes e Izidoro Blikstein. São Paulo: Cultrix/USP, 1969.

SCHERRE, M. M. P.; NARO, A. J. Duas dimensões do paralelismo formal na concordância de número no português popular do Brasil. *D.E.L.T.A,* v. 3, n. 1, 1993, pp.1-14.

_____; _____. A concordância de número no Português do Brasil: um caso típico de variação inerente. In: Hora, D. da (org.). *Diversidade Linguística no Brasil,* João Pessoa: Ideia, 1997, pp. 93-114.

SILVA, M. B. Aquisição Fonológica em Crianças Falantes Tardios: Estudo de Caso. In: Gomes, C. A. *Fonologia na Perspectiva dos Modelos de Exemplares:* para além da dicotomia nature/nurture na ciência linguística. São Paulo: Contexto, 2020, pp.125-42.

VAN BERKUM, J. J. A. et al. The neural integration of speaker and message. *Journal of Cognitive Neuroscience,* v. 20, n. 4, 2008, pp. 580-91.

WEINREICH, U; LABOV, W.; HERZOG, M. Empirical foundations for a theory of language change. In: LEHMANN, W.; MALKIEL, Y (orgs.) *Directions for Historical Linguistics.* Austin: University of Texas Press, 1968, pp. 97-195.

Fonética

Thaïs Cristófaro Silva e Larissa Berti

Este capítulo aborda a produção dos sons da fala do ponto de vista acústico e articulatório (oitiva e ultrassonográfico) visando a oferecer o instrumental necessário para a análise clínica da fala, sobretudo para a compreensão dos Distúrbio dos Sons da Fala (DSF). Inicialmente definimos o escopo dos estudos em Fonética e, em seguida, consideramos os conceitos da Fonética que são relevantes para a descrição dos sons, especialmente na prática clínica. Apresentamos casos clínicos de Distúrbios dos Sons da Fala a partir de uma análise acústica e articulatória (ultrassonográfica). Sugerimos que pesquisas futuras possam se aprofundar nestas linhas de investigação para oferecer à prática clínica, diagnósticos e intervenções inovadoras.

O QUE É A FONÉTICA?

A Fonética "é a ciência que apresenta os métodos para a descrição, classificação e transcrição dos sons da fala, principalmente aqueles sons utilizados na linguagem humana." (Cristófaro Silva, 2010: 23). Esta é uma abordagem fonética de produção da fala. A fala pode também ser foneticamente analisada de um ponto de vista da percepção (Russo; Behlau, 1993).

A Fonética, neste capítulo, é utilizada para analisar os Distúrbio dos Sons da Fala (DSF), um termo geral que engloba todos os tipos de alterações de fala, conforme recomendado pela American Speech-Language-Hearing Association - Asha (2018). A American Speech-Language-Hearing Association (2018) define o Distúrbio dos Sons da Fala (DSF) como:

> (...) um termo genérico que se refere a qualquer combinação de dificuldades de percepção, produção motora e/ou representação fonológica dos sons da fala e segmentos da fala (incluindo regras fonotáticas que governam a forma, estrutura e tonicidade da sílaba, bem como a prosódia) que afetam a inteligibilidade da fala. (American Speech-Language-Hearing Association, 2018. Tradução das autoras).

A prática clínica, porém, oferece outras nomenclaturas advindas de perspectivas diagnósticas distintas, tais como "Transtorno da Fala", conforme perspectiva médica ou clínica (DSM e/ou CID); Atraso de Fala, Distúrbio Motor da fala (envolvendo Apraxia e Disartria) e Erros Residuais, conforme perspectiva etiológica (Shriberg et al., 2010); Transtorno da Articulação, Atraso no Desenvolvimento Fonológico, Distúrbio Fonológico Atípico Consistente, Distúrbio Fonológico Inconsistente e Apraxia de fala, de acordo com a perspectiva linguística (Dodd, 2014). Neste artigo, faremos uso do termo: Distúrbio dos Sons da Fala sendo dada ênfase para as alterações da produção da fala envolvendo as omissões e substituições que tipicamente ocorrem nos DSF.

Para a análise dos sons da fala, devemos, em primeiro lugar, considerar os instrumentos da Fonética Articulatória que são utilizados para descrever como os sons são articulados considerando-se a fisiologia do corpo humano. Esse instrumental permite que os sons da fala sejam registrados por símbolos fonéticos que refletem a oitiva, i.e., o registro do que foi compreendido ao se ouvir a fala.

A produção da fala ocorre no aparelho fonador constituído de três sistemas: articulatório, fonatório e respiratório. Todo e qualquer som utilizado na linguagem humana é articulado no aparelho fonador. O sistema respiratório compreende os pulmões, os músculos pulmonares, os tubos brônquios e a traqueia. O sistema respiratório assegura que o ar seja o motor da articulação dos sons da fala. O ar que sai dos pulmões pode ou não encontrar obstruções até que chegue à boca. Quando obstruções ocorrem, elas são consequências da posição de algum articulador (que faz parte do sistema articulatório). Nos casos de patologia, a alteração na produção da fala pode estar relacionada com os chamados Distúrbios dos Sons da Fala: DSF.

O sistema fonatório corresponde à laringe, onde se localizam as pregas vocais. O espaço entre as pregas vocais é denominado glote. As pregas vocais são músculos que, ao se movimentarem, oferecem a fonte de energia para a produção dos sons da fala. Quando as pregas vocais vibram os sons são classificados como vozeados e quando as pregas não vibram os sons são classificados como não-vozeados. Essa classificação será retomada nas próximas páginas.

O sistema articulatório modela o aparelho fonador para produzir sons específicos. Considere a figura 1:

Figura 1: Articuladores.

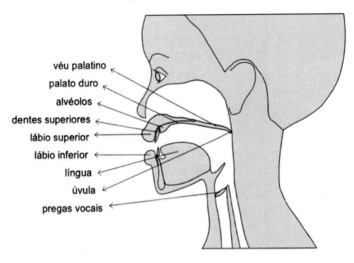

Fonte: Cristófaro Silva et al., 2019: 14.

A figura 1 ilustra os articuladores que podem ser passivos ou ativos. Os articuladores ativos são: o lábio inferior, a língua, o véu palatino e as pregas vocais. Os articuladores passivos são: o lábio superior, os dentes superiores e o céu da boca. O céu da boca é dividido em: alvéolos, palato duro, véu palatino (ou palato mole) e úvula. Os articuladores ativos se movimentam, i.e., têm atividade, em direção aos articuladores passivos. Os articuladores passivos não se movimentam. Na articulação das consoantes, um articulador ativo se movimenta em direção a um articulador passivo. Na articulação das vogais, a língua é o articulador ativo que assume posições diversas na produção de diferentes sons vocálicos. A grande maioria dos distúrbios dos sons da fala (DSF) tem impacto em consoantes, e são menos comuns em vogais (Harris et al., 1999). Por esta razão, este capítulo enfatiza a articulação de consoantes.

As consoantes são classificadas a partir de três parâmetros articulatórios: modo de articulação, lugar de articulação e grau de vozeamento. O modo de articulação diz respeito ao tipo de obstrução que foi causado na articulação da consoante. No português, o modo de articulação das consoantes pode ser: oclusiva, fricativa, africada, nasal, tepe, retroflexa ou lateral. As consoantes oclusivas são produzidas com a completa obstrução da passagem da corrente de ar e saída de ar brusca. As consoantes fricativas são produzidas com fricção, devido à saída de ar contínua. As consoantes africadas são produzidas com a combinação de oclusivas e africadas. As consoantes nasais são produzidas com a oclusão da passagem da corrente de ar e ao mesmo tempo com o véu palatino abaixado, permitindo que o ar passe apenas pela cavidade nasal. O tepe é uma consoante produzida com uma breve obstrução na região alveolar, a qual é produzida pela rápida batida da ponta da língua nesta região. A consoante retroflexa é produzida com o levantamento da ponta da língua concomitante com a posteriorização da língua. A consoante lateral é produzida com uma obstrução central da cavidade oral e pela vazão lateral da corrente de ar.

O lugar de articulação caracteriza a relação entre o articulador ativo e o articulador passivo e, no português, são classificados como: bilabial, labiodental. alveolar (dental), alveopalatal, palatal, velar e glotal. Em consoantes bilabiais o lábio inferior vai de encontro ao lábio superior. Em consoantes labiodentais o lábio inferior vai de encontro aos dentes superiores. Em consoantes alveolares ou dentais a ponta da língua vai de encontro aos alvéolos (ou aos dentes superiores). Em consoantes alveopalatais a parte anterior da língua vai de encontro ao palato duro. Em consoantes palatais a parte média da língua vai de encontro ao palato duro. Em consoantes velares a parte posterior da língua vai de encontro ao palato mole, ou véu palatino. Na consoante glotal as pregas vocais funcionam como articuladores.

Finalmente, o grau de vozeamento consiste no terceiro parâmetro classificatório das consoantes. Sons vozeados são produzidos com a vibração das pregas vocais e nos sons não-vozeados as pregas vocais não vibram (cf. sistema fonatório, acima). Alguns sons da fala são tipicamente vozeados, como as vogais. Por outro lado, consoantes podem ser vozeadas e não-vozeadas. Quando o vozeamento não é apropriado para uma determinada consoante, é possível ocorrer um Distúrbio dos Sons da Fala (DSF), podendo ser necessária a intervenção clínica. Por exemplo, a pronúncia da palavra como *gato por uma criança com DSF* poderia ser percebida como [k]*ato* no lugar *de* [g]*ato*.

Para cada consoante é atribuído um único símbolo fonético, de acordo com o Alfabeto Internacional de Fonética (IPA). O quadro fonético da Associação Internacional de Fonética apresenta todo e qualquer símbolo possível de ser produzido pelo aparelho fonador e que seja utilizado na fala.

As consoantes podem ser classificadas a partir dos três parâmetros: (modo de articulação + lugar de articulação + grau de vozeamento). Considere o quadro 1:

Quadro 1: Símbolos Fonéticos do Português Brasileiro.

Modo \ Lugar	Grau de vozeamento	Bilabial	Labiodental	Dental ou Alveolar	Alveopalatal	Palatal	Velar	Glotal
Oclusiva	não-voz	p		t			k	
	voz	b		d			g	
Africana	não-voz				tʃ			
	voz				dʒ			
Fricativa	não-voz		f	s	ʃ			h
	voz		v	z	ʒ			
Nasal	voz	m		n		ɲ		
Tepe	voz			ɾ				
Retroflexa	voz			ɹ				
Lateral	voz			l			ʎ	

Fonte: Elaborado pelas autoras.

O quadro 1 lista de maneira simplificada as consoantes do português brasileiro e que são relevantes para o propósito do presente capítulo (cf. Cristófaro Silva, 2010 para a descrição detalhada de todos os sons do PB. Consulte também fonologia.org).[10] A coluna mais à esquerda lista o modo de articulação de cada grupo de consoantes. A linha superior lista o lugar de articulação de cada grupo de consoantes e relaciona o articulador ativo com o articulador passivo. A segunda coluna indica o grau de vozeamento das consoantes. Cada símbolo deve ser representado exatamente com o desenho a ele atribuído. Assim, [tʃ] representa uma "africada alveopalatal não-vozeada". Na Fonoaudiologia tradicional o diagnóstico é tipicamente realizado por oitiva, i.e., a escuta dos sons, e a transcrição fonética é feita através do uso de símbolos fonéticos.

Na prática clínica podem ser encontrados sons que não foram apresentados neste capítulo. Por exemplo, considere os símbolos [θ, ð], que representam as fricativas interdentais não-vozeada e vozeada, respectivamente. Esses sons ocorrem em inglês em palavras como *think* e *that*, respectivamente. No português esses sons ocorrem em alguns casos de Distúrbios dos Sons da Fala (DSF), particularmente nos casos designados de Distúrbios da Articulação (conforme perspectiva linguística) ou Erros Residuais (conforme perspectiva etiológica), em que se observa que o falante pronuncia [s, z] com a língua entre os dentes em palavras como *assim* a[θ]im ou *azul* a[ð]ul. As tabelas fonéticas do português tipicamente não apresentam os sons [θ, ð] pois esses sons só ocorrem em casos de DSF nesta língua. Quando o fonoaudiólogo não encontrar o símbolo correspondente para o som que quer descrever, deverá, então, consultar material técnico de Fonética para identificar o som que foi atestado.

Os símbolos fonéticos oferecem um instrumental poderoso para transcrever os sons da fala. Contudo, como observado na literatura, eles apresentam um sistema notacional que, de alguma maneira, consiste em um sistema de escrita com características do sistema alfabético (Munson et al., 2010). De fato, nenhuma pessoa reproduz um som da fala da mesma maneira. Ajustes fonéticos finos são observados em cada produção de um som. Essa variação pode depender de inúmeros fatores, dentre eles: a postura da pessoa no momento, o interlocutor ou até mesmo o humor naquela situação. Existem também fatores fisiológicos que alteram a produção dos sons. Embora a produção seja diferente, os símbolos fonéticos oferecem uma alternativa para caracterizar o som. Por exemplo, o som de [s] na palavra *suco* é articulado com posteriorização, enquanto o som de [s] na palavra *sina* é articulado com anteriorização. Para verificar essa diferença articulatória imagine que você irá dizer a palavra *suco* (não precisa dizer a palavra, faça apenas o movimento do som inicial). Em seguida, faça o mesmo procedimento e imagine que você irá dizer a palavra *sina*. Você deve ter observado que em cada caso a língua se encontra em uma posição diferente, embora nos dois casos os símbolos fonéticos correspondentes sejam transcritos como [s]. O Alfabeto Internacional de Fonética propõe diacríticos que poderiam diferenciar tais sons. Contudo, raramente tais diacríticos são utilizados na descrição e transcrição da fala com e sem patologia.

Uma das razões que leva à caracterização de sons distintos é a influência do Princípio Fonêmico na caracterização dos sons da fala. O Princípio Fonêmico determina que sons que diferenciam palavras devem ser tratados como distintos. Por exemplo, [f] e [v] diferenciam as palavras *faca* e *vaca* em português e são tratados como sons distintos ou fonemas. Dizemos que /f/ e /v/ estão em contraste fonêmico. Assim, temos fonemas distintos que são transcritos entre barras transversais: /f/ e /v/. Por outro lado, sons que não diferenciam uma mesma palavra são denominados alofones. Observe que tanto ['tiɐ] e ['tʃiɐ] são pronúncias possíveis para a palavra *tia* em português. Dizemos que o fonema /t/ se manifesta como o alofone [tʃ] sempre que é seguido do contexto específico da vogal [i], como em ['tʃiɐ] *tia* ou ['matʃi] *mate*. Em contextos diferentes da vogal [i], /t/ sempre ocorre como [t], como por exemplo em: *tatu, três, pato* etc. Barras transversais são usadas para indicar fonemas, e caracterizam a análise fonológica. Por outro lado, colchetes são usados para sons ou fones e caracterizam a descrição fonética. Para maiores detalhes referimos o leitor ao capítulo de *Fonologia* neste livro.

A noção de contraste fonêmico e alofonia é importante para que seja possível compreender a natureza do contraste encoberto que será discutido mais adiante neste capítulo, na apresentação de exemplos clínicos. A próxima seção aborda como estudar a Fonética.

COMO ESTUDAR?

Tradicionalmente, a Fonética fez uso quase que estrito da transcrição fonética por meio de um sistema simbólico que foi descrito na seção anterior. Tal prática foi também incorporada à análise clínica da fala. Portanto, é crucial que os conceitos da Fonética Articulatória sejam claramente compreendidos, bem como a representação dos símbolos fonéticos.

Atualmente, graças ao desenvolvimento científico e tecnológico, a fala, com e sem alteração, conta com diversos recursos de análise. Dentre tais recursos, exploramos neste capítulo estudos de casos que envolvem a análise acústica e a análise articulatória por imagens através da ultrassonografia do movimento de língua. Estas análises oferecem uma visão detalhada da produção dos sons. Compreendendo os princípios de produção da fala e descrevendo as alterações (ou dificuldades) apresentadas por crianças com DSF é possível ter a intervenção fonoaudiológica acurada e eficaz.

A análise acústica investiga o correlato físico dos sons da fala, tendo-se como parâmetros a duração, a frequência e a intensidade. Considere a figura 2:

Figura 2: Oscilograma e espectrograma da palavra *código*.

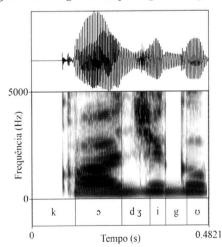

Fonte: Elaborada por Maria Cantoni.

A figura 2 ilustra o oscilograma (ou forma de onda) na parte superior da figura e o espectrograma, na parte inferior da figura da palavra *código*: [ˈkɔdʒigʊ]. Cada um dos segmentos é indicado pelo símbolo fonético na parte inferior da figura. O eixo horizontal na figura 2 apresenta o tempo que reflete a evolução temporal dos correlatos físicos dos sons. O eixo horizontal indica a frequência e a amplitude dos sons. Obviamente, a fala é um contínuo e a segmentação em sons específicos tem apenas um caráter metodológico. Um importante aspecto a ser destacado é que a transição entre os sons é gradual.

Na figura 2, as três vogais apresentam barras horizontais que são denominadas formantes e caracterizam as propriedades fonéticas de cada vogal. Como neste capítulo enfocamos as consoantes, o destaque será dado a elas. Os sons oclusivos [k] e [g] que ocorrem na primeira e na penúltima posição na figura 2 refletem a ausência de energia pelo espaço em branco no espectrograma. O som [k] é não-vozeado e a forma de onda apresenta uma linha reta. O som [g] é vozeado e apresenta hachuras na forma de onda. A africada [dʒ] é constituída da oclusiva [d] que não apresenta correlato de energia no espectrograma por ser uma consoante oclusiva e da fricativa alveopalatal [ʒ] que apresenta estrias hachuradas no espectrograma. Observe que na parte inferior de [ʒ] e [g] ocorre um escurecimento que representa a barra de vozeamento. Sons vozeados apresentam a barra de vozeamento na parte inferior do espectrograma.

A análise acústica oferece uma importante ferramenta para análise dos sons da fala, mas, por outro lado, não oferece o acesso direto ao processo articulatório de produção de fala. Ou seja, a partir do sinal acústico analisado infere-se o movimento articulatório que o resultou, mas não diretamente. Diferentemente da análise acústica, a análise articulatória por ultrassonografia, por exemplo, possibilita a apreensão direta e em tempo real do movimento dos articuladores, oferecendo informações precisas a respeito do processo de produção de fala, sobretudo dos movimentos posteriores da língua durante a fala (Stone, 2005). Considere a figura 3:

Figura 3: Imagem ultrassonográfica da superfície da língua em plano sagital.

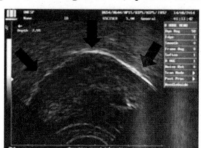

Fonte: Berti et al., 2019.

A figura 3 representa a imagem ultrassonográfica da superfície da língua em corte sagital, considerando a sua dimensão anteroposterior. O contorno da língua é marcado pelo traçado côncavo em branco, que representa a superfície da língua na imagem ultrassonográfica. As setas da esquerda para a direita representam respectivamente: parte anterior da língua, corpo da língua e parte posterior da língua.

Até o momento, neste capítulo, consideramos os princípios da Fonética Articulatória, da Análise Acústica e da Análise Articulatória (a partir da Ultrassonografia) para estudar a fala. Também diferenciamos o escopo de estudo das áreas de Fonética e Fonologia. Um percurso possível e que tem sido explorado atualmente é de que a motricidade e cognição sejam atrelados ao conhecimento gramatical da linguagem (Albano, 2020).

Em síntese, destacamos nesta seção que, tipicamente, a avaliação fonoaudiológica faz uso de símbolos fonéticos, que são compreendidos como correlatos da fala em uma análise de oitiva. Análises complementares, tanto a acústica quanto a articulatória, têm aplicação teórica e clínica que contribuem para um diagnóstico preciso e, consequentemente, uma intervenção apropriada.

Considerando-se as ponderações feitas sobre a Fonética e a Fonologia, uma questão que se coloca é: como devemos descrever as propriedades fonéticas para fins de avaliação fonoaudiológica no que tange à avaliação da produção da fala? Esta pergunta é respondida na próxima seção.

A FONÉTICA NA FONOAUDIOLOGIA

Dentre os distúrbios da comunicação, as alterações envolvendo a produção dos sons da fala são, sem dúvida, as mais frequentes (Wertzner et al., 2017). Quando a criança não adquire o repertório fonético-fonológico esperado para a sua faixa etária e apresenta alterações envolvendo a produção dos sons da fala manifestada pela presença de erros, sem prejuízo em outras dimensões da linguagem, é sugerida a presença do chamado Distúrbio dos Sons da Fala (DSF). Historicamente, o Distúrbio dos Sons da Fala foi caracterizado, fundamentalmente, como um problema na representação e uso dos sons da fala, isto é, uma dificuldade primordialmente de ordem simbólica (Ingram, 1997). O Distúrbio dos Sons da Fala, em princípio, afeta a produção dos sons (Fonética), bem como o conhecimento dos sons e a maneira como as crianças utilizam gramaticalmente esse conhecimento dos sons (Fonologia) (Yavas et al., 1991). A Fonética caracteriza o correlato físico e fisiológico dos sons. A Fonologia caracteriza o conhecimento abstrato e gramatical dos sons. Esta dicotomia, de alguma maneira, separa o conhecimento do mundo físico (Fonética) do conhecimento abstrato (Fonologia). Pesquisas recentes evidenciam que tal dicotomia pode ser reavaliada e pode oferecer informações importantes para a compreensão da fala com e sem patologia (Albano, 2017).

Tradicionalmente, os erros de produção de fala, manifestados na presença dos DSF, são caracterizados como fenômenos abruptos, que envolvem unidades sonoras estanques e podem ser representados por símbolos fonéticos. Por exemplo, a omissão de fonema diz respeito a casos em que um som é omitido: [baˈɾatɐ] → [baˈatɐ] na palavra *barata*. Já a substituição de um fonema diz respeito à produção de um som no lugar de outro: [baˈɾatɐ] → [baˈlatɐ] em *barata,* enquanto a distorção de fonema que diz respeito a uma imprecisão para produzir determinado som. As omissões e substituições de sons nos DSF são interpretadas como decorrentes da aplicação de regras de simplificação, também denominadas de processos fonológicos (Yavas et al., 1991). Por exemplo, no caso de omissão de som, como em *barata* ([baˈɾatɐ] → [baˈatɐ]), podemos dizer que ocorre o processo fonológico envolvendo apagamento. Ou, no caso da substituição de [ɾ] por [l], como em *barata* ([baˈɾatɐ] → [baˈlatɐ]), podemos dizer que ocorre o processo fonológico envolvendo substituição.

Tipicamente, a nomenclatura dos processos fonológicos nos DSF leva em consideração omissão de sons, alterações no lugar ou modo de articulação ou então do vozeamento. Embora, sistematicamente, os parâmetros articulatórios envolvidos sejam os mesmos, a nomenclatura dos processos fonológicos pode variar de autor para autor.

Destaca-se, porém, que um estudo fonético recente tem apontado para limitações da interpretação da fala de crianças com DSF a partir do levantamento dos processos fonológicos utilizados (Berti; Boer; Bressmann, 2016). Esse estudo utilizou as análises acústica e articulatória para compreender e melhor caracterizar a produção de fala de crianças com DSF. O uso das análises acústica e articulatória tem sido cada vez mais incorporado na clínica fonoaudiológica e tem servido como uma "lente" para visualizar o que os nossos ouvidos nem sempre são capazes de detectar. Considerar outras técnicas de investigação dos sons da fala como, por exemplo, a eletroglotografia, eletropalatografia nos levaria muito além do propósito deste capítulo (Cristófaro Silva et al., 2011).

A próxima seção considera exemplos clínicos que avançam em relação aos métodos tradicionais de oitiva aplicados na Fonoaudiologia ao incorporarem a análise acústica e articulatória (ultrassonográfica) para compreender, explicar e intervir clinicamente nas produções de crianças com DSF.

EXEMPLOS CLÍNICOS

O principal conceito a ser trabalhado nesta seção é o de contraste encoberto (Scobbie et al., 2000). O Princípio Fonêmico define o contraste entre dois sons que diferenciam palavras: *faca* e *vaca*. Nos casos de contraste encoberto um som é articulado com características articulatórias próximas ao som esperado, ou som alvo, mas auditivamente é interpretado por falantes da comunidade como sendo diferente do som alvo. Por exemplo, uma criança com DSF produz a palavra *bala* e os adultos a interpretam como ['palə] e não como ['balə]. Contudo, a criança afirma que pronunciou *bala*. A questão que se coloca é: a criança produziu equivocadamente ['balə] ou há algo que o adulto não conseguiu perceber com a especificidade que a criança produziu?

Para responder essa questão, precisamos recorrer ao conceito de "contraste encoberto". Contrastes encobertos são definidos como contrastes fonêmicos imperceptíveis auditivamente para a maioria dos falantes da língua, mas são detectáveis acústica e/ou articulatoriamente (Hewllet, 1988: 31).

O detalhe fonético caracteriza o contraste encoberto e indica que a criança está construindo a sua gramática fonológica, buscando alternativas para construir o contraste das unidades fonológicas de acordo com a língua da comunidade a que ela pertence. Assim, muitas das substituições e omissões de sons, sobretudo na fala infantil, com ou sem patologia, podem refletir uma organização motora particular, que tem correlato gramatical e não pode ser estritamente expressa por símbolos fonéticos. Essa abordagem oferece uma visão do conhecimento gramatical como dinâmico e complexo, em que tanto a descrição quanto a clínica devem maximizar o conhecimento na busca de explicar a dinâmica da fala (Thelen; Smith, 1994).

Retornando ao exemplo acima apresentado, podemos supor que a indignação da criança ao afirmar que produziu ['balə], frente ao julgamento do adulto de sua produção como ['palə], indicia a presença de um contraste encoberto. Muitas vezes as crianças apresentam distinções fônicas que não são resgatadas auditivamente e que podem caracterizar um contraste encoberto.

As próximas seções consideram estudos de casos clínicos em que os conceitos já estudados neste capítulo são examinados. A metodologia e análise que são apresentadas nos estudos de casos podem ser replicadas em outros exemplos clínicos. Dois dos estudos de casos clínicos são avaliados a partir de parâmetros acústicos e outros dois estudos de casos clínicos são avaliados a partir de parâmetros de análise articulatória (ultrassonográfica). Nos quatro estudos de caso foram atestados contrastes encobertos.

Exemplo clínico 1:
Omissão de tepe em encontro consonantal [Cɾ]:
Apagamento

Este é o primeiro estudo de caso de DSF que apresenta análise acústica e é baseado em Cristófaro Silva e Miranda (2011). É observado que crianças com DSF podem apresentar omissão do tepe em encontros consonantais, como, por exemplo, em [ˈbɾoɐ] → [ˈboɐ] *broa*. Aparentemente, nesse exemplo, e, em outros com características análogas, pode ocorrer a troca de significado se o tepe for omitido, uma vez que [ˈboɐ] *boa* tem significado diferente de *broa*. O tepe é acusticamente identificado por um pequeno espaço em branco no espectrograma, que caracteriza a breve oclusão. Considere a figura 4:

Figura 4: Forma de onda e espectrograma das palavras *broa e boa*.

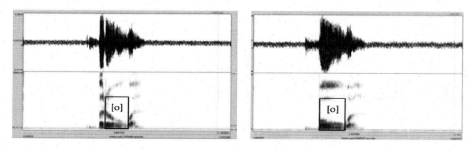

Fonte: Adaptado de Cristófaro Silva; Miranda, 2011.

A figura 4, à esquerda, ilustra o oscilograma e espectrograma o da palavra *broa* e, à direita, é apresentado o oscilograma e espectrograma e da palavra *boa*. Cada figura destaca a vogal [o]. Em princípio, se a criança omitir o tepe, e as palavras *broa* e *boa* soarem idênticas, elas deverão ter representações acústicas similares. Pesquisas mostraram que, de fato, quando ocorre a omissão do tepe – ou seja *broa* é pronunciada como *boa* – a vogal que segue tem maior duração do que a vogal de casos em que não ocorre o tepe (*boa*).

Ou seja, a criança tem como estratégia de produção alongar a vogal quando pronuncia uma palavra como *broa* sem o tepe. Embora a vogal alongada não seja auditivamente percebida como presente pelo ouvinte do português brasileiro ela caracteriza o contraste encoberto, de que não houve omissão do tepe, mas se está buscando estratégias para produzi-lo. Assim que o controle motor se maturar para produzir o tepe, esse será produzido, e a duração das vogais se adequarão aos padrões regulares da língua. Portanto, o contraste encoberto pode caracterizar fonologicamente o contraste entre sílabas com e sem encontros consonantais na fala de crianças com DSF. A intervenção clínica deve ser modelada para promover a articulação do tepe.

Exemplo clínico 2: Substituição de [b] → [p]: Vozeamento

Este é o segundo estudo de caso de DSF que apresenta análise acústica e é baseado em Berti (2019). É comum observar a dessonorização das oclusivas, fricativas e africadas em crianças com DSF. Nestes casos, a produção de sons consonantais não-vozeados ocorre quando deveriam ocorrer sons consonantais vozeados. Por exemplo, uma palavra como *bala* é auditivamente compreendida como *pala*. Um recurso bastante comum para inspecionar a presença ou não da vibração das pregas vocais refere-se ao uso da análise acústica. Considere a figura 5:

Figura 5: Oscilogramas e espectrogramas referentes às produções típicas das sílabas ['pa] e ['ba] (esquerda e centro, respectivamente) e uma substituição de /b/ → [p] (à direita).

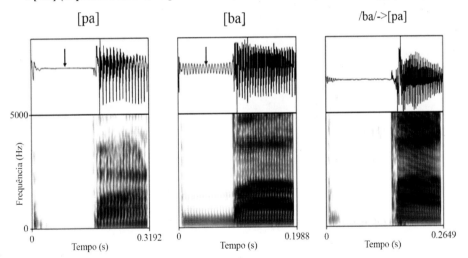

Fonte: Berti, 2019.

Na figura 5, à esquerda e ao centro, têm-se os oscilogramas e os espectrogramas das produções típicas das sílabas [pa] e [ba], respectivamente. Na produção de [p] não há registro de vibração das pregas vocais, o que é expresso pela linha reta na forma de onda e pela ausência da barra de vozeamento no espectrograma, pois esse é um som não-vozeado (cf. setas). Já na produção de [b], ao centro, há registro de vibração das pregas vocais no período correspondente à oclusão, o que é expresso por ondas regulares na forma de onda e pela presença da barra de vozeamento escurecida no espectrograma (cf. setas). Em consonância com a literatura, temos que sons vozeados e não-vozeados se diferenciam tanto pela ausência de ondas regulares no oscilograma de sons não-vozeados e presença de ondas regulares em sons vozeados, quanto pela barra de vozeamento, que é ausente em sons não-vozeados e presente em sons vozeados. Considere agora a pronúncia atípica na figura 6, à direita, em que auditivamente seria julgado como não-vozeado, i.e., [p], enquanto seria esperado [b]. Por exemplo, a palavra *bebê* ser ouvida como *pepê*. Este seria um caso de substituição envolvendo o vozeamento das consoantes pela criança. Observe, contudo, que o oscilograma apresenta algum grau de ondas regulares, e o espectrograma apresenta um leve escurecimento em parte da barra de vozeamento, que caracterizam o vozeamento emergente, como indicado pelas setas. Portanto, o registro de vibração parcial das pregas vocais, atestado no oscilograma e espectrograma, indica que a criança produz o contraste de vozeamento, contraste este encoberto. Ou seja, a criança produz vozeamento, mas não a um grau que seja auditivamente julgado como presente pelo ouvinte do português brasileiro. A ativação da vibração das pregas vocais pode ocorrer em diferentes graus, evidenciando o conhecimento fonológico da criança pela presença do contraste encoberto de vozeamento. A intervenção clínica deve ser modelada para promover o vozeamento aos níveis da língua ambiente, neste caso, o português brasileiro.

Exemplo clínico 3:
Substituição de /k/→[t]: Lugar de articulação

Este é o terceiro estudo de caso de DSF e o primeiro que apresenta análise articulatória a partir da ultrassonografia de língua e é baseado em Berti (2019). É bastante comum encontrarmos crianças com DSF que apresentam anteriorização de consoantes velares. Nestes casos, a produção da criança é julgada auditivamente como a substituição de uma consoante, por exemplo, [k] sendo produzida como [t] na palavra *cata* que seria auditivamente compreendida como *tata*. Considere a figura 6.

Figura 6: Imagens ultrassonográficas de produções típicas de [t] e [k] (A e B, respectivamente) e uma substituição de /k/ por [t] (C).

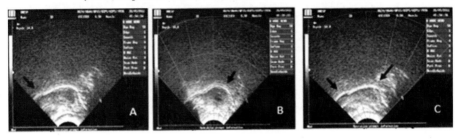

Fonte: Berti, 2019.

A figura 6 ilustra, em plano sagital, as produções típicas de [t] e de [k], à esquerda e centro, respectivamente, e a consoante alvo [k] sendo produzida como [t], à direita. A parte anterior da língua se encontra à esquerda da imagem. Ou seja, da esquerda para a direita se observa desde a superfície da ponta da língua até a raiz da língua. Note que, na imagem ultrassonográfica à esquerda, i.e., na produção de [t], a ponta da língua se eleva na direção anteroposterior, buscando promover a constrição total na região dos alvéolos que é típica de [t], como indicado pela seta. Por outro lado, na produção de [k], na imagem ultrassonográfica do meio, há uma certa retração da língua juntamente com elevação do dorso da língua, que é típica da articulação de [k], e que busca promover a constrição total na região velar, como indicado pela seta. Considere, agora a imagem à direita, que ilustra uma produção pretendida de [k] que foi auditivamente identificada como [t]. Observe que ocorrem duas constrições concomitantes, uma realizada pela ponta da língua e a outra realizada pelo dorso da língua, conforme indicam as duas setas na figura. Isso significa dizer que, embora a produção de [k] pretendida pela criança tenha sido auditivamente julgada como [t], houve a tentativa de se produzir a consoante velar [k], o que é indicado pela posteriorização da língua. De fato, o movimento articulatório atestado não corresponde nem a um [t] e nem a um [k] exatamente, mas a duas constrições concomitantes: uma da ponta da língua em direção aos alvéolos e outra do dorso da língua para a região velar. Ou seja, a criança busca fazer uma constrição velar, mas, talvez por não atingir a constrição completa faz a combinação do movimento de posteriorização da língua (típico de [k]) com a constrição na região alveolar. A criança, portanto, distingue [t] e [k] pelo contraste encoberto: [t] é produzido somente com a constrição alveolar e [k] é produzido com dupla constrição: alveolar e velar. A dupla constrição reflete o contraste encoberto envolvendo o lugar de articulação. A intervenção clínica deve ser modelada para promover a articulação posterior que é típica de [k] na língua ambiente.

Exemplo clínico 4:
Substituição de /l/ por [ɾ]: Modo de articulação

Este é o quarto estudo de caso de DSF e o segundo que apresenta análise articulatória a partir da ultrassonografia de língua. O estudo é baseado em Esperandino (2020). Uma das substituições mais frequentes encontradas na fala de crianças com DSF envolvem as consoantes [l] e [ɾ] que ocorrem em palavras como *cala* e *cara,* respectivamente. Análises articulatórias das produções dessas consoantes evidenciam a presença de duplos gestos linguais: um de ponta e outro de dorso da língua (Barberena; Keske-Soares; Berti, 2014). Considere a figura 7:

Figura 7: Produção típica de [l] (à esquerda), produção típica de [ɾ] (à direita).

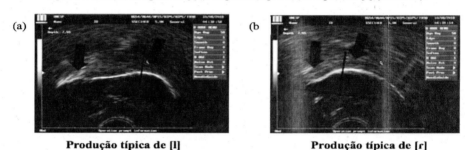

Produção típica de [l]   Produção típica de [ɾ]

Fonte: Esperandino, 2020.

A figura 7 apresenta, à esquerda, a produção típica de [l] com as setas indicando a presença de duplos gestos, ponta e dorso da língua, em que a ponta da língua se encontra menos elevada do que em [ɾ] e o dorso da língua está em sentido posterior. Tem-se, à direita, uma produção típica de [ɾ] com setas indicando a presença de duplos gestos, ponta e dorso da língua, em que a ponta da língua se encontra mais elevada do que em [l] e o dorso da língua está em sentido anterior.

Em ambas as imagens é possível observar duas constrições da língua - ponta e dorso da língua - tal como indicadas pelas setas. Também é possível visualizar nas duas figuras dois traçados da superfície da língua: um no sentido vertical e outro no sentido horizontal (Zharkova et al., 2015). Ao comparar as imagens da figura 7, à esquerda e à direita, é possível identificar uma diferença de elevação da ponta da língua e do local de retração do dorso da língua. Em [ɾ] a ponta da língua se encontra mais elevada (traçado horizontal, sutilmente mais inclinado) e o dorso mais anteriorizado (considerando a distância do traçado vertical em relação à ponta da língua) quando comparada à produção de [l] (Esperandino, 2020).

Na análise das substituições das líquidas coronais, particularmente na substituição de [ɾ] por [l], o padrão mais recorrente observado por Esperandino (2020) foi descrito pelo deslocamento do local de constrição de um dos gestos de língua (em geral do gesto de corpo de língua) ou pela mudança da forma de constrição da ponta da língua. Considere a figura 8:

Figura 8: produção típica de [l] à esquerda e produção típica de [ɾ] auditivamente identificado como [l] à direita.

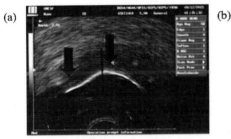

Produção típica de [l]   **Produção com substituição de /ɾ/→[l]**

Fonte: Esperandino, 2020.

A figura 8 ilustra, à esquerda, uma produção típica de [l], com as setas indicando a presença de duplos gestos, ponta e dorso da língua. Observe que a ponta da língua se encontra menos elevada que no som alvo, [ɾ], que foi ouvido como [l], à direita. As setas indicam a presença de duplos gestos, ponta e dorso da língua, com ponta sutilmente mais elevada e o dorso da língua em sentido mais anterior do que em [l] (cf. figura 8 a). A figura 8 b, mostra a ponta da língua sutilmente mais elevada do que na imagem à esquerda, e o dorso da língua está um pouco mais anteriorizado para o alvo [ɾ], que foi julgado como [l], do que ao som alvo [l]. Estas observações quanto à articulação podem levar à postulação de um contraste encoberto, envolvendo o modo de articulação de [l] e [ɾ]. As imagens da figura 8 sugerem que na articulação de [ɾ] crianças estão próximas de articular corretamente o tepe, na medida em que a constrição do dorso da língua já se encontra de acordo com o esperado para a produção do tepe. Esta articulação evidencia a construção do conhecimento fonológico desta consoante pela criança. A intervenção clínica deve ser modelada para ajustar a magnitude de elevação da ponta da língua juntamente com a duração do movimento que corresponde a uma batida rápida e precisa nos alvéolos.

CONCLUSÃO

Este capítulo considerou as propriedades articulatórias e acústicas dos sons da fala que são relevantes para a descrição dos sons da fala, com ênfase na caracterização dos Distúrbios dos Sons da Fala (DSF). Foram considerados os parâmetros articulatórios que descrevem os sons da fala, com ênfase nas consoantes.

A Fonética evoluiu consideravelmente nos últimos anos, oferecendo evidências de que a motricidade da fala é parte do conhecimento gramatical. Os métodos tradicionais da Fonética, ou seja, a transcrição fonética a partir da análise de oitiva foram muito importantes para os avanços científicos. No entanto, é desejável que fonoaudiólogos descrevam maximamente as propriedades fonéticas da produção de fala de crianças com Distúrbios dos Sons da Fala (DSF), a partir da avaliação de oitiva, e aliem-nas às avaliações acústica ou articulatória, visando identificar o que caracteriza o conhecimento fonológico das crianças.

Atualmente, há uma discussão importante sobre a conciliação das áreas tradicionalmente denominadas de Fonética e Fonologia como um campo comum de investigação (Demolin, 2005). Esta conciliação permite não separar a tarefa motora que a criança realiza e a representação desta tarefa, tornando possível atribuir a nuances articulatórias – apreendidas por meio do detalhe fonético – um estatuto de contraste fonológico em construção, tal como os contrastes encobertos.

A detecção dos contrastes encobertos traz implicações desenvolvimentais importantes. A primeira delas refere-se ao fato de que a construção do conhecimento fonológico e gramatical ocorre de maneira gradual (Bybee, 2020). A segunda implicação diz respeito à presença do contraste encoberto como um sinal positivo do desenvolvimento da criança. Finalmente, a terceira implicação se refere à aplicabilidade clínica. Há uma diferença crítica entre um contraste ausente e um contraste imperceptível auditivamente, i.e., encoberto. Um contraste ausente sugere uma falta de conhecimento fonológico por parte da criança, enquanto o contraste encoberto aponta para um conhecimento fonológico em construção. Isso significa dizer, em termos de terapia, que a presença do contraste encoberto na fala da criança sugere um tratamento rápido e eficaz, uma vez que o impacto é consolidar o conhecimento fonológico e gramatical da criança. Casos de DSF devem ser investigados em profundidade para oferecer uma intervenção clínica ideal, envolvendo uma atuação conjunta entre o fonoaudiólogo, a criança, a família e a escola.

BIBLIOGRAFIA

ALBANO, E. *O Gesto Audível*: Fonologia como Pragmática. São Paulo: Cortez, 2020.

_____. Fonologia de Laboratório. In: DA HORA, D.; MATZENAUER, C. L. (org.). *Fonologia, Fonologias*. São Paulo: Contexto, 2017, pp. 169–82.

AMERICAN SPEECH-LANGUAGE-HEARING ASSOCIATION (ASHA). *Speech sound disorders:* articulation and phonology. Disponível em:<https://www.asha.org/practice-portal/clinical-topics/articulation-and-phonology/>. Acesso em: 7 nov. 2018.

BARBERENA, L. S.; KESKE-SOARES, M; BERTI, L. C. Descrição dos gestos articulatórios envolvidos na produção dos sons/r/_e /l/. *Audiology - Communication Research*, v. 19, n. 4, 2014, pp. 338-44.

BERTI, L. C. *Produção e percepção de fala em crianças com alterações dos sons da fala:* indícios da unidade de representação fonológica. Marília, 2019. Tese (Livre Docência em Fonoaudiologia e Clínica Fonoaudiológica) – Faculdade de Filosofia e Ciências, Universidade Estadual Paulista.

_____. et al. Aplicabilidade da ultrassonografia de língua na motricidade orofacial. In: SILVA, H. et al. (org.). *Tratado de Motricidade Orofacial*. São José dos Campos: Pulso Editorial, 2019, pp. 401-12.

BYBEE, J. *Língua, Uso e Cognição*. São Paulo: Cortez, 2020.

CRISTÓFARO SILVA, T. *Fonética e Fonologia do Português* - Roteiro de Estudos e Guia de Exercícios. 1. ed. 1999/ 10. ed. 2010. 9. ed. v. 1. São Paulo: Contexto, 2010. (Inclui áudio e Índice remissivo)

_____.; BARBOSA, L.; CANTONI, M. Ciência da Fala: Desafios Teóricos e Metodológicos. *Revista Letras*. Curitiba, 2011, v. 83, 2014, pp. 111-31.

_____. et al. *Fonética Acústica*: os sons do Português Brasileiro. São Paulo: Contexto, 2019.

DODD, B. Differential diagnosis of pediatric speech sound disorder. *Current Developmental Disorders Reports*, v. 1, n. 3, 2014, pp. 189-96.

ESPERANDINO, C. E. *Análise ultrassonográfica qualitativa e quantitativa das produções das líquidas alveolares de crianças falantes do Português Brasileiro*. Marília, 2020. Dissertação (Mestrado em Fonoaudiologia) – Faculdade de Filosofia e Ciências, Universidade Estadual Paulista.

HARRIS, J.; WATSON, J.; BATES, S. Prosody and melody in vowel disorder. *Journal of Linguistics*, v. 35, n. 3, 1999, pp. 489-525.

HEWLETT, N. Acoustic properties of /k/ and /t/ in normal and phonological disordered speech. *Clinical Linguistics & Phonetics*, v. 2, n. 1, 1988, pp. 29-45.

INGRAM, D. The categorization of phonological impairment. In: HODSON, B. W.; EDWARDS, M. L. (ed.). *Perspectives in applied phonology*. Gaithersburg: Aspen, 1997. pp. 19-41.

MIRANDA, I. C. C.; T. CRISTÓFARO SILVA. Aquisição de Encontros Consonantais Tautossilábicos: uma Abordagem Multirepresentacional. *Linguística*. Rio de Janeiro, v. 7, 2011, pp. 1-17.

MUNSON, B. et al. Deconstructing phonetic transcription: Language specificity, covert contrast, perceptual, bias, and an extraterrestrial view of vox humana. *Clinical Linguistics and Phonetics*, v. 24, n. 4–5, 2010, pp. 245–60.

RUSSO, I. C. P.; BEHLAU, M. *Percepção da fala: análise acústica do português brasileiro*. São Paulo: Lovise, 1993.

SCOBBIE, J. M. et al. *Covert contrast as a stage in the acquisition of phonetics and phonology*. Papers in Laboratory Phonology V: Acquisition and the Lexicon. Cambridge: Cambridge University Press, 2000, pp. 194-207.

SHRIBERG, L. D. et al. Extensions to the Speech Disorders Classification System (SDCS). *Clinical Linguistics & Phonetics*, v. 24, n. 10, 2010, pp.795-824.

STONE, M. A guide to analyzing tongue motion from ultrasound Images. *Clinical Linguistics & Phonetics*. v. 19, n. 6/7, 2005, pp.455–502.

THELEN, E.; SMITH, L. B. *A dynamic systems approach to development*. Cambridge, Mass.: The MIT Press, 1994.

WERTZNER, H. F. et al. Evidence for Speech Sound Disorder (SSD) assessment. In: FERNANDES, F. D. M. (ed.). *Advances in speech-language pathology*. IntechOpen, 2017. Disponível em: <https://www.intechopen.com/books/advances-in-speech-language-pathology/evidence-for-speech-sound-disorder-ssd-assessment>. Acesso em: 12 nov. 2018.

ZHARKOVA, N.; GIBBON, F. E.; HARDCASTLE, W. J. Quantifying lingual coarticulation using ultrasound imaging data collected with and without head stabilisation. *Clinical Linguistics & Phonetics*, v. 29, n. 4, 2015, pp. 249-65.

YAVAS, M.; HERNANDORENA, C. L. M.; LAMPRECHT, R. R. *Avaliação fonológica da criança*. Porto Alegre: Artes Médicas, 1991.

Fonologia

Gean Damulakis e Gladis dos Santos

Neste capítulo apresentamos alguns dos conceitos da Fonologia, mais particularmente, aqueles mais intimamente relevantes às relações e aplicações dessa área da Linguística ao trabalho da Fonoaudiologia. Por se tratar de um capítulo introdutório e por estar restrito a apenas um capítulo, o leitor verá algumas indicações de leitura caso deseje ampliar seus horizontes sobre o assunto.

A Fonologia é a área da Linguística que se dedica ao estudo dos sistemas sonoros das línguas. Nessa tarefa, também se dedica a investigar as representações dos sons na mente e as relações que essas representações estabelecem com a fala. Em outras palavras, a disciplina reconhece que há diferenças entre aquilo que se fala e aquilo que está representado na mente. Os elementos representados na mente (representação subjacente) são categorias abstratas e suas manifestações concretas na fala (representação superficial) são as pistas que usamos para a construção dessas categorias. As discrepâncias entre formas subjacentes e formas de superfície são consideradas como decorrentes de processos.

Como afirmamos, nem tudo que se fala é exatamente como está representado na mente e vice-versa. Essa visão mentalista sobre os sons é uma postura antiga dentro da Fonologia, mas, no final da década de 1960, foi dada a maior contribuição para a análise nessa abordagem: o trabalho clássico de SPE (*The Sound Pattern of English*), de Noam Chomsky e Morris Halle. A explicação para o mapeamento entre o que é dito com aquilo que está representado na mente pode ser formalizada de duas maneiras mais comuns em Fonologia: em uma abordagem baseada em regras ou em uma abordagem baseada em restrições.

A Fonologia gerativa clássica, cujas origens estão em SPE, utiliza-se das regras fonológicas como forma de explicar o mapeamento entre representação subjacente e representação superficial. As regras podem ser entendidas como dispositivos formais que indicam comandos de ajuste sobre sequências sonoras consideradas malformadas pelo componente fonológico de dada língua.

Alternativa a essa visão vem da teoria da otimalidade (ou otimidade), muitas vezes referida como OT (a partir da sigla em inglês – *Optimality Theory*). Nascida no início da década de 1990,[11] a OT é uma teoria de base gerativa que concebe a gramática como sendo composta por um conjunto de restrições. Restrições podem ser vistas como proibições que procuram limitar as formas linguísticas. Por questões de espaço, nossa exposição se atém apenas à abordagem por regras.

A primeira seção deste capítulo se debruça sobre os traços distintivos, unidades linguísticas muito importantes para a descrição de processos e, consequentemente, para a formulação de regras (e para a verificação da atuação de restrições). Como veremos a seguir, boa parte dos processos pode ser descrita como mudanças no nível do traço. Na segunda seção, são considerados os padrões silábicos. Em seguida, a terceira seção define e descreve os processos fonológicos. Na quarta seção foi contrastada a aquisição da Fonologia do português. E, finalmente, na quinta seção, o conhecimento teórico da Fonologia foi relacionado à clínica fonoaudiológica.

OS TRAÇOS DISTINTIVOS

A nossa tradição escrita nos leva à falsa impressão de que as menores estruturas linguísticas são os sons (como vogais e consoantes), que podem ser representados, em sistemas de escrita alfabéticos (como o do português), através de letras. A unidade da Fonologia mais imediatamente associável às letras, embora não necessariamente coincidente, é o fonema. O fonema é uma entidade fonológica abstrata e manifesta-se, concretamente, através de sons da fala (ou fones), unidades descritas pela Fonética. No entanto, uma das questões que a Fonologia tem como assente é que o fonema (ou segmento) não é a menor unidade linguística. Os segmentos são, na verdade, compostos por características ainda menores: são essas características que são, de fato, contrastivas, podendo ser consideradas as menores unidades linguísticas.

Vejamos exemplos com palavras do português. Duas palavras de uma língua qualquer que se diferenciam por apenas um segmento – como 'fico' e 'figo', no português – são chamadas de **par mínimo**.[12] Quando uma língua como o português oferece a possibilidade de contrastar duas palavras como essas, podemos afirmar que o que as distingue não é especificamente a alternância dos sons [g] e [k] (ou dos fonemas /g/ e /k/, nessa língua), mas o papel das pregas vocais nas duas sequências, uma vez que as demais características articulatórias são idênticas para cada elemento nas duas sequências. Vejamos:

Quadro 1

Sequência de sons de *vaca*	f	i	k	ʊ
Vibração das pregas vocais	não	sim	**não**	sim
Outras atividades motoras			= g	

Quadro 2

Sequência de sons de *vaga*	f	i	g	ʊ
Vibração das pregas vocais	não	sim	**sim**	sim
Outras atividades motoras			= k	

Cada uma das características capazes de diferenciar um som do outro nas línguas naturais é chamada de traço distintivo. Os **traços distintivos**, definidos foneticamente, indicam os contrastes possíveis nas línguas, constituindo-se como a contraparte representacional para essas características fonéticas diferenciadoras. No nosso exemplo, o traço que distingue [k] de [g] é o traço [±vozeado], uma vez que [k] é [–vozeado] e [g] é [+vozeado]. Faremos aqui uma breve apresentação dos traços relevantes para a descrição do português.

O primeiro sistema de traços distintivos foi apresentado por Jakobson, Fant; Halle (1952) e Jakobson; Halle (1956), embora a ideia de traço já estivesse latente desde os trabalhos de Trubetzkoy (1939).[13] Foi dada ênfase, em Jakobson, Fant; Halle (1952), à caracterização de traços baseada em propriedades acústicas. No trabalho de Chomsky e Halle (1968; *The Sound Pattern of English,* doravante SPE) houve algumas modificações, sobretudo porque este último procurou caracterizar os segmentos baseados em traços articulatórios, com o intuito de descrever regras fonológicas. Do modelo jakobsoniano, permaneceram, em SPE, alguns traços.[14] O leitor interessado na história dos modelos de traços poderá consultar a bibliografia. Aqui nos ateremos a alguns traços em SPE e algumas das mais utilizadas alterações subsequentes. Embora algumas propostas recentes não sejam contempladas, o conjunto de traços aqui trabalhado serve ao propósito da descrição do Português Brasileiro.

Os traços, em sua maioria, costumam ser binários, ou seja, têm dois valores: positivo (+) e negativo (–). Quando nos referimos aos traços em si, sem interesse nos valores, usamos o símbolo "±" (mais ou menos). Dessa forma, o traço [±vozeado], do nosso exemplo acima, é binário. Alguns traços, porém, são monovalorados (unários ou monovalentes), ou seja, possuem apenas o valor de presença; quando não for especificado para dado segmento (ou seja, indicar uma característica ausente no segmento), não será assinalado para o mesmo. É o caso dos principais traços de ponto de articulação, aqui assinalados em inicial maiúscula. As definições abaixo se referem aos segmentos valorados positivamente para o traço, no caso de traços binários.

Traços de classe maior[15]

[±silábico] – forma pico silábico (pode, portanto, ser acentuado).

[±soante] – sons produzidos com tal configuração do trato vocal, que o vozeamento espontâneo é possível. Diferencia obstruintes (–) de soantes (+).

[±consonantal] – sons produzidos com uma maior obstrução na cavidade oral.

O chamado vozeamento espontâneo pode ser entendido como a vibração involuntária das pregas vocais em decorrência da abertura de cavidade acima da glote, durante a produção de alguns tipos de segmentos, como vogais, nasais, líquidas etc. Vejamos o quadro abaixo, na qual podemos ver a capacidade que esses traços têm de distinguir as grandes classes de sons das línguas do mundo. Acrescentamos o traço [nasal] para dar conta da distinção entre consoantes nasais e líquidas.

Quadro 3: Distinção de grandes classes de sons a partir dos traços de classe maior.

Traço	Vogais: (a, e, i, o...)	Glides: (j, w...)	Obstruintes: (p, b, t, s...)	Nasais: (m, n, ɲ ...)	Líquidas: (l, ɾ, ʎ...)
[±silábico]	+	–	–	–	–
[±soante]	+	+	–	+	+
[±consonantal]	–	–	+	+	+
[±nasal]	–	–	–	+	–

Traços de ponto de articulação

Vogais:[16]

[±alto] – o corpo da língua está acima da posição neutra; a língua fica próxima ao palato.

[±baixo] – o corpo da língua está abaixo da posição neutra; a língua se distancia do palato.

[±recuado] – o corpo da língua está retraído a partir da posição neutra; retrai-se a partir do centro da cavidade oral para trás.

[±arredondado] – envolve protrusão labial.

[±ATR] – levantamento da raiz da língua para cima (*advanced tongue root*).

Vemos no quadro 4, a distinção em um sistema de 7 (sete) vogais orais do português, classificando as médias-baixas como [+baixo], dispensando [±ATR].

Quadro 4: Distinção das vogais orais do PB por traços (sem [±ATR])

	i	e	ɛ	a	ɔ	o	u
[±alto]	+	–	–	–	–	–	+
[±baixo]	–	–	+	+	+	–	–
[±recuado]	–	–	–	+	+	+	+
[±arredondado]	–	–	–	–	+	+	+

A seguir, vemos a distinção das 7 (sete) vogais orais do português, considerando [±ATR], traço considerado como necessário para distinguir as médias homorgânicas:

Quadro 5: Distinção das vogais orais do PB por traços (usando-se [±ATR]).

	i	e	ɛ	a	ɔ	o	u
[±alto]	+	–	–	–	–	–	+
[±baixo]	–	–	–	+	–	–	–
[±ATR]	+	+	–	–	–	+	+
[±recuado]	–	–	–	+	+	+	+
[±arredondado]	–	–	–	–	+	+	+

Outra maneira esquemática de indicar os valores dos traços para o mesmo conjunto de vogais é demonstrada nos quadros 6 e 7, sem e com o uso de [±ATR], respectivamente:

Quadro 6: Distinção das vogais orais do PB por traços (sem [±ATR])

	[– recuado]		[+ recuado]	
[+ alto]	i		u	([– baixo])
[– alto]	e		o	[– baixo]
([–alto])	ɛ	a	ɔ	[+ baixo]
	[– arredondado]		[+ arredondado]	

Quadro 7 – Distinção das vogais orais do PB por traços (com [±ATR])

	[– recuado]		[+ recuado]	
[+ alto]	i		u	
[–alto]	e		o	[+ATR]
[–baixo]	ɛ		ɔ	[–ATR]
[+ baixo]		a		
	[– arredondado]		[+ arredondado]	

Consoantes:

[Coronal] – sons produzidos com a lâmina e o ápice da língua.

[±anterior] – sons produzidos com uma obstrução na ou à frente da região alveolar.[17] Esse traço é aplicável apenas a sons assinalados por [Coronal].

[±distribuído] – sons cuja obstrução se estende por distância considerável ao longo da direção do fluxo de ar.

[Labial] – sons produzidos com os lábios.

[Dorsal] – sons produzidos com o dorso da língua.

[±estridente] – sons produzidos com maior ruído. Traço exclusivo de fricativas e africadas. As fricativas (fonológicas) do português são todas [+ estridente].

Quadro 8: Distinção das fricativas a partir dos traços [±estridente], [±anterior] e [±distribuído]

	ɸ β	f v	θ ð	s z	ʃ ʒ	x ɣ	χ ʁ
[±estridente]	–	+	–	+	+	–	+
[±anterior]	NA	NA	+	+	–	NA	NA
[±distribuído]	+	–	+	–	+	+	–
	[Labial]		[Coronal]			[Dorsal]	

Mais recentemente, tem-se advogado que [±anterior] como também [±distribuído] têm poder distintivo apenas no âmbito das coronais, não sendo, portanto, aplicável a segmentos que não sejam [Coronal] – o que justificaria o 'NA' (Não Aplicável), no quadro acima. De fato, como vemos no quadro acima, no caso das fricativas labiais e dorsais, não é necessário dispor tanto de [±estridente] quanto de [±distribuído] para distingui-las entre si. Note-se que, entre as labiais e as dorsais, [±estridente] pode ser relevante, uma vez que [±distribuído] não as abrange.[18] Assim:

Quadro 9: Distinção das fricativas a partir dos traços [±estridente], [±anterior] e [±distribuído]

	ɸ β	f v	θ ð	s z	ʃ ʒ	x ɣ	χ ʁ
[±estridente]	–	+	–	+	+	–	+
[±anterior]			+	+	–		
[±distribuído]			+	–	+		
	[Labial]		[Coronal]			[Dorsal]	

Traços de modo

[±contínuo] – sons produzidos sem bloqueio da corrente de ar (na cavidade oral). Esse traço diferencia oclusivas e africadas (–) de fricativas (+), entre as obstruintes; e separa as nasais (–) das líquidas (+).
[±soltura retardada] – sons produzidos com bloqueio seguido de fricção. Apenas as africadas são marcadas positivamente com esse traço. Sendo assim, o mesmo distingue oclusivas (–) de africadas (+).
[±nasal] – sons produzidos com abaixamento do véu palatino. Diferencia sons orais (–) de sons nasais (+).
[±lateral] – sons produzidos com a seção medial da língua abaixada pelos lados.

Utiliza-se [±soltura retardada] para diferenciar as plosivas das africadas correspondentes. A necessidade desse traço, contudo, tem sido afrouxada ultimamente: é possível distinguir africadas das plosivas correspondentes através do traço [±estridente], tendo as primeiras o valor positivo de traço (correspondente à fase fricativa), conforme indicam Gussenhoven; Jacobs (2010).

Traços laríngeos[19]

[±vozeado] – são produzidos com vibração das pregas vocais. Diferencia sons vozeados (+) de desvozeados (–).

Uma possibilidade de esquematizar os traços fonológicos efetivamente contrastivos para os segmentos consonantais do português, por exemplo, é proposta a seguir. Os segmentos entre parênteses correspondem a análises alternativas sobre o status do fonema conhecido como r forte do português (desconsideradas as interpretações desse fonema como glotal e uvular).

No caso do segmento [l], o valor do traço [±contínuo] pode variar de língua para língua. Como apontam Damulakis; Peixoto (2019), no português, esse segmento nos parece [–contínuo]. As evidências apresentadas são duas: uma de caráter histórico e outra, sincrônica. Em palavras como 'alma' [*anima>anma>alma*], por exemplo, houve uma dissimilação da nasalidade, que transformou [n] em [l]. Essa dissimilação mudou apenas o valor do traço [±nasal], sugerindo que [l] tenha o mesmo valor de [n], no que se refere à continuidade: [–contínuo]. Essa posição é reforçada pela variação que ocorre, sincronicamente, entre esses dois segmentos, em alguns falares brasileiros, em itens como *neblina ~ lebrina, nutrido ~ lutrido, Leblon ~ Neblon,* p[e]*neumonia~peleumonia*.

Quadro 10: Distinção por traços dos fonemas consonantais do Português Brasileiro

		[Lab]	[Cor]		[Dor]		
			[+ ant]	[−ant]			
[− soante]	[− voz]	p	t		k	[− nas]	[− contínuo]
	[+voz]	b	d		g		
	[−voz]	f	s	ʃ	(x)		[+ contínuo]
	[+voz]	v	z	ʒ			
[+ soante]		m	n	ɲ		[+ nas]	[− contínuo]
			l	ʎ		[− nas]	[+ lat] [− cont]
			ɾ				[− lat] [+ cont]
			(r)				[+ contínuo]

Dizemos que o traço é **redundante** quando seu valor pode estar previsto a partir da especificação do valor de outro(s). Por exemplo, se soantes são sempre vozeadas, podemos dizer que a especificação positiva do traço [±soante] pressupõe a especificação também positiva de [±vozeado]. O tipo de redundância envolvendo [±soante] e [±vozeado] é, portanto, universal. Essa previsibilidade, entretanto, pode estar circunscrita a um sistema linguístico específico. Por exemplo, no inventário vocálico do português ou do italiano, todas as vogais [+arredondado] são, necessariamente, [+recuado] – algo que não ocorre no alemão ou no francês, por exemplo. Da mesma forma, todas as vogais [−recuado] são, nessas quatro línguas, [−arredondado] – o que não ocorre no inglês ou no mebengokre (língua Jê, falada na Amazônia).

UNIDADES MAIORES QUE O SEGMENTO

A Fonologia não lida diretamente com unidades portadoras de significados, embora tais unidades sejam relevantes para a distinção dos significados. As unidades fonológicas atuam na pronunciação de elementos significativos, advindos da Morfologia e da Sintaxe. Além dos segmentos, há unidades menores que estes, como os traços distintivos, e alguns podem ser maiores, como a **sílaba** e o **pé métrico**, por exemplo.

As unidades morfossintáticas e as fonológicas **não** são **isomórficas**: não há como fazer um mapeamento de um para um entre elementos morfossintáticos e elementos fonológicos, ocorrendo o **isomorfismo** apenas acidentalmente. Assim, em *pintor*, temos dois morfemas *pint+or* (o símbolo '+' indica o limite entre morfemas), mas o primeiro morfema se separa em duas sílabas: *pin.tor* (o ponto '.' indica o limite entre sílabas). Já no caso de *pré-sal*, os dois morfemas estão cada qual em uma sílaba. A palavra *paraíso* se separa em quatro sílabas, que se agrupam em dois pés métricos, 'assim divididos (ˌpa.ɾa)(ˈi.zo)',[20] embora sua divisão morfológica (em dois morfemas) 'seja /pa.ɾaˈi.z+o/'. Para este capítulo, optamos por resumir alguns princípios que regem essas unidades, deixando algumas sugestões de leitura para que os alunos se aprofundem no assunto.

No que ficou conhecido como Fonologia Linear (como em SPE), o segmento era visto como uma matriz de traços distintivos, que não apresentavam níveis hierárquicos. Entre esses traços, postulava-se a existência de [±silábico], que seria positivo para o núcleo da sílaba, e [±acentuado], que indicaria a proeminência acentual. Os comportamentos relacionais de acento e de silabicidade levaram os fonólogos a considerar desnecessários esses traços.

A sílaba

A sílaba pode ser vista como uma unidade fonológica constituída de um onset (ou ataque), seguida de um núcleo (ou pico) e uma coda (ou declive). Esses dois últimos constituintes formam a rima. Esquematicamente, temos (usa-se a letra grega sigma 'σ' para indicar a categoria *sílaba*):

Figura 1

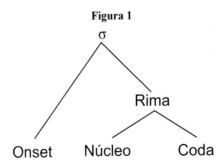

Uma sílaba completa seria, então, do tipo ONC. Ou CVC, usando C para *consoante* e V para *vogal* e considerando as posições mais comuns ocupadas por esses tipos de segmentos na sílaba. Desses elementos, apenas o núcleo é obrigatório. Ou seja: não há sílaba sem núcleo. Podemos encontrar, portanto, sílabas desprovidas de onset e sílabas desprovidas de coda. O padrão mais comumente encontrado nas línguas do mundo é CV, ou seja, onset seguido de núcleo. Isso significa que há línguas que não permitem sílabas com coda (do padrão (C)VC), mas não há línguas que proíbam sílabas com onset (CV(C)).

No português, o onset e a coda podem ser ramificados, como pode ser visto na figura abaixo com a sílaba 'trans'. Alguns autores defendem que o núcleo pode ser ramificado no português, a exemplo do que ocorre no inglês. Essa ramificação (complexidade) costuma ser bastante restringida nas línguas, não sendo admitidos quaisquer sequências de segmentos. No onset complexo do PB, por exemplo, está proibida uma sequência como [st], tal como permitida no inglês, ou [ʃm] como no alemão. A coda no PB é preenchida por segmento [+soante] ou [s]; caso haja dois segmentos nessa posição, o segundo será sempre [s].

Figura 2

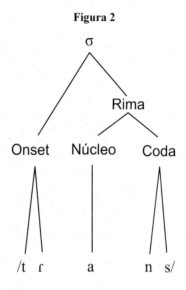

Forma muito comum de tratar a sílaba seria através do que chamamos de 'camada CV', postulada como estrutura intermediária entre os segmentos e a sílaba. Para preencher essa camada, duas características dos segmentos são avaliadas: a) a representação de sua duração, e b) sua designação de silabicidade, ou seja, se pode ocupar o pico da sílaba ou, alternativamente, o onset ou a coda.

Teoria CV *versus* Teoria Moraica

Há duas propostas que dão conta da intermediação entre os segmentos e a sílaba: a teoria CV e a teoria moraica (Hayes, 1985). Pela primeira proposta teórica, os segmentos são incorporados à sílaba através de uma estrutura CV, chamado de molde silábico, onde C seria a posição de consoante e V a posição de vogal, conforme o esquema abaixo:[21]

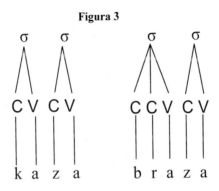

Figura 3

Segundo Collischonn (1996), são atestados os seguintes moldes silábicos no PB:

Quadro 11: Moldes silábicos do PB (Collischonn, 1996)

V	é
VC	ar
VCC	instante
CV	cá
CVC	lar
CVCC	monstro
CCV	tri
CCVC	três
CCVCC	transporte
VV	aula
CVV	lei
CCVV	grau
CCVVC	claustro

Outra maneira de representar a estrutura interna da sílaba é através de moras. A mora é tida como uma unidade de peso silábico. Nessa perspectiva, apenas os elementos da rima são dotados dessa unidade. Assim o onset se liga diretamente à silaba. Nas línguas que têm vogais longas, esses segmentos recebem duas moras (como em *b*, a seguir). Em outras línguas, a coda silábica pode receber uma mora, situação na qual as sílabas travadas receberão duas moras (compare *d* e *c*). Sílabas trimoraicas (ou superpesadas) costumam ser evitadas nas línguas do mundo. Esquematicamente:

Figura 4: Representação da sílaba com moras (Gussenhoven; Jacobs, 2010)

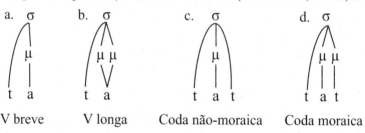

Constituintes silábicos: propriedades

Como dito acima, o núcleo é o único constituinte obrigatório em uma sílaba. Em uma palavra portuguesa como *há* [ˈa], existe apenas o núcleo silábico, não existindo onset nem coda. O padrão silábico mais recorrente translinguisticamente, porém, é o CV, ou seja, sílaba constituída de onset (simples) e núcleo.

Isso significa que há uma assimetria no que se refere aos constituintes da sílaba: o onset é mais frequente que a coda. Consequentemente, há várias línguas do mundo em cujas sílabas o onset é obrigatório, entre as quais estão línguas muito distantes geneticamente, como o alemão, o havaiano e o japonês. A ampla maioria das línguas do mundo não requer existência de coda, e até muitas delas proíbem esse constituinte. Dessa forma, podemos dizer que há **tendência (universal)** nas línguas de **exigência da onset** e de **proibição da coda**. Em outras palavras, a configuração silábica CV é não-marcada e sua emergência é frequente em vários processos fonológicos. Esse padrão silábico costuma ser também o primeiro a emergir na fala das crianças. Não é à toa que as crianças costumam começar a falar *pato* (CV.CV) no lugar de *prato* (CCV.CV), por exemplo, durante a aquisição do português.

Outra assimetria verificada nesses constituintes é que muito frequentemente todos os segmentos consonantais de dada língua costumam figurar na posição de onset; o inverso ocorre com a coda: muito comumente, apenas um subconjunto dos segmentos de uma língua costuma figurar em coda silábica. Além disso, no onset contrastes costumam ser mantidos, ao passo que na coda é comum ocorrer a neutralização.[22] A complexidade nesses constituintes também costuma ser muito restrita nas línguas do mundo, e costuma ser limitada por vários fatores, alguns dos quais vistos a seguir.

Formando a sílaba

Embora haja outros princípios importantes para a formação da sílaba, trataremos aqui apenas dos dois a seguir:

Princípio de maximização do onset: 'forme o onset com o número máximo de elementos até onde ele possa legitimamente; apenas depois disso, forme a coda'. De acordo com esse princípio, a formação do onset tem prioridade sobre a da coda. Isso garante, para uma sequência como [kata], que ela seja silabada como [ka.ta], mas não [kat.a] ou [k.at.a], por exemplo.

Princípio do sequenciamento de sonoridade: 'a sílaba deve crescer em sonoridade em direção ao núcleo e decrescer em direção às margens'. Segundo esse princípio, em um onset de uma sílaba, os segmentos devem se suceder com sonoridade crescente até o pico silábico, local onde haverá maior nível de sonoridade; a partir daí, em direção à coda, a sonoridade deve decrescer. Para esse princípio, consideremos a seguinte escala de sonoridade:

0. Oclusivas < 1. Fricativas < 2. Nasais < 3. Líquidas < 4. Glides < 5. Vogais.

O perfil de sonoridade das sílabas [plas], como em plástico, e [fras], como em frasco, do português, mostra que a sonoridade tem pico no núcleo e decresce em direção às bordas (onset e coda):

Figura 5

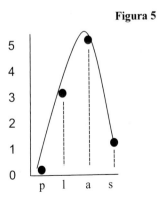
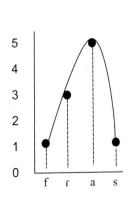

Note-se que em um onset complexo, para o português, é necessária que a diferença de sonoridade seja de 2: $3_{(\text{líquida})} - 1_{(\text{fricativa})} = 2$. Na formação da sílaba nessa língua, entretanto, deve-se admitir outras restrições, uma vez que nem todas as possibilidades com essa diferença são admitidas como boa formação silábica na língua: grupos consonantais (ou *clusters*) como [sl], [sɾ], [ʃl], [ʃɾ] não são permitidos em onset complexo no português. De fato, nessa língua, apenas as plosivas [p, t, k, b, d, g] e as fricativas labiais [f, v] podem formar, com as líquidas [ɾ, l], onset complexo (exceção de *dl e *vl, estando este último *cluster* presente em palavras de origem estrangeira, como *Vladimir*).

PROCESSOS

Chamamos de processos os fenômenos dos quais decorrem modificações entre níveis distintos de representação (subjacente e superficial). Os processos são formalizados através das regras fonológicas. Dentro dessa visão, podemos dizer que uma regra fonológica atua transformando um segmento, em dada sequência estrutural, em outro (ou mudando-o de posição). De sua aplicação também podem acontecer o apagamento ou a intrusão de segmentos, como veremos a seguir. De forma ampla, o termo **processo** também abarca as estratégias reparadoras que crianças utilizam, quer seja em aquisição típica quer atípica.

A notação de regra apresenta o seguinte esquema: A → B/ C__D, onde o elemento A indica a descrição estrutural; B indica a mudança estrutural; e C indica o ambiente – também conhecido como gatilho (ou *trigger*) da regra. Muito frequentemente, C ou D é inexistente.

No caso da regra de palatalização t → tʃ/__ i, temos: A = t; B = tʃ; C = Ø; e D = i. Quando a notação da regra se dá por traços, em A, não precisa ser indicado o traço modificado, uma vez que já sabemos que os traços em A têm o valor contrário dos de B; em B, não precisamos indicar os traços que contenham os mesmos valores em A. Podemos citar a regra: [–soante] → [–vozeado] /__ # ('#' indica limite de palavra). A notação pode ser lida da seguinte maneira: obstruintes se desvozeiam no final de palavra (como ocorre no alemão, russo ou catalão, por exemplo).

Fonologia 93

Tipos de regras e processos

Temos os seguintes principais tipos de regras fonológicas:

Transformação: A e B são segmentos foneticamente distintos. É o tipo de regra que captura a relação entre alofones (também podendo expressar regras neutralizadoras, se B estiver associado a outro segmento diferente de A). As regras R = /p/ → [pʰ]/ #___ (do inglês), P = /t/ → tʃ / ___i (do português) e Q = /b/ → [β] / V—(do espanhol) são exemplos de regras de transformação. Frequentemente nos referimos aos processos de acordo com o produto que dele decorre: **nasalização, aspiração** (exemplo do inglês, acima) **palatalização** (exemplo do português, acima) etc.

Inserção: A é Ø, ou seja: Ø → B/ C___D. Esse tipo de regra costuma acontecer para promover algum reparo estrutural, como por exemplo, para evitar hiatos. A presença do [w], em alguns dialetos brasileiros em palavras como 'pesso[w]a' e 'bo[w]a' pode exemplificar a aplicação desse tipo de regra.

Apagamento: B é Ø, ou seja: A → Ø. Muitas vezes também reparadora de estrutura, a regra de apagamento pode ser exemplificada com itens como 'psicologia', do espanhol, no qual a primeira sílaba é pronunciada [si]. No português, é muito comum que o rótico em coda final (como em *mar, tambor, falar*) seja apagado na fala de brasileiros, sobretudo em verbos no infinitivo.

Metátese (ou transposição): AB → BA/ C___D, ou seja, A e B indicam posições distintas dentro do item. No português arcaico, havia metátese em itens como 'fejro' (subjacentemente /fer+i+o/, 1ª pessoa do presente do indicativo de 'ferir'; hoje 'firo'). A passagem de '(lat) crocodĭlus' > 'cocodrilo' (esp.) ou 'coccodrillo' (it.) também são bons exemplos. Realizações como 'vrido' ['vɾidʊ] para *vidro*, 'largata' para *lagarta* e 'gaviota' para *gaivota* também podem ser consideradas exemplos de aplicação sincrônica de regra de metátese (ou descritos como processos de metátese).

AQUISIÇÃO FONOLÓGICA DO PORTUGUÊS

No que tange à fonologia de uma língua, os níveis mais costumeiramente estudados na aquisição são a construção do inventário fonológico e a constituição da sílaba. Observa-se certa direcionalidade: do mais simples ao mais complexo.

Dessa forma, adquirir a fonologia de uma língua específica pode ser visto como uma tarefa de 1) perceber e produzir quais são os traços relevantes na língua em questão (e quais, por consequência, devem ser desconsiderados);[23] 2) como os segmentos podem ser dispostos para a formação de sílabas bem-formadas.

A construção das representações costuma apresentar parâmetros universais, norteados por princípios de distinguibilidade. Assim, vogais mais distantes acusticamente são adquiridas, em princípio, antes. No caso do PB, as vogais mais distantes no trapézio (acusticamente mais distinguíveis, portanto) acima são aquelas de maior poder de distinção. Portanto, é de se esperar que a aquisição das vogais comece pelas vogais /i, a, u/. Pelo que vemos nos dados abaixo, confirmamos essas expectativas:

Quadro 12: Aquisição do inventário vocálico

	/a/	/e/	/ɛ/	/i/	/o/	/ɔ/	/u/
1:0							
1:1							
1:2							
1:3							
1:4							
1:5							
1:6							
1:7							
1:8							
1:9							
1:10							
1:11							

Fonte: Rangel (2002: 72).

Segundo Rangel (2002), como podemos ver no quadro acima, em uma aquisição típica, por volta de 1:2 (um ano e dois meses), a criança já adquiriu as vogais /a, i, u/. As vogais médias-altas [e, o] vêm logo na sequência, por volta de 1 ano e 3 meses. As vogais médias-baixas são as últimas a emergir no inventário vocálico infantil, por volta de 1 ano e 6 para /ɔ/ e 1 ano e 7 meses para /ɛ/.

Além das vogais, o processo de construção das consoantes obedece aos mesmos princípios. De forma geral, sabe-se que nasais e plosivas são adquiridas antes de

Fonologia **95**

demais consoantes. A cronologia de aquisição do inventário consonantal do PB pode ser vista no quadro a seguir:

Quadro 13: Percurso de aquisição das consoantes do PB.

Idade \ Estrut. Siláb	Onset simples inicial	Onset simples inicial	Coda medial	Coda final	Onset complexo
1:4				/l/	
1:6	/p,b,t,d,m,n/	/p,b,t,d,m,n,ɲ/			
1:7	/k/			/n/	
1:8	/g,v/	/g,v/			
1:9	/f/	/f/			
2:0	/z/	/z,s/	/n/		
2:2					
2:6	/s,ʒ/			/s/	
2:8	/l/				
2:10		/ʃ/			
3:0		/l/	/s,l/		
3:4		/ʀ/			
3:6	/ʃ/	/ʒ/			
3:10			/ɾ/	/ɾ /	
4:0		/ʎ/			
4:2		/ɾ/			
5:0					/ɾ,l/

Fonte: Henrich (2013: 26).

Tomando Henrich (2013) como referência, vemos, por exemplo, que plosivas (/p, b, t, d/) e nasais (/m, n/) labiais e anteriores emergem dois meses antes da primeira fricativa, /v/. O quadro também aponta para a consolidação do onset complexo (CCV) apenas por volta dos 5 anos de idade.

Vale ressaltar que, embora as crianças adquiram o sistema fonológico de forma similar, é possível haver variações individuais no processo de construção dos inventários segmental e silábico, como afirma Lamprecht (2004). Dessa forma, ao mesmo tempo em que as etapas de seu desenvolvimento fonológico podem ser consideradas semelhantes, as crianças podem percorrer caminhos distintos até atingirem a produção-alvo.

FONOLOGIA E A CLÍNICA FONOAUDIOLÓGICA

O estudo da Fonologia possibilita ao fonoaudiólogo a análise pormenorizada dos resultados do exame fonético, que consiste na verificação das produções sonoras do paciente. Tal análise conduz não somente à composição do diagnóstico fonoaudiológico, como também ao raciocínio clínico, permitindo a elaboração de estratégias terapêuticas pontuais. Como mencionado anteriormente, o objetivo deste capítulo é integrar o conhecimento linguístico, na área da Fonologia, à prática clínica fonoaudiológica. Portanto, não cabe discussão mais detalhada sobre um caso clínico e respectivas construção do diagnóstico diferencial e elaboração do plano de cuidado, por envolver questões adicionais. Por este motivo, exemplificamos aqui o resultado de um exame fonético realizado com uma criança e apontamos algumas possibilidades de interpretação dessas realizações e de construção de estratégias terapêuticas.

Exame fonético

O exame fonético é componente fundamental para a construção do diagnóstico dos transtornos dos sons da fala. Sua aplicação é simples, com boa aceitação pelas crianças. Um exemplo de exame bastante utilizado é composto de duas partes: (a) prova de nomeação, mediante 34 figuras do universo infantil; e (b) pela prova de repetição, com 39 vocábulos (Wertzner, 2000). A importância da realização de ambas as provas é a possibilidade da constatação de segmentos presentes nas palavras repetidas, que foram omitidos ou substituídos por outros, na prova de nomeação. Na repetição, a criança tem a oportunidade de visualizar a articulação do examinador e escutá-lo simultaneamente, o que a leva à obtenção de pistas perceptuais dos sons que compõem a palavra. O acesso à produção da palavra a partir do modelo, seguida pela adequada emissão, demonstra competência para produção de determinado som. Além da nomeação e repetição, sugere-se a escuta atenta à fala espontânea da criança, no momento da conversação e em gravação, para observação mais detalhada do perfil fonológico.

A análise do resultado do exame fonético permite a investigação dos sons presentes no inventário da criança e das dificuldades que possam existir na sua produção, gerando omissões, distorções ou substituições. E, ainda, pode ser realizada análise fonológica visando à verificação da ocorrência de simplificações das regras (Wertzner; Pagan-Neves, 2018). Os processos fonológicos devem ser classificados e agrupados para melhor compreensão do padrão fonológico da criança, conforme descrito anteriormente (Tipos de regras e processos).

É necessário verificar a incidência de cada processo a partir do número de ocorrência de cada fonema e dos onsets complexos (sílabas do tipo CCV). Por exemplo, na prova de nomeação do exame fonético supracitado (Wertzner, 2000), o som [t], tendo a fala do adulto como referência, ocorre duas vezes em posição inicial e cinco vezes em posição medial da palavra. Caso uma criança tenha substituído "[t] por [k]" quatro vezes, e, em três vezes tenha produzido o som [t], sendo duas em posição inicial, mais uma medial, pode-se inferir a facilidade de produção no contexto de início de palavra. Será importante não só quantificar, como também analisar os ambientes em que [t] foi produzido para /t/. Além da posição da sílaba, constatar qual vogal sucedeu a consoante e o formato da sílaba (se o onset é simples ou complexo). A implicação terapêutica de tal análise será abordada mais adiante.

Destaca-se que a construção do diagnóstico diferencial dos transtornos dos sons da fala não se dá somente por meio do exame fonético. São recomendadas, também, as seguintes avaliações: a) da linguagem oral nos demais níveis linguísticos (semântico, morfossintático e pragmático) e da narrativa oral, para verificação da desorganização de outro nível, a não ser o fonológico, comprometendo a linguagem oral mais abrangentemente; b) orofacial e das funções estomatognáticas (relacionadas à alimentação, como sucção, mastigação e deglutição, à fonoarticulação e respiração), para avaliar a presença de aspectos motores e estruturais responsáveis por alguma alteração na produção dos segmentos; c) da percepção auditiva, com a finalidade de conhecer o modo pelo qual a criança discrimina traços distintivos entre os fonemas; d) da consciência fonológica, memória operacional e acesso lexical, para analisar a competência metalinguística e cognitivo-linguística, a serviço do processamento fonológico da informação. Ademais, será na relação com a criança que o fonoaudiólogo poderá decidir sobre a necessidade de outros protocolos de avaliação.

Subsídios para o diagnóstico
e estratégias terapêuticas

A importância de quantificar e qualificar a incidência dos processos fonológicos observados no exame fonético é proporcionar ao fonoaudiólogo estratégias terapêuticas mais efetivas, como por exemplo, a seleção adequada de palavras para serem repetidas mediante o som-alvo em ambiente facilitador. No resultado do exame fonético, apresentado a seguir, a criança substituiu três vezes em sete (3:7), o som [s] em onset inicial, em sílaba do tipo CV ([s]ebola, [s]apo e [s]apato), sucedido das vogais [e] e [a], produzindo posteriorização de fricativa alveolar [s], para palatal [ʃ] (mudança de (+) para (-) do traço [±anterior]). Porém, foi capaz de produzir a alveolar [s] adequadamente em sílabas do tipo CV em sílabas mediais e finais (palha[s]o, bol[s]a, bra[s]o e va[s]oura), sucedido das vogais [a] e [o]. Sendo assim, as palavras para estimular a percepção auditiva e a produção do som [s] deverão ser essas cujo ambiente já é possível para a criança como, por exemplo, a[s]ougue, pa[s]o, ca[s]a, entre outras. Quanto mais experimentar sua produção, melhor poderá percebê-lo, transferir para outras posições nas palavras e em outros ambientes, até automatizar seu uso na fala espontânea.

A compreensão dos traços distintivos como menores unidades linguísticas conduz à consideração acerca da aquisição do fonema de modo integrado. A percepção de cada traço ocorre por meio de entradas sensoriais específicas. São os analisadores corticais de suas respectivas áreas primárias, conforme funcionamento da segunda unidade funcional cerebral de Luria (1981), que recebem e projetam a informação às áreas secundárias do mesmo córtex. Assim é que quando a criança escuta e vê a forma oral do som produzido por outro, tais informações têm entrada pelos córtices temporal e occipital, respectivamente. No momento em que a criança emite esse mesmo som, coloca em jogo, também, o ponto e modo de articulação, além da participação das pregas vocais e cavidades de ressonância. Estas informações chegam ao córtex parietal. Ademais, para a emissão adequada do som a criança faz coincidir o alvo acústico com o alvo espacial. Tal feito é possível por meio da superposição de percepções, dada pela integração de todas as informações acerca dos traços distintivos em centro associativo posterior (CAP), córtex têmporo-parieto-occipital (Luria, 1981).

Os traços distintivos são, portanto, concebidos aqui como atributos do conceito de determinado fonema, ou seja, traços que o identificam e distinguem de outros. Os estímulos recebidos são projetados para zonas secundárias (gnósicas),

Fonologia **99**

superpostas às primárias de mesmo córtex, onde são organizados funcionalmente (Luria, 1981). Finalmente, nas zonas terciárias localizam-se terminações corticais específicas superpostas, promovendo o funcionamento integrado dos diversos analisadores. Desta feita, a percepção e a produção do fonema não se dão de modo isolado, mas integrado em zonas corticais. Como destacado por Luria (1981: 54), "... a percepção – e, ainda mais, a representação – de qualquer objeto é um procedimento complexo, o resultado de uma atividade polimodal, originalmente de caráter expandido, posteriormente concentrado e condensado".

Esse pode ser considerado o melhor fundamento para a estimulação da aquisição fonêmica, para levar em consideração a superposição de percepções como um dos princípios para a terapia fonoaudiológica. Tanto para a aquisição, como para a fixação e internalização do fonema, primeiramente, será a estabilização integrada dos traços perceptíveis, aliados à experiência vivida pelo uso e repetição do fonema em situações comunicacionais, que promoverão a internalização do fonema, tornando-o automatizado em fala espontânea.

Resultado de exame fonético

Nesta seção, será apresentado e discutido o resultado de prova de nomeação do exame fonético (Wertzner, 2000). A análise foi constituída por reflexões acerca da composição do diagnóstico e elaboração de estratégias terapêuticas. Ressalta-se que as palavras em negrito no quadro abaixo são aquelas que foram produzidas de modo alterado pela criança.

No ano de 2018, os pais de H.F.S., de 5 anos de idade, procuraram a clínica-escola do serviço de Fonoaudiologia de uma universidade pública, por demanda espontânea. A queixa relatada foi de "trocas na fala". Foram realizadas diversas avaliações fonoaudiológicas a fim de construir o perfil linguístico da criança. Uma dessas avaliações foi o exame fonético indicado na sequência.

Quadro 14: Exame fonético de H.F.S, de 5 anos - Processos de troca de segmentos

Realização	Alvo	Incidência	Processo
[ta'bo]	*tambor*	1:1	Desnasalização
[ka'liɲa]	*galinha*	1:3 Inicial = **galinha**, garfo Final = fogão	Ensurdecimento de plosiva (velar)

[ti'sola] ['mesa]	tesoura [z] mesa [z]	2:4 Inicial = zebra Medial = tesoura Final = mesa, blusa	Ensurdecimento de fricativa alveolar: [s] em vez de [z].
['kaka] ['beba]	faca zebra	------[24]	Harmonia consonantal
['tujs]	cruz	1:6 Inicial = cadeira, cama, cachorro, cruz Medial = xícara Final = faca	Anteriorização de plosiva velar
[ʒi'lafa] [ti'zola] [ka'dela] [va'sola] ['ʃĩkala]	girafa tesoura cadeira vassoura xícara	5:5 Medial = girafa Final = tesoura, cadeira, vassoura, xícara	Lambdacismo
['milo]	milho	1:1	Anteriorização da palatal
[na'diʊ]	navio	1:3 Inicial = Vassoura Medial = navio Final = livro	Coronalização e Plosivização de fricativa labial
[so'gãw] ['gatu]	fogão garfo	3:4 Inicial = fogão, faca Final = garfo, girafa	Coronalização da fricativa labial (com plosivização)
[ʃe'bola] ['ʃapo] [ʃa'patʊ]	cebola sapo sapato	3:7 Inicial = cebola, sapo, sapato Final = palhaço, bolsa, braço Medial = vassoura	Posteriorização de fricativa alveolar para palatal

Quadro 15: Exame fonético de H.F.S, de 5 anos - Processos de reestruturação da sílaba

Realização	Alvo	Incidência	Processo
[ta'to] [ta'bo] ['gatu][25]	trator tambor garfo	3:3 Medial = garfo Final = tambor, trator	Eliminação da coda
['panta] ['buza]	planta blusa	2:2 Inicial = planta, blusa	Simplificação de onset complexo ($C_2 = /l/$)

['beba]	*zebra*	6:6	Simplificação de onset complexo ($C_2 = $/ɾ/)
['patu]	*prato*	Inicial = **prato, trator, braço, cruz**	
['tujs]	*cruz*	Final = **livro, cruz**	

Os resultados do exame fonético exposto trouxeram a seguinte análise. Inicialmente, foram observados segmentos substituídos de modo assistemático. Pode-se supor que os fonemas envolvidos estejam sendo adquiridos, ainda em processo de internalização pela criança, que ora os produz, ora não. Apesar disso, cabe melhor investigação e compreensão, pois são as produções fonológicas inconsistentes, processos múltiplos e idiossincráticos que mais conferem ininteligibilidade à fala da criança.

Aos 2 anos a coda nasal já deveria ter sido adquirida (Oliveira et al., 2004; Henrich, 2013) e, aos 3 anos e 6 meses, já deveria ter ocorrido a eliminação de alguns dos processos de simplificação observados neste exame, tais como, plosivização de fricativas, posteriorização de alveolares e anteriorização de velares (Alexandre et al., 2020). Aos 4 anos, a criança já deveria ter deixado de eliminar o /ɾ/ em coda e, aos 4 anos e 6 meses, a posteriorização de /s/ para palatal, anteriorização de palatal /ʎ/ e a substituição da líquida não-lateral /ɾ/ por /l/. Entretanto, aos 5 anos, ainda são comuns as simplificações dos encontros consonantais. Considerando que H.F.S. possuía 5 anos de idade à época do exame, quando seu inventário fonético do português brasileiro já estaria completo, constata-se desvio no processo natural de aquisição fonológica, deixando de caracterizar atraso.

Chama atenção a falta de padrão substitutivo para o fonema /f/, ora produzido como coronalização (do traço [Labial] pelo [Coronal]) do som [s] (como em [so'gãw], para *fogão*), ora coronalização seguida de plosivização (mudança do valor do traço [±contínuo]) pelo som [t] (como em ['gatu], para *garfo*), ora em harmonia consonantal com [k] (caso de ['kaka], para *faca*). Tal inconsistência pode conferir maior grau de ininteligibilidade à fala da criança, o que leva à necessidade de melhor se investigar essas substituições. O exame parece mostrar, entretanto, que a criança consegue produzir o som [f], como fez em *girafa*. Dessa forma, sugere-se a repetição de palavras com /f/ nesse mesmo contexto para confirmar a possibilidade. Em caso afirmativo, o examinador poderia manter a posição em sílaba final sucedido por outras vogais para que a criança repetisse como, por exemplo, em *café* e *bafo*. Em seguida, ela poderia ser solicitada a repetir outras palavras com /f/ nas demais posições com a mesma vogal /a/, como em *girafa* (*família*, *búfalo*, *rifa*) e, depois, com todas as outras vogais. Tal investigação poderia resultar na descoberta de padrão articulatório predominante na substituição do fonema /f/, até que sua emissão adequada se tornasse mais simples.

Alguns sons foram produzidos em determinados ambientes, mas não em outros. A palavra *cruz* foi emitida como ['tujs], porém o som [k] foi produzido em *cadeira* e *xícara* corretamente. Seria interessante que a criança repetisse as palavras nas quais o som em questão foi alterado e, outras, em que o mesmo estivesse presente nas diversas posições silábicas e ambientes. Se diante do modelo do padrão articulatório houvesse repetição adequada, seria sinal de boa estimulabilidade para programação fonológica mais eficaz. Isto é, o padrão articulatório percebido visual e auditivamente no examinador auxiliaria na seleção do respectivo som e sequencialização de todos os sons da palavra, envolvendo habilidades cognitivo-linguísticas.

Crianças com transtorno fonológico apresentam dificuldades em lidar com as regras da língua, que podem estar relacionadas à programação cognitivo-linguística, ou seja, à programação fonológica. A terapia poderia ser iniciada por estes sons que ela já produz, mas ainda não estão automatizados, o que equivale descrever como habilidade de produção fonêmica potente a ser desenvolvida, encontrando-se em zona de desenvolvimento proximal (Vygotsky, 1991).

Assim, o processo de posteriorização de fricativa alveolar para palatal (caso de [ʃaˈpatʊ], para *sapato*), poderia ser eliminado estimulando a emissão de /s/ em sílabas mediais e finais, contextos em que a criança não recorreu a substituições (*palhaço, vassoura* etc.), buscando variar as vogais sucessivas. Uma sugestão é que as primeiras palavras para tentativa de emissão no início tenham o /s/ sucedido por /o/, haja vista ser possível para a criança nas sílabas mediais e finais com esta vogal.

As alterações encontradas, de modo consistente, foram: desnasalização, anteorização da palatal, lambdacismo, eliminação da coda, simplificação de onset complexo, sem efeito aparente da qualidade de C_2 seja esta /l/ ou /ɾ/. Os processos de desnasalização e anteriorização da palatal foram observados em somente uma palavra, devendo ser melhor investigados e explorados para emissão. Ambos são resolvidos no curso natural da aquisição fonológica antes dos demais e poderiam ser selecionados como sons-alvo após aqueles mencionados anteriormente.

A coda constituída pelo fonema /ɾ/ ou a emissão do fonema /l/ em onset complexo seriam estimuladas em seguida. Para tanto seria interessante investigar qual destes estaria mais próximo às possibilidades da criança, como já mencionado, em zona de desenvolvimento proximal. A aquisição do fonema /ɾ/ tanto em onset simples, como complexo, provavelmente seria a última, haja vista maior complexidade articulatória devido ao posicionamento da língua, sustentada pela elevação e alargamento dos bordos laterais para leve contato de sua ponta com a papila palatina, mediante fluxo aéreo expirado.

A indicação da seleção dos sons-alvo para estimulação em terapia fonoaudiológica seguiu raciocínio clínico, sem que constituam regras ou modelos para utilização com todas as crianças. Importante destacar princípios para a terapia fonoaudiológica, tais como, a análise pormenorizada do exame fonético, demais avaliações e anamnese de modo integrado, investigação da zona de desenvolvimento proximal e estimulabilidade dos sons da fala, verificação de inconsistências de fala, ambientes facilitadores para emissão do som-alvo, seleção dos sons-alvo, estímulo ao processamento fonológico e treino orofacial, superposição de percepções para aquisição fonêmica e posterior internalização para uso na fala espontânea. Finalmente, deve-se levar em consideração a frequência e assiduidade às sessões fonoaudiológicas. Imprescindível o olhar e escuta atenta para cada criança, sua participação e afetividade, competência comunicativa e fortalecimento de sua imagem como sujeito falante e, ainda, a disponibilidade familiar para acompanhamento e apoio, que certamente potencializam o sucesso do percurso e evolução terapêutica.

BIBLIOGRAFIA

ALEXANDRE, D. S. et al. *Validação de cartilha sobre marcos do desenvolvimento da linguagem na infância. Cefac.* v. 22, n. 2, 2020.

CHOMSKY, N.; HALLE, M. *The Sound Pattern of English.* New York: Arper and Row, 1968.

COLLISCHONN, G. A sílaba em português. In: BISOL, L. (org.). *Introdução a estudos de Fonologia do português.* Porto Alegre: Edipucrs, 2005.

DAMULAKIS, G. N.; PEIXOTO, J. dos S. Fonologia e fenômenos segmentais identitários. In: NASCIMENTO, L.; SOUZA, T. C. *Gramática(s) e discurso(s):* ensaios críticos. Campinas: Mercado de Letras, 2018.

GOMES, C. A.; CARNAVAL, M.; MELO, M. Variação da coda (r) em interior de palavra na comunidade de fala do Rio de Janeiro: aspectos gradientes. In: GOMES, C. A. (org.). *Fonologia na perspectiva dos modelos de exemplares.* São Paulo: Contexto, 2020.

GUSSENHOVEN, C.; JACOBS, H. *Understanding Phonology.* London: Hodder Education, 2011.

HENRICH, V. *Aquisição fonológica atípica do português brasileiro:* evidências sobre complexidade dos sistemas fonológicos de crianças com desvio fonológico. Porto Alegre, 2013. Dissertação (Mestrado em Letras) do Programa de Pós-Graduação em Letras, PUCRS.

MATZENAUER, C. L.; MIRANDA, A. R. M. *Teoria dos Traços.* In: HORA, D. da; MATZENAUER, C. L. (orgs). *Fonologia, fonologias.* São Paulo: Contexto, 2017.

LAMPRECHT, R. R. *Aquisição Fonológica do Português:* perfil de desenvolvimento e subsídios para terapia. Porto Alegre: Artmed, 2004.

LURIA, A. R. *Fundamentos de Neuropsicologia.* São Paulo: Edusp e Livros Técnicos e Científicos, 1981, p. 54.

JAKOBSON, R.; FANT, G.; HALLE, M. *Preliminaries to speech analysis:* the distinctive features and their correlates. Cambridge: The MIT Press, 1952.

_____; HALLE, M. *Fundamentals of Language.* The Hague: Mouton, 1956.

OLIVEIRA, C. C. et al. Cronologia da aquisição dos segmentos e das estruturas silábicas. In: LAMPRECHT, R. *Aquisição fonológica do português.* São Paulo: Artmed, 2004.

PRINCE, A.; SMOLENSKY, P. *Optimality Theory:* Constraint interaction in generative grammar. Malden e Oxford: Blackwell, 2004.

RANGEL, G. A. *Aquisição do sistema vocálico do Português Brasileiro.* Porto Alegre, 2002. Tese (Doutorado em Letras) - Faculdade de Letras, PUCRS.

VYGOTSKY, L. S. *A formação social da mente.* São Paulo: Martins Fontes, 1991.

WERTZNER, H. F. Fonologia. In: ANDRADE, C. R. F. et al. *ABFW – Teste de linguagem infantil nas áreas de Fonologia, Vocabulário, Fluência e Pragmática.* Carapicuíba: Pró-Fono, 2000.

_____; PAGAN-NEVES, L. O. Diagnóstico Diferencial dos Transtornos Fonológicos. In: LAMÔNICA, D. A. C.; BRITTO, D. B. O. (orgs.). *Tratado de Linguagem.* Ribeirão Preto: Booktoy, 2018.

Sintaxe

Ana Regina Calindro, Adriana Leitão Martins e Fernanda de Carvalho Rodrigues

As línguas naturais podem ser divididas em níveis para serem estudadas. Em textos anteriores neste livro, foram explorados os níveis da Fonética e da Fonologia, por exemplo. Neste texto, o foco é a Sintaxe e a sua relação com a prática profissional do fonoaudiólogo. O termo *Sintaxe* comumente remete-nos às inúmeras classificações que os estudantes são solicitados a fazer ao longo de sua vida escolar: classificam-se sintaticamente, por exemplo, partes da oração (como sujeito, predicado, objeto e adjunto) e tipos de oração (como oração coordenada e subordinada).

Porém, a *Sintaxe* não se resume a classificações como as sugeridas acima. Esse termo, que também pode ser rotulado como *Gramática*, pode referir-se – como fazemos aqui – *ao conhecimento inconsciente que todos os falantes têm da estrutura da sua língua*. Para exemplificar, vejamos o exemplo em (1) abaixo.

(1) Pedro disse que chegou cedo.

Sabemos, enquanto falantes do português brasileiro, que uma frase como "Pedro disse", sem contexto prévio, parece incompleta, pois nos falta saber o tema da fala de Pedro, já (1) é uma sentença perfeita; sabemos ainda que, em (1), a pessoa que disse algo e a que chegou cedo parece ser a mesma: Pedro. Isso significa que as frases possuem uma organização interna, com partes que as compõem. Conhecemos tal organização da nossa língua a ponto de nos comunicarmos perfeitamente, sem que, para tanto, tenhamos que passar por um aprendizado formal da língua, como aquele desenvolvido na escola, para adquirir esse conhecimento. Assim, dizemos que somos conhecedores da *estrutura* do português brasileiro, sua *Gramática*, sua *Sintaxe*.

Se todos os falantes conhecem a Sintaxe da sua própria língua, por que é preciso estudá-la, então? Nosso objetivo aqui é contribuir para fornecer uma resposta razoável a essa pergunta, com base em três pontos: 1. é preciso destacar que estudiosos da língua – como os linguistas – e profissionais da saúde ligados à linguagem – como os fonoaudiólogos – necessitam mais do que a habilidade inconsciente de elaboração de estruturas que permitem a comunicação; é necessário estudar as regras que constituem a sintaxe das línguas naturais para que se possa elaborar uma teoria que dê conta de tal conhecimento – no caso dos linguistas – ou para identificar falhas sintáticas na comunicação de um paciente – no caso dos fonoaudiólogos; 2. é necessário esclarecer que as *regras que constituem a sintaxe das línguas naturais* podem ser abordadas por diferentes perspectivas teóricas e, aqui, elegemos especificamente a *teoria Linguística Gerativa* (Chomsky, 1957 et seq.); 3. é preciso ressaltar que todos os falantes *saudáveis* de uma língua conhecem as regras que constituem a sintaxe das línguas naturais; isso significa que algumas patologias podem afetar esse conhecimento, o que impacta diretamente no trabalho dos fonoaudiólogos.

Neste texto, tanto buscamos trazer à tona alguns dos saberes inconscientes dos falantes acerca das regras da Sintaxe de sua língua, quanto elencar certas patologias que geram algum tipo de distúrbio sintático, ou seja, um comprometimento com determinada regra sintática. Para isso, apresentamos exemplos de manifestações de déficits sintáticos de adultos e de crianças, como adultos com Afasia ou demência neurodegenerativa e crianças com Transtorno do Desenvolvimento da Linguagem. Desse modo, o texto está organizado em três seções: Noções Preliminares; Componentes da Sintaxe, em que discutimos conhecimentos sintáticos que podem estar comprometidos nas patologias elencadas e, portanto, remetem a tópicos da teoria sintática de base gerativa que devem ser estudados por fonoaudiólogos; Estudo de caso, um caso clínico que ilustra a produção de um sujeito com um distúrbio sintático e como o conhecimento teórico sobre a Sintaxe auxilia no reconhecimento da Patologia desse sujeito.

NOÇÕES PRELIMINARES

As bases sintáticas fundamentais trazidas pelo estudo formal da linguagem

Antes de estudarmos propriamente o módulo de representação sintática das sentenças, faremos uma breve apresentação das bases fundamentais do formalismo teórico apresentado pela Gramática Gerativa. Os estudos de Chomsky nos anos 50 inauguram essa teoria, a qual se volta para a visão internalista das línguas, contrária à visão externalista de base empírica, como a do linguista americano Bloomfield (1926), entre outros. Os estudos externalistas tratavam a língua como a soma de todos os possíveis enunciados produzidos por uma comunidade linguística. Assim, os estudiosos da visão externalista constituíam um *corpus* (um conjunto de dados em uma determinada língua) que servia como base fundamental para suas análises.

Já o objetivo central da abordagem internalista é entender como os falantes têm a capacidade de produzir os enunciados que produzem. Ou seja, compreender o que acontece na mente humana antes da produção do *corpus*. Dessa forma, os dados passam a ser o objetivo final, não o inicial.

Para Chomsky, o principal indício deste conhecimento interno é a criatividade linguística, ou seja, a capacidade que o falante tem de produzir enunciados que nunca ouviu antes. A essa capacidade inata, chamamos de *Faculdade da Linguagem* e é através dela que desenvolvemos a nossa *competência linguística*, a qual nos permite construir infinitos enunciados a partir de um conjunto finito de elementos (palavras e fonemas, por exemplo). As crianças em fase de aquisição da linguagem, por exemplo, conseguem selecionar adequadamente os dados que ouvem das pessoas ao seu redor (*input*) para construir o conhecimento da língua que estão adquirindo (sobre aquisição da linguagem e o funcionamento da mente, confiram o texto deste livro sobre Neurociência da Linguagem).

Há inúmeros relatos de situações com crianças em que a criança diz algo e sua família fica surpresa e pensa: "Onde ela ouviu isso?", como no seguinte exemplo em que uma menina de três anos disse: "Tô com vergonha <u>com</u> meu avô", querendo significar que estava com vergonha <u>de</u> seu avô. Vejam que parece que a criança sabia que precisava de uma preposição que antecedesse "meu avô" e selecionou do seu inventário uma que achou conveniente. Sabemos que esta não é uma sentença bem formada em português, mas ela a produziu porque a sua gramática mental exigiu uma produção nesses moldes, que, embora ainda seja diferente da produzida pela gramática adulta, está muito perto de uma produção madura.

Ou seja, apesar de eventualmente termos a impressão de que as crianças só reproduzem literalmente o que ouvem, elas vão muito além. Isso nos leva ao *problema lógico da aquisição da linguagem*, relacionado ao que ficou conhecido como *Problema de Platão*, que, de forma simplificada, indaga como o ser humano consegue adquirir tantos conhecimentos se temos experiências fragmentadas e somos expostos aos dados de maneira breve e incompleta. Essa lacuna entre o conhecimento e a experiência é conhecida como *pobreza de estímulo*, destacando que o termo "pobreza" não se refere nem à variedade linguística dos dados recebidos pela criança, nem ao nível de escolaridade dos falantes. Os estímulos são considerados pobres por não possuírem por si só todas as informações necessárias para a aquisição do conhecimento linguístico.

Logo, o que explicaria o fato de uma criança adquirir uma língua com tamanha eficiência seria um *aparato genético* formado de regras que possibilitam que a língua seja gerada. Por isso, o modelo que visa explicar o caráter gerador da gramática interna dos falantes ficou conhecido como *gramática gerativa*. Uma vez que a língua é adquirida, ela passa a ser usada em contextos de comunicação; chamamos este uso da língua de *desempenho linguístico*.

Para a construção de um modelo teórico que dê conta do conhecimento linguístico dos falantes, o linguista precisa de uma metalinguagem capaz de fazer generalizações e previsões acerca das regras que constituem uma língua. Contrária à *gramática tradicional*, que delimita os fatos que devem ou não ser estudados, com base nos conceitos de "certo" e "errado", nesta abordagem são analisados todos os fenômenos que constituem as línguas (a esse respeito, confiram o texto deste livro sobre Variação Sociolinguística). Por exemplo, a sentença em (1) apresentada na introdução, "O Pedro disse que chegou cedo", por ser um enunciado perfeitamente compreendido pelos brasileiros, é chamada de *sentença gramatical*. Porém, se alternamos os constituintes para "*Pedro o chegou disse cedo que", temos uma *sentença agramatical*, no sentido de que este é um enunciado que não é proferido em português e não é possível de ser interpretado, assim como a já mencionada frase "*Tô com vergonha com meu avô", em que o uso de "com" no lugar de "de" a torna agramatical. Como ilustrado neste parágrafo, na metalinguagem da teoria gerativa, colocamos um asterisco (*) para marcar sentenças agramaticais.

Assim, dentro do modelo da teoria gerativa, diferentemente do conceito adotado na gramática da tradição escolar ou gramática normativa, as *regras gramaticais* são os conceitos que regulam tudo o que é possível ocorrer ou não em uma língua. Na gramática normativa, por sua vez, há uma alusão à ideia de que a escrita é estruturada e regida por regras, enquanto a fala é construída a partir de sentenças aleatórias combinadas de modo desordenado. Muito pelo contrário: ao construir nossos enunciados na fala, fazemos uso de regras determinadas pela racionalidade humana, como veremos ao longo de nossa exposição.

Uma evidência da capacidade humana ser inata é a maneira rápida e homogênea com a qual as crianças conseguem adquirir linguagem, mesmo a partir de dados desordenados. Tal capacidade é resultante de um aparato genético que se convencionou chamar na teoria gerativa de *Gramática Universal* (GU).

A *GU* é parte da *Faculdade da Linguagem*, consistindo no estágio inicial dessa faculdade mental que possibilita a aquisição da linguagem. Ela é composta de dois tipos de informações sintáticas armazenadas na mente dos falantes: (i) os *Princípios* e (ii) os *Parâmetros* sem seus valores fixados. Os *Princípios* são regras gerais que se aplicam a todas as línguas naturais, enquanto os *Parâmetros* têm valores binários, ou seja, a criança deverá fixar os Parâmetros, marcando-os positivamente ou negativamente a depender da língua a qual está sendo exposta. Um exemplo de Princípio é o da Subordinação, que estabelece que uma oração pode ser inserida como parte de outra. Por exemplo, em "Aquela moça é estudante de Fonoaudiologia", temos uma sentença por si, mas que também pode ser encaixada/subordinada a outra, tal como em "Eu acho que aquela moça é estudante de Fonoaudiologia". O Princípio da Subordinação, inclusive, é um dos responsáveis por uma propriedade fundamental das línguas naturais, a *recursividade*, à qual retornaremos na seção Categorias funcionais e lexicais. Um exemplo de Parâmetro é a posição do artigo em relação ao substantivo. Em português, por exemplo, o artigo precede o substantivo (como em '**o** menino'), já em romeno, o artigo segue o substantivo e a ele se aglutina (como em 'băiat**ul**', port. *o menino*).

Assim, diante de uma pergunta como "Se a língua faz parte do aparato genético dos seres humanos, como explicar as diferentes línguas faladas no mundo?", um linguista alinhado à teoria gerativa dirá que é a partir da *fixação dos Parâmetros previstos na GU* que as gramáticas das línguas vão sendo constituídas.

Distúrbios sintáticos

Tendo apresentado a concepção de Sintaxe como parte do conhecimento linguístico organizado na *Faculdade da Linguagem*, passamos a tratar de casos clínicos em que há distúrbio sintático. Dentro da teoria gerativa, como apresentado no item anterior, a competência linguística é o que possibilita a criação de novas sentenças na língua a partir dos *Princípios* e *Parâmetros* fixados conforme a experiência linguística. Sendo assim, um comprometimento ou distúrbio sintático incide justamente na competência linguística, afetando, por exemplo, algum Princípio da Faculdade da Linguagem.

Desse modo, é importante reforçar o que *não* pode ser considerado um distúrbio sintático. Primeiramente, reiteramos que um distúrbio sintático *não* é um desvio da norma padrão prescrita pela gramática tradicional, como pode ser verificado, por exemplo, em (2):

(2) Os menino saiu para brincar na rua.

Em (2), a marcação de plural encontra-se restrita ao artigo "os", o que caracteriza apenas um desvio sintático da norma padrão (a esse respeito conferir também o texto deste livro sobre Variação Sociolinguística). Em segundo lugar, um distúrbio sintático *não* é um problema meramente de *desempenho linguístico*, que se opõe à *competência linguística*. Um déficit no desempenho linguístico é caracterizado por um problema que não incide especificamente no conhecimento organizado na Faculdade da Linguagem e sim em outras faculdades da mente que interagem com ela – como a memória, a atenção, o pensamento – ou nos órgãos que implementam a realização linguística – ou seja, sua produção e compreensão –, como o aparelho fonatório e o aparelho auditivo.[26]

Tendo em vista o exposto, discutimos uma patologia que afeta a competência linguística, a afasia (a esse respeito, conferir também o texto deste livro sobre afasias), causada por lesões neurológicas decorrentes de traumatismos cranianos, acidentes vasculares cerebrais ou tumores que geram uma alteração em algum âmbito da linguagem, como o fonológico, o semântico ou o sintático. Neste texto, interessam-nos os déficits de representação *sintática*, também chamado de *agramatismo*, presentes em alguns tipos de afasia. O termo *agramatismo* não se refere à completa ausência de gramática e sim a uma reestruturação do conhecimento sintático organizado na Faculdade da Linguagem. Muito comumente, alguns tipos de conhecimento sintático são afetados e outros não.

Ainda, é importante destacar que se trata de déficits de *representação* sintática justamente porque, como posto anteriormente, o problema é na competência, o conhecimento linguístico internalizado que os falantes possuem, e não puramente no desempenho, ou seja, na realização concreta desse conhecimento na comunicação. Como se trata de um déficit no conhecimento linguístico, assume-se que o comprometimento afeta tanto a produção – como a fala e a escrita – quanto a compreensão – como a compreensão oral e a leitura. Isso significa dizer que, embora alguns tipos de afasia que apresentam o agramatismo como um sintoma, como a afasia de Broca, possuam uma manifestação mais clara na produção, o comprometimento atinge também a compreensão. Além disso, por se tratar de um distúrbio sintático, o comprometimento atinge o conhecimento que rege a construção das sentenças, afetando, por exemplo, o conhecimento acerca de informações codificadas na Morfologia verbal e da estrutura de determinadas sentenças, como as sentenças na voz passiva e as interrogativas, como é tratado mais adiante. Para ilustrar o problema sobretudo na produção de sujeitos afásicos agramáticos afetando a construção de suas sentenças, observe o diálogo a seguir entre uma fonoaudióloga (referida como F) e um paciente afásico agramático (referido como P), em que o paciente produz sentenças curtas e, eventualmente, com omissão de verbo, como na última frase do diálogo a seguir:

F: É... Me fala como foi o seu dia ontem, do começo dele ao fim.

P: Foi bem.

F: Foi bem?

P: É...

F: Mas o que o senhor fez?

P: Comi...

F: Comeu, hã... fez comida...

P: É, é...

F: Mais o que?

P: Só.

F: Só?

P: Só! Sentado

Além de ser um sintoma clássico da afasia de Broca, o agramatismo também é um sintoma presente na afasia progressiva primária (APP) não-fluente. A APP não-fluente, como os demais tipos de afasia progressiva primária (APP), caracteriza-se por um declínio progressivo na cognição que se inicia por um prejuízo exclusivamente na linguagem e passa a afetar as atividades de comunicação diária dos pacientes. O que diferencia a APP não-fluente de outros tipos de APP, como a fluente, é o fato de o diagnóstico clínico da APP não-fluente depender, necessariamente, da presença do agramatismo na produção ou da apraxia verbal, que é um transtorno no planejamento motor para a execução dos fonemas.

Déficits de representação sintática são também observados em outra patologia, que acomete a população infantil, o Transtorno do Desenvolvimento da Linguagem (TDL), também conhecido como Déficit Específico de Linguagem (DEL). O TDL afeta a produção e a compreensão linguística e não é resultante de outras patologias, como deficiência intelectual, autismo, surdez e problemas motores nos órgãos envolvidos no aparelho fonatório. O comprometimento linguístico de crianças com esse transtorno pode afetar a produção de sentenças mais longas e de verbos com a Morfologia verbal correta, o que caracteriza um distúrbio sintático e, portanto, também recebe destaque neste texto. Para ilustrar a produção de uma criança com TDL, podemos observar um diálogo entre uma fonoaudióloga (referida como F) e uma criança com tal patologia (referida como C) em que esta faz uma narrativa da história *Os três porquinhos*, na qual destacamos alguns desvios sintáticos, como ausência de preposição nos dois primeiros trechos sublinhados e equívoco na marcação morfológica de gênero no último trecho sublinhado:

C: Ele assoprou... Ele assoprou, caiu a casa do porquinho. Aí ficou com medo, aí saiu correndo a casa do irmão.
F: E aqui?
C: Aí o lobo tá vendo o irmão... assim. Tá vendo a casa, aí ele entrou na casa. O lobo assoprou a casa. A casa dele caiu.

Agora os dois irmãos tão correndo a casa do irmão.
(...)
C: Aí o lobo assoprou, assoprou. Até ele ficar fraco. E (fala ininteligível)
F: E o quê?
C: E roxo. A cara dele ficou roxo.

Tendo em vista a existência de patologias que afetam o conhecimento sintático de adultos e crianças, é de extrema importância para o fonoaudiólogo ter plena consciência de quais realizações do seu paciente são fruto de um distúrbio sintático e quais tipos de conhecimento sintático estão afetados em sua gramática mental. Desse modo, o fonoaudiólogo poderá não só fazer um diagnóstico preciso da Patologia em questão como propor uma intervenção terapêutica apropriada. Sendo assim, é necessário ao fonoaudiólogo estudar sobre os diferentes tipos de conhecimento sintático organizados na gramática mental. Passamos a tratar sobre isso na próxima seção.

COMPONENTES DA SINTAXE

Categorias funcionais e lexicais

Tendo em vista o que foi apresentado até aqui sobre a concepção de Sintaxe adotada neste texto, é importante destacar a unidade básica da análise sintática adotada nos estudos da teoria gerativa: *o sintagma*. Esse constituinte funciona como uma unidade, que pode ser formada por uma ou mais palavras, centrada em torno de um núcleo. Uma sentença é construída a partir da combinação recursiva e hierárquica de sintagmas. Isso significa que as sentenças são constituídas por unidades que podem ser encaixadas umas dentro das outras e esse encaixamento revela que há camadas mais baixas e camadas mais altas em uma sentença, como é exemplificado nos dois próximos parágrafos a partir dos exemplos em (3) e em (4):

(3) Maria viu os estudantes de blusa de listras.

Na teoria gerativa, assume-se que as palavras com valor referencial tendem a constituir categorias *lexicais*, as quais são núcleos de sintagmas lexicais, e palavras com valor gramatical tendem a constituir categorias *funcionais*, as quais são núcleos de sintagmas funcionais:

Quadro 1

Categorias Lexicais	Categorias Funcionais
Substantivo ('nome' na teoria gerativa), verbo, adjetivo e preposição	Conjunção ('complementizador' na teoria gerativa), artigo ('determinante' na teoria gerativa) e até mesmo flexão verbal

As categorias funcionais possuem informações de caráter gramatical, vejamos o caso do artigo (também chamado de *determinante*):

(5) a. Os estudantes   b. Os estudante

O artigo "os" contém informações de definitude, gênero e número. Note que na variante em (5b), bastante utilizada no português brasileiro, essas informações são exclusivamente dadas pelo determinante, uma vez que as marcas de gênero masculino e número plural não estão também disponíveis no nome "estudante" e a ausência da marca de plural no nome "estudante" em (5b) não torna a sequência agramatical.

Podemos ainda ilustrar o caráter gramatical das categorias funcionais por meio da análise da flexão verbal em (6):

(6) Maria *viu* os estudantes.

A flexão verbal em "viu" dispõe de informações de tempo passado e terceira pessoa do singular. Repare que na sentença "Vi os estudantes", como o sujeito é nulo – ou seja, o sujeito "eu" não é realizado foneticamente –, a informação de primeira pessoa do singular é dada apenas pela flexão verbal.

A flexão verbal pode constituir-se tanto de uma palavra, como "vai" em "vai ver", que em "A Maria vai ver os estudantes" marca tempo futuro e terceira pessoa do singular, quanto de um morfema flexional, como "-iu" em "viu", como mencionado no parágrafo anterior. Repare no papel fundamental da flexão verbal para a estruturação dessas sentenças: se o verbo estiver no infinitivo (ou seja, sem informações de tempo presente, passado ou futuro), não é possível que a oração com esse verbo constitua sozinha uma sentença gramatical no português, já que teríamos algo como "*Maria ver os estudantes". Uma oração com o verbo no infinitivo só é viável na língua compondo uma sentença constituída por uma outra oração que tenha seu verbo flexionado, como em "Maria *queria* [*ver* os estudantes]", em que temos a oração entre colchetes com o verbo no infinitivo como complemento do verbo "queria" da oração anterior, que está flexionado no tempo passado.

Como abordado na seção anterior, um paciente com afasia acometido por agramatismo tem alguns tipos de conhecimento sintático afetados. Comumente, o comprometimento recai sobretudo em categorias funcionais e não em categorias lexicais. Isso faz com que a fala desse paciente contenha sobretudo palavras com conteúdo referencial, havendo comumente omissão de palavras de valor gramatical, como determinantes (artigos, pronomes possessivos, demonstrativos etc.) e complementizadores (conjunções). Para ilustrar essa questão, observe abaixo um trecho de um diálogo entre uma fonoaudióloga (referida como F) e um paciente afásico de Broca agramático (referido como P):

F: Me conte todo seu dia de ontem, do começo ao fim.
P: ihh... eh, Juliana e as duas eh... e Viviane, escola. Depois eh... preta. Depois eh... mestre. Depois eh... a casa. E depois eh... compras. Eh... aqui, cansada.

Repare que o paciente faz diversas pausas e preenche alguns vazios em sua fala pelo marcador discursivo "eh", utilizado enquanto elabora seu discurso, que é formado sobretudo por categorias lexicais, neste caso especialmente por substantivos e adjetivos, tais como "Juliana", "Viviane", "escola", "preta", "mestre", "casa", "compras" e "cansada". Podemos especular que este paciente, se não tivesse um comprometimento com o conhecimento linguístico de categorias funcionais, poderia ter produzido uma sentença como "Juliana levou, às duas horas, Viviane na escola, depois foi para a casa, depois fez compras e ficou cansada". A ausência de produção da correta flexão verbal – ou a omissão do verbo com a devida flexão, como exemplificado acima – é resultante de um problema com categorias funcionais, como retomamos mais adiante.

Constituintes sintáticos

Como apresentado no item acima, os enunciados linguísticos são construídos hierarquicamente, a partir da combinação recursiva de *sintagmas*. Agora, vamos aprender a reconhecer um sintagma. Primeiro, é necessário identificar o seu núcleo, que pode ser lexical ou funcional, como vimos anteriormente, e, em seguida, analisar quais são os itens que estão em torno desse núcleo.

Em (3), temos um sintagma constituído por uma única palavra, seu núcleo, "Maria", e um sintagma constituído por várias palavras "os estudantes de blusa de listras", cujo núcleo é "estudantes". A propriedade da *recursividade* é o que possibilita o encaixamento de um sintagma dentro de outro, como o sintagma "de blusa de listras", que está ligado ao núcleo "estudantes", bem como o sintagma "de listras", que está ligado ao núcleo "blusa" (assim como o sintagma "de cores diferentes" poderia estar ligado ao núcleo "listras", dando continuidade a essa sentença que, potencialmente, poderia não ter fim).

Figura 1

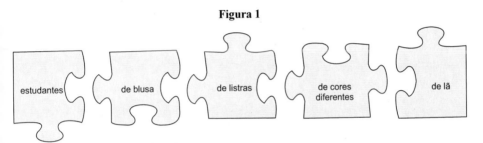

Fonte: Imagem elaborada pela autora Ana Regina Calindro.

(4) João disse que Maria viu os estudantes de blusa de listras.

Em (4), a combinação hierárquica dos sintagmas pode ser ilustrada pelo fato de a oração em (3) estar encaixada dentro da oração "João disse". Logo, temos que "João disse" está em um nível hierárquico superior à oração em (3), uma vez que esta constitui-se como parte integrante daquela oração, ligando-se a ela por meio da conjunção "que".

Neste ponto, vale esclarecer a que se referem os termos *sintagma*, *oração* e *sentença*, empregados nos parágrafos acima. *Sintagma* refere-se à unidade sintática que se organiza de acordo com regras específicas em torno de um núcleo, como o sintagma nominal "blusa de listras", cujo núcleo é "blusa". *Oração* diz respeito a um sintagma no qual haja um verbo, como em (3). *Sentença* faz referência a um enunciado completo e pode ser formada por orações, como em (3), na qual há uma única oração, e em (4), em que há duas orações.[27]

Analisando ainda as sentenças acima, verificamos que nelas há tanto palavras com valor referencial quanto palavras com valor gramatical. Palavras com valor referencial são aquelas que fazem referência a algo do mundo biossocial, como "Maria", "ver" e "estudantes", e palavras com valor gramatical são aquelas que possibilitam a estruturação dos sintagmas e sentenças, como "que" e "os".

Vejamos a seguir o registro de um diálogo entre uma fonoaudióloga (referida como F) e um paciente afásico agramático (referido como P):

F: Hum, entendi. Agora eu vou te pedir, pro senhor me explicar... Como é que a gente faz café?

P: Café... Curacar (colocar)... (frase ininteligível)... ssucar (açúcar)... (palavra ininteligível)... adonante (adoçante), bota, mexe...

F: Mas antes disso o que a gente põe pra ferver?

P: Água.

F: A água... Aí tem que ferver a água?

P: É... Ferve a água... (frase ininteligível)...

F: Tem que colocar pó de café ou não precisa?

P: Não... Pecisa (precisa)

F: Precisa?

P: É... (palavra ininteligível) (faz o número dois com as mãos) coleres (colheres)

Podemos perceber que esse paciente tem dificuldade em elaborar o enunciado combinando os constituintes de uma sentença. Porém, é interessante notar que, apesar do diálogo entrecortado, os itens que aparecem na sua fala constituem sintagmas. Ou seja, mesmo em construções que apresentam falhas na superfície, há princípios relativos à sua estrutura interna que não são violados.

Ao relatar a sequência de ações para fazer um café, o paciente hesita, mas, se desconsideramos essas hesitações, veremos que ele produz sentenças sintaticamente perfeitas: "Café: colocar açúcar, adoçante, bota, mexe". Ou seja, é interessante notar que, apesar da fala aparentemente quebrada, o princípio que rege a formação do sintagma não é violado.

Como sabemos quais elementos constituem um sintagma em uma sentença? Para tanto, são realizados testes de constituintes.

Vamos considerar a sentença a seguir do diálogo com o paciente: "Ferve a água". Analisemos se 'a' forma um constituinte com 'ferve' ou com 'água', ou se ele é um constituinte por si só.

O **primeiro teste** que podemos aplicar é o da *pronominalização*, no qual, para verificar se uma sequência de palavras forma um sintagma, essa sequência toda deve poder ser pronominalizada. Por exemplo, percebemos que o determinante 'a' faz parte do sintagma nominal (NP, do inglês *nominal phrase*) 'a água', pois, ao pronominalizar essa sequência, temos 'Ferve *ela*',[28] ou seja, 'a' é pronominalizado com 'água'.

O **segundo teste** é feito por meio de *interrogativas*, em que, através de uma pergunta, chegamos ao sintagma. No nosso exemplo: 'O que ferveu?' 'A água'.

Por fim, há o **terceiro teste**, o da *clivagem*, em que o sintagma deve poder ser clivado por completo. A clivagem consiste em completar a lacuna em *"É/Foi* _____ *que* (verbo da oração)" com o sintagma que está sendo testado. Se a sentença gerada for gramatical, a sequência testada na lacuna é um sintagma. Por exemplo: *É/Foi* a água *que* ferveu; *É/Foi a que *ferveu.*

Logo, através desses testes confirmamos que a sentença "Ferve a água" é constituída pelo sintagma verbal (VP, do inglês *verbal phrase*) que contém o sintagma determinante (DP, do inglês *determiner phrase*) "a água".

Assim, quando analisamos os sintagmas presentes na fala do paciente, verificamos que sua constituição está de acordo com os valores paramétricos fixados do português. Por exemplo, o determinante acompanha o núcleo do sintagma nominal, inclusive na posição em que se espera, antecedendo o substantivo, como mencionado anteriormente.

No próximo item deste texto, abordamos essencialmente a arquitetura do modelo sintático da teoria gerativa.

Teoria X-Barra

Neste item, tratamos da teoria X-Barra, que é um dos módulos universais da Faculdade da Linguagem presentes nos *Princípios* da *GU*, nos moldes em que ela foi desenvolvida por Chomsky (1981 et seq.) em uma fase da teoria gerativa conhecida como *Teoria de Princípios e Parâmetros* ou *Teoria de Regência e Ligação*.

Através deste modelo, é possível ilustrar como os sintagmas são combinados para formar os enunciados. A representação das sentenças adotada na teoria X-Barra, chamada de representação arbórea, nos auxilia no entendimento do que está na base da construção das sentenças, pois ilustra a hierarquia dos constituintes.

Vejamos a seguir que este modelo é essencialmente endocêntrico, pois, como vimos anteriormente, os sintagmas são estruturados a partir do seu núcleo. Primeiramente, vamos considerar que o núcleo do sintagma é uma variável X, que depois será substituída pelo núcleo do sintagma que está sendo representado, ou seja, em um NP, o X equivale ao N, em um VP, ao V, e assim por diante.

Esse núcleo X é a categoria mínima que estabelece as relações internas do sintagma (algumas vezes representado por X^0 na literatura), como em (7). O nível intermediário está representado por X' (podemos ler "X barra" ou "X linha"). Por fim, há o nível XP (Sintagma X ou, em inglês, *X Phrase*; logo, *Phrase* = Sintagma), que é a projeção máxima desse sintagma. O nível intermediário ilustra a possibilidade de o núcleo X se combinar com um complemento (Comp) e na projeção máxima (XP) com um especificador (Spec), como ilustrado em (8):

(7) **Figura 2** (8) **Figura 3**

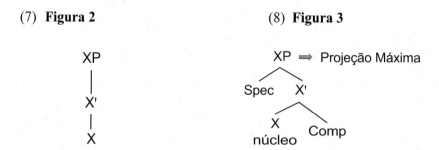

Vamos agora ilustrar essa representação com a sentença que estávamos analisando anteriormente: "Ferver a água" (sem flexão verbal). Nesse caso, temos um sintagma verbal, nucleado pelo verbo 'ferver'. Assim, no lugar de X, temos V e, como complemento desse núcleo verbal, o DP 'a água', formado pelo determinante 'a', cujo complemento é o sintagma nominal 'água'. Logo, teríamos a seguinte representação:

(9) **Figura 4**

```
        VP
        |
        V'
       / \
      V   DP
   ferver / \
         D'
        / \
       D   NP
       a   |
           N'
           |
           N
          água
```

É importante destacar que a estrutura descrita para os sintagmas lexicais – aqueles cujos núcleos são categorias lexicais, como nome e verbo – é a mesma dos sintagmas funcionais – aqueles cujos núcleos são categorias funcionais, como determinante, complementizador e flexão. Como argumentado na seção Categorias funcionais e lexicais, estes são considerados itens funcionais por terem um caráter gramatical.

Assim, ainda analisando a produção do paciente afásico disponível no item anterior, "Ferve a água", temos que ao menos dois sintagmas funcionais são projetados adequadamente na estrutura sintática da sentença. Primeiramente, como já ilustrado em (9), temos o sintagma funcional DP 'a água' formado de maneira adequada. Em segundo lugar, tendo em vista que o verbo utilizado pelo paciente está corretamente flexionado, a flexão (representada pelo morfema -e em 'ferve') está projetando na estrutura da sentença outro sintagma funcional: o sintagma flexional (IP, do inglês *inflectional phrase*). Nesse caso, temos o IP como a projeção mais alta da sentença porque a flexão é entendida como o seu núcleo, uma vez que, como discutido na seção Categorias funcionais e lexicais, sua presença garante que a oração constitua sozinha uma sentença gramatical na língua. Além disso, dizemos que toda flexão verbal toma um VP como complemento. Assim, para "Ferve a água", teríamos a seguinte representação:

(10)[29] **Figura 5**

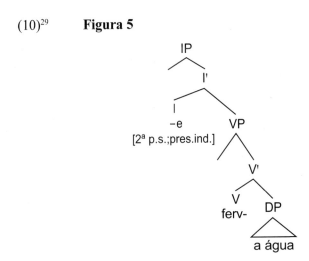

Outro sintagma funcional que pode ser projetado na sentença é o sintagma complementizador (CP, do inglês *complementizer phrase*). Em uma sentença como "Ele disse *que ferve a água*", por exemplo, a oração em itálico é introduzida pela conjunção "que", a qual chamamos de complementizador. Nesse caso, temos o CP como a projeção mais alta da oração "que ferve a água" porque o complementizador é tomado como o seu núcleo. O complementizador, por sua vez, toma um IP como complemento. Logo, a oração "que ferve a água" seria representada da seguinte maneira:

(11)

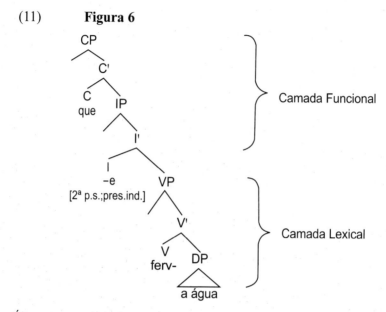

Figura 6

É importante ainda destacar que os sintagmas CP e IP compõem o que chamamos na teoria X-Barra de *camada funcional*, enquanto o sintagma VP e aqueles alocados abaixo dele compõem o que chamamos de *camada lexical*. Como já discutido, o comprometimento sintático de afásicos agramáticos tende a incidir em categorias funcionais e não lexicais – como inclusive parece ter ficado claro no diálogo anteriormente apresentado. Logo, pode-se dizer que, em termos de representação arbórea da sentença, a camada funcional tende a estar mais comprometida que a camada lexical, como ainda discutiremos mais adiante.

Lembramos que o objetivo da teoria que estamos abordando aqui é elaborar um modelo que explique o caráter gerativo da língua e quais são as regras subjacentes ao sistema que permeiam a aquisição da linguagem. Assim, podemos nos perguntar: como os falantes sabem se um constituinte pode se combinar com outro para formar um sintagma e como saber em que posição ele deve ficar? Vejamos, nos dois próximos itens, as teorias dentro do modelo que dão conta dessas questões.

Complementação e Teoria Temática

O exemplo com o qual estamos trabalhando ilustra de forma clara que a combinação entre núcleo e seus possíveis complementos não pode ser feita de maneira aleatória. O núcleo verbal, no caso 'ferver', só pode selecionar sintagmas que apresentem traços[30] semânticos que sejam compatíveis com os seus. O paciente em questão, por exemplo, apesar de suas dificuldades, não apresenta problemas com essa seleção, que é chamada de s-seleção (seleção Semântica). Se o falante, ao invés de 'água', selecionasse 'armário', a sentença se tornaria agramatical, uma vez que não há compatibilidade semântica entre os traços de 'ferver' e 'armário'. Ao ler o diálogo, percebemos que o paciente faz seleções semânticas adequadas.

O módulo da Faculdade da Linguagem que garante que a seleção seja feita corretamente é a *Teoria Temática*, responsável por acomodar o léxico no nosso modelo. O léxico é constituído pelo conjunto de palavras de uma determinada língua. As palavras têm propriedades semânticas e, assim, para que os itens lexicais possam se combinar, é necessário que haja uma compatibilidade dessas propriedades entre os elementos, como exemplificado anteriormente.

Voltemos à representação da sentença 'ferver a água' em (9). Nesse exemplo, a camada máxima de projeção é o VP. Esse é o domínio temático da sentença, pois é nesse nível de representação que os constituintes são selecionados no nosso léxico mental, que contém as informações relevantes necessárias para a composição de sentenças. Em 'ferver a água', temos um predicado verbal, constituído pelo *predicado* (ou predicador) 'ferver', que seleciona o constituinte sintático 'a água'. Veja que, na teoria gerativa, a noção de *predicado* se difere da estudada nos termos da gramática tradicional. O *predicado* é o elemento que pode selecionar semanticamente determinados constituintes sintáticos. Tais constituintes quando selecionados são considerados os *argumentos* e a cada um deles é atribuído um *papel temático* (ou papel-θ – da letra grega *Theta*), que revela a relação semântica entre o argumento e o predicado, como "agente" ou "paciente" de uma ação expressa pelo verbo. Assim, percebemos que cada predicado impõe restrições semânticas em relação aos itens que podem ser selecionados por ele.

Em outras palavras, o verbo 'ferver' é um item lexical que evoca um cenário em que podem estar envolvidas duas entidades ("quem ferve" e "aquilo que é fervido") e tais entidades devem ser realizadas por DPs, aos quais são atribuídos os papéis temáticos de "agente", aquele que realiza a ação de ferver, e de "tema", aquilo que é fervido. Logo, qualquer elemento que pode ter esses papéis temáticos pode fazer parte da estrutura argumental de 'ferver', como em (12a) e (12b) e, caso o elemento não seja compatível, a sentença fica agramatical, como em (12c) e (12d).

(12)

      (a) O cozinheiro ferveu a água.   (c) *A panela ferveu a água.

      (b) O cozinheiro ferveu o leite.   (d) *O cozinheiro ferveu o armário.

Dessa forma, a informação Lexical é passada para a Sintaxe. Os sintagmas selecionados semanticamente pelos predicados recebem seus papéis temáticos apenas em determinadas posições e, então, os itens lexicais são inseridos nas posições criadas pela teoria X-Barra.

Como abordado anteriormente, os itens lexicais, particularmente os verbos, introduzem cenários, que são compostos pela quantidade de argumentos selecionados pelo predicado e por argumentos selecionados de acordo com seu papel temático. Por exemplo:

Quadro 2

Verbo	Papéis Temáticos	Exemplo
Cair	1: **Paciente**	**A gatinha** caiu.
Comer	2: **Agente** / Tema	**A gatinha** comeu o petisco.
Gostar	2: **Experienciador** / Tema[31]	**A Alice** gosta da gatinha.
Colocar	3: **Agente** / Tema / *Lugar*	**A Alice** colocou a gatinha *na caixa*.

Cair instaura um cenário de apenas um participante / *argumento*. Então, 'cair' é um predicado de um lugar, pois s-seleciona apenas um argumento. Os cenários dos verbos 'comer' e 'gostar' são compostos por dois participantes / entidades / *argumentos*. Logo, 'comer' e 'gostar' são predicados de dois lugares / *argumentos*, pois dois argumentos são s-selecionados. Por fim, 'colocar' é um predicado de três lugares, pois três argumentos podem ser s-selecionados.

O que garante que a informação lexical seja representada sintaticamente é o:

(13) Princípio de Projeção
   A informação lexical deve ser preservada na representação sintática

O *Princípio da Projeção* faz a mediação entre o Léxico e a Sintaxe e deve estar presente em todos os níveis estruturais. Segundo o modelo de Gramática mental que aludimos aqui, para construir um enunciado, o falante recorre ao seu *Léxico* (conjunto de palavras da sua língua), seleciona os elementos pertinentes para a construção da sentença e constrói a primeira estrutura, a qual chamaremos de *Estrutura Profunda* (DS, do inglês *Deep Structure*). Assim, a DS é composta pelos elementos que são necessários para a interpretação semântica da sentença. Em seguida, através de *movimentos de constituintes*, a DS é convertida em uma segunda estrutura, a qual chamaremos de *Estrutura Superficial* (SS, do inglês *Superficial Structure*). Esta estrutura contém as informações necessárias para a interpretação fonética da sentença, sua *forma fonética* (PF, do inglês *Phonetic Form*), a representação abstrata dos sons (ou de gestos nas línguas de sinais), que será interpretada semanticamente na *forma lógica* (LF, do inglês *Logical Form*), como ilustrado em (14):

(14)   **Figura 7**

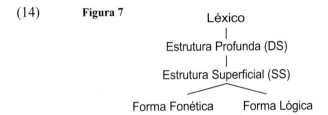

Novamente, o que garante que a informação lexical seja representada corretamente não só na DS, mas também na SS, mesmo depois dos movimentos dos constituintes, e, por fim, na Forma Lógica é o Princípio da Projeção. Voltamos à DS e SS quando falarmos de movimento de constituintes no próximo item.

Resumidamente, sobre a computação de uma estrutura com o verbo 'comer', podemos dizer: um verbo que (pelo menos opcionalmente) toma um NP como complemento (V → V NP) e é um predicado de dois lugares, tendo 1 argumento externo, que equivale nesse caso ao que é tradicionalmente chamado de 'sujeito', e 1 argumento interno, que corresponde nesse caso ao que é tradicionalmente chamado de 'complemento do verbo'. Essa é a estrutura argumental de comer. Ao argumento externo é atribuído o papel temático de Agente e ao interno, o papel temático de Tema. Os itens lexicais que selecionam argumentos atribuem um papel temático a cada argumento selecionado, isto é, há um mapeamento entre a estrutura argumental do item lexical e sua estrutura temática.

Podemos ilustrar a organização sintática da sentença a partir da estrutura argumental de um item lexical por meio da análise do seguinte trecho da narrativa da história *Os três porquinhos* feita por uma criança portadora do TDL (referida como C) para a fonoaudióloga (referida como F):

C: Os três porquinhos fazer a mesma casa, a casa deles. E ele foi lá fazer. Um fez a casa de palha, o lobo bateu. (Fala ininteligível) **tava tremendo de medo**.

F: Quem tava tremendo de medo?
C: O porquinho.
F: Ah tá.

Repare que a fonoaudióloga busca extrair da criança a informação sobre quem estava tremendo de medo. Isso se dá porque o verbo 'tremer' tem uma estrutura argumental que prevê a seleção de um argumento externo, ao qual é atribuído o papel temático de Experienciador. Logo, para que a informação comunicada pela criança pudesse ser plenamente compreendida, foi preciso a confirmação da informação acerca do argumento externo de 'tremer'. Nesse caso, vale destacar que não necessariamente a criança apresenta, em decorrência da sua patologia, um comprometimento sintático que afete a estrutura argumental de 'tremer', sendo possível que a criança tenha tido apenas alguma dificuldade articulatória nesse trecho da narrativa que tenha dificultado a sua comunicação com a fonoaudióloga.

Movimento de constituintes e Teoria do Caso

Retomando a estrutura da Faculdade da Linguagem expressa em (14) no item anterior, podemos analisar agora uma operação sintática que atua entre a Estrutura Profunda (DS) e a Estrutura Superficial (SS): a operação de *movimento*. Como vimos anteriormente, a seleção de itens do léxico com suas respectivas estruturas argumentais determina a estrutura da sentença em DS, de modo que seja respeitado o Princípio de Projeção. Assim, se o verbo 'ferveu' é selecionado, dois DPs deverão ser a ele concatenados na Estrutura Profunda, sendo um na posição de argumento interno, ao qual é atribuído papel temático de Tema, e um na posição de especificador de VP, ao qual é atribuído papel temático de Agente, sendo possível formar uma sentença como "A Maria ferveu a água", conforme representado em (15) a seguir.

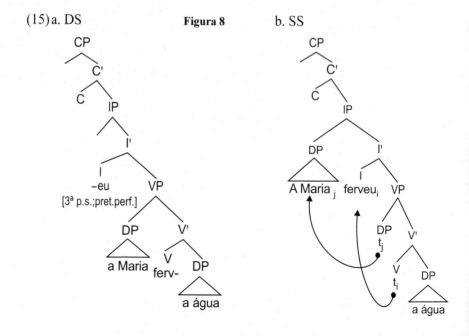

(15) a. DS   **Figura 8**   b. SS

Como já discutido, a flexão verbal é projetada em IP, como vemos em (15a). Após a operação de movimento, em SS, o verbo gerado em V é alocado em I, concatenando-se à flexão verbal, como em (15b). Além disso, destacamos que, quando ocorre a operação sintática de movimento, o constituinte movido deixa na posição de origem uma categoria vazia – ou seja, uma categoria interpretada semântica e sintaticamente, mas sem conteúdo fonético – a qual se convencionou chamar na teoria gerativa de *vestígio* (representada pela letra *t*, do inglês *trace*, como está em 15b). É através dessa categoria que o papel temático do elemento movido é transmitido da posição de origem – posição de argumento interno na DS – para a posição derivada. Dizemos, assim, que há o estabelecimento de uma cadeia entre o antecedente (o constituinte movido) e o vestígio. Em (15b), o mesmo índice "j" subscrito no DP "a Maria" e no seu vestígio, bem como o mesmo índice "i" subscrito no verbo "ferveu" e no seu vestígio, indicam que essas categorias vazias são fruto do movimento de constituintes.

Há ainda um outro módulo da Faculdade da Linguagem que explica o movimento do DP 'a Maria': a Teoria do Caso. Quem conhece línguas como o latim e o alemão está familiarizado com o conceito de caso morfológico. Porém, Caso, além de poder ter expressão morfológica, como nessas duas línguas, é uma propriedade estrutural de *todas as línguas*. O Caso é responsável por relacionar o DP com sua função sintática, como sujeito e complemento do verbo. Assim, temos o seguinte postulado relacionado à Teoria do Caso:

(16) Filtro de Caso
Todo DP foneticamente realizado deve ser associado a um Caso

Há muitos outros detalhes a respeito da Teoria do Caso, mas, de forma simplificada, temos que: 1. o Caso Acusativo denota a função tradicionalmente relacionada ao objeto direto e o Caso Nominativo, ao sujeito; 2. certos núcleos são capazes de atribuir Caso a um e somente um DP. Assim, o verbo atribui Caso Acusativo ao seu complemento. Logo, na sentença em (15), o verbo 'ferver' atribui Caso Acusativo ao DP 'a água'. Contudo, há ainda um outro DP, 'a Maria', que precisa receber Caso, mas o verbo não pode mais atribuí-lo. Assim, esse DP se move para o especificador de IP para receber Caso Nominativo de traços flexionais contidos no núcleo I. Dessa forma, a sentença é linearizada e proferida como 'A Maria ferveu a água'.

Em (15), observamos que há uma correspondência em termos de ordem de constituintes entre a Estrutura Profunda e a Estrutura Superficial, uma vez que não há operação sintática de movimento alterando a ordem de tais constituintes na superfície. Essa correspondência entre a DS e a SS não é observada em todas as sentenças, uma vez que a operação sintática de movimento pode alterar a ordem de disposição dos DPs na sentença. Por exemplo, se temos uma locução verbal na voz passiva, como 'foi fervida', um DP é selecionado e deve ser concatenado na posição de argumento interno,[32] como ilustrado pela sentença em (17a). Na DS, o DP na posição de argumento interno recebe o papel temático de Tema. Contudo, tal sintagma é comumente *movido*, gerando uma sentença como "A água foi fervida", como descrita em (17b) e representada em (18), não havendo, portanto, uma correspondência entre a DS e a SS.

(17) a. DS: Foi fervida a água.  b. SS: [A água]$_i$ foi fervida t$_i$.

(18) SS **Figura 9**

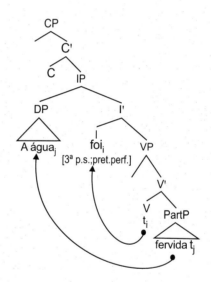

A operação sintática de movimento pode ainda acarretar em uma alteração na ordem dos constituintes em sentenças interrogativas. Por exemplo, em uma sentença como "O que a Maria ferveu?", temos que o verbo 'ferveu' seleciona dois DPs: "a Maria" e "o que". Em DS, o DP "a Maria" é concatenado na posição de argumento externo do verbo e recebe papel temático de Agente, enquanto o DP "o que" é concatenado na posição de argumento interno do verbo e recebe papel temático de Tema. Em SS, após a operação sintática de movimento, o DP "o que" é movido, do ponto de vista da representação arbórea, para o sintagma complementizador (CP), do qual tratamos nas seções Categorias funcionais e lexicais e Teoria X-Barra, como expresso em (19) a seguir:

(19) a. DS   **Figura 10**   b. SS

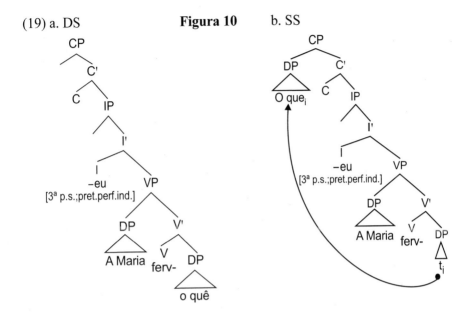

O conhecimento acerca da operação sintática de *movimento* é comumente afetado em pacientes afásicos agramáticos. Logo, pacientes com tal patologia teriam dificuldade em produzir e compreender sentenças com constituintes que, na SS, estão fora de sua posição de origem na DS, como sentenças na voz passiva e interrogativas, tais quais as ilustradas em (17) e (19). Tal dificuldade manifesta-se sobretudo em sentenças ditas reversíveis, ou seja, sentenças em que há dois candidatos possíveis a receber o papel temático de Agente, como observado nas sentenças "O João foi empurrado pelo Pedro" e "Que homem o Pedro empurrou?".[33] Em ambas as sentenças, o DP no início da sentença – "O João" na sentença passiva e "Que homem" na interrogativa – não recebem o papel temático de *Agente* e sim de *Paciente*.

Assim, sentenças como "O João foi empurrado pelo Pedro", por exemplo, podem gerar dificuldades aos pacientes afásicos agramáticos. Em uma tarefa de relacionamento figura-sentença, em que é solicitado aos pacientes que selecionem a imagem mais apropriada para representar a sentença, eles podem equivocadamente selecionar a figura com João empurrando Pedro. Por terem dificuldades com o conhecimento acerca da operação sintática de movimento, não conseguindo recuperar o papel temático do constituinte movido, esses pacientes operam através de uma operação *default* em que se considera que o constituinte antes do verbo é o agente da ação.

É importante destacar que, na formação de sentenças na voz passiva como a ilustrada em (17), temos, em termos da representação arbórea em (18), que o constituinte movido – o DP argumento interno "a água" – é alocado em Spec de IP, sintagma funcional tratado nas seções Categorias funcionais e lexicais e Teoria X-Barra. Analogamente, na formação de sentenças interrogativas como a ilustrada em (19), o constituinte movido – o DP argumento interno "o que" – é alocado em Spec de CP, outro sintagma funcional tratado nas seções Categorias funcionais e lexicais e Teoria X-Barra. Como abordado anteriormente, pacientes afásicos agramáticos tendem a ter especial problema com a *camada funcional* da representação arbórea da sentença e uma interpretação possível para a dificuldade desses pacientes com sentenças na voz passiva e interrogativas seria justamente o fato de, nessas sentenças, constituintes serem movidos da camada lexical para a camada funcional da sentença, como ilustrado em (17), (18) e (19). Como veremos no item a seguir, problemas com essa camada da representação arbórea também podem manifestar-se na Morfologia verbal.

Morfologia verbal

Como já discutido, a flexão verbal projeta um sintagma na representação arbórea da sentença, o IP, cujo núcleo I toma como complemento o VP. Dizemos que o núcleo I carrega traços de concordância, tempo, modo e aspecto. Logo, uma sentença como "O porquinho estava tremendo de medo" traz no núcleo I informações flexionais codificadas no auxiliar "estava", tais como terceira pessoa do singular, tempo passado, modo indicativo e aspecto imperfectivo.[34] Analogamente, se a oração produzida fosse "O porquinho tremia de medo", teríamos as mesmas informações flexionais disponíveis no núcleo I, sendo que, neste caso, tais informações estariam sendo realizadas através do morfema -ia acoplado ao verbo "trem*ia*".

Como também abordado anteriormente, o conhecimento sintático acerca da Morfologia verbal, representada na camada funcional da representação arbórea da sentença, tende a gerar problemas não apenas aos sujeitos afásicos de Broca agramáticos, como também a adultos portadores da Afasia Progressiva Primária (APP) não-fluente e a crianças portadoras do TDL. Para ilustrar tais distúrbios, analisemos, no exemplo em (20), uma narrativa a partir de estímulos visuais feita por um paciente portador da APP não-fluente e, no exemplo em (21), a narrativa de um trecho da história *Os três porquinhos* feita por uma criança portadora do TDL.

(20) Então sai do carro humm... **aqui são, é o motorista**, o motorista sai, da do carro e deixa as pessoas dentro do carro. Correto? É... A O passageiro tá sentado na porta de trás, mas acho que (...) acho que é... freiaram... o carro.

(21) **A mãe dele mandaram** ele fazer a própria casa. (...)

Nesses dois casos, verificamos dificuldades dos sujeitos com informações relativas à concordância verbal. No exemplo em (20), o paciente oscila na seleção da forma verbal no plural ("são") ou no singular ("é") para concordar com o sujeito "o motorista". Em (21), a criança seleciona equivocadamente a forma verbal no plural ("mandaram") para concordar com o sujeito "a mãe dele". Em ambos os casos, trata-se de um desvio sintático e não de um mero desvio da norma padrão, o que poderia ser o caso se as produções fossem "os motoristas é" e "as mães deles mandou", uma vez que essas são variantes possíveis no português brasileiro, como já discutido anteriormente. Logo, podemos afirmar que os sujeitos acima possuem déficits com os traços de concordância da Morfologia verbal, os quais estão alocados no núcleo I da camada funcional da representação arbórea da sentença.

ESTUDO DE CASO

Nesta seção, relatamos o caso de uma paciente, identificada pelas iniciais A.R., encaminhada para atendimento fonoaudiológico no Instituto de Neurologia Deolindo Couto, da Universidade Federal do Rio de Janeiro, em julho de 2015, após acidente vascular encefálico (AVE) isquêmico que atingiu sua região cerebral fronto-parietal esquerda. A.R., estudante de 28 anos, cursava graduação em Biomedicina. A paciente é portadora de Lúpus, uma doença autoimune, e sofre com múltiplas internações por conta dessa sua patologia de base. O motivo do encaminhamento ao serviço de Fonoaudiologia foi uma alteração da linguagem expressiva na paciente. Ela produzia poucas palavras e tinha pouca iniciativa para conversas, apesar de conseguir entender quase tudo que lhe era dito, exceto pela dificuldade com frases complexas, como aquelas que envolvem movimento de constituintes. Questões parecidas também eram observadas na escrita e na leitura. A paciente tinha pouca interação social, convivendo mais com familiares e com uma rotina diária que se limitava a algumas atividades domésticas leves e idas aos seus atendimentos e tratamentos médicos. Ainda, a paciente assistia muita televisão, via séries e gostava de passear ao ar livre.

A dificuldade na produção oral de A.R. pode ser evidenciada nas transcrições reproduzidas a seguir de uma tarefa de discurso narrativo a qual a paciente foi submetida nos anos de 2017 (exemplo em (22)) e 2018 (exemplo em (23)). A tarefa consistia na solicitação de criação de uma história a partir da exibição de uma figura relativa a um assalto a um banco.

(22) Banco, ai. Dinheiro aqui (P. Levanta os braços, imitando uma rendição). Eh cofre, hummm. Salto, eh... salto e ai meu Deus.

(23) Roubando. Roubando. Mas eh... aqui... eh... roubando... eh... ah! Dinheiro! Dinheiro. Vamos ver, eh... parado, roubando dinheiro. Polícia, roubando dinheiro. Polícia, não, banco.

Primeiramente, tecemos algumas considerações sobre as produções da paciente de maneira geral, considerando aspectos não relacionados à Sintaxe. Por exemplo, observa-se, na produção da paciente, *anomia*, caracterizada pela dificuldade em acessar a palavra pretendida. Em função da anomia, para passar a mensagem desejada, a paciente recorre a algumas estratégias. A primeira é a substituição da palavra pretendida 'assalto' pelo gesto de levantar os braços imitando uma rendição, identificada no exemplo em (22). Destacamos que a utilização de gestos é um facilitador da comunicação, sendo esse um recurso bastante comum em pacientes com dificuldades de produção linguística. A segunda estratégia, também identificada no exemplo em (22), é a evocação da palavra 'salto' no lugar de 'assalto', manifestação conhecida como *parafasia*, observada quando o paciente substitui a palavra pretendida por outra com semelhanças semânticas, morfológicas ou fonéticas com a palavra pretendida ou, até mesmo, sem semelhanças com esta. A terceira estratégia, identificada no exemplo em (23), fica evidente no trecho "Mas eh... aqui... eh... roubando... eh...", em que se observa a manifestação de um *circunlóquio*, caracterizado pelo discurso circular, com repetição temática, como uma tentativa de acessar a palavra pretendida, que, nesse caso, era 'dinheiro'.

Outra manifestação típica de pacientes com lesão anterior no cérebro e que pode ser observada nos exemplos em (22) e (23) é a *perseveração*, caracterizada pela evocação de uma palavra anteriormente utilizada quando se deseja usar outra, pela dificuldade de inibição desse ato verbal, que dura um determinado período de tempo. Assim, em (22), temos a evocação reiterada da palavra 'salto', no lugar de 'assalto', em "Salto, eh... salto". Em (23), temos as evocações reiteradas da palavra 'roubando' em "Roubando. Roubando. Mas eh... aqui... eh... roubando... eh..." e da palavra 'polícia' em "Polícia, não, banco", em que a palavra 'polícia' é acessada por ter sido utilizada na sentença anterior, "Polícia, roubando dinheiro".

Voltamo-nos agora especificamente para a descrição do distúrbio sintático da paciente. Como tratado na seção Distúrbios sintáticos, sujeitos afásicos agramáticos tendem a ter déficit no conhecimento linguístico referente a categorias funcionais. Nessa direção, temos que A.R. utiliza muitas categorias lexicais, como substantivos e verbos, mas praticamente não usa categorias funcionais, como conjunções e artigos, fazendo com que suas narrativas não contenham a estruturação esperada dos sintagmas e sentenças do português, como estamos abordando aqui. No caso do exemplo em (22), há quase exclusivamente a utilização de substantivos, como 'banco', 'dinheiro' e 'cofre', enquanto no exemplo em (23), há a utilização de substantivos e verbos, como 'dinheiro' e 'roubando'. Notem ainda que há também, nas narrativas de A.R., a ocorrência de expressões fixas que são evocadas por terem sido assim memorizadas, tais como "ai meu Deus" em (22) e "vamos ver" em (23).

Como também apresentado na parte deste texto intitulada "distúrbios sintáticos", o prejuízo com categorias funcionais de sujeitos afásicos agramáticos pode ainda afetar o conhecimento acerca da flexão verbal, comprometendo o uso adequado da Morfologia verbal. Tal distúrbio também é identificado nas produções de A.R., uma vez que, no exemplo em (23), a paciente utiliza o verbo em uma de suas formas nominais,[35] o gerúndio 'roubando', mas não o utiliza flexionado, como em 'roubou', nem realiza o auxiliar da locução verbal, que, como explicado no seção sobre Morfologia verbal, carregaria os traços de tempo e concordância em "está roubando". Tal omissão do auxiliar pode ser decorrente de comprometimento com os traços de tempo e concordância presentes no núcleo do sintagma flexional IP, projetado na camada funcional da representação arbórea, camada que tende a estar mais comprometida no agramatismo, conforme apresentado ao final da seção sobre Teoria X-Barra neste texto.

Após avaliação fonoaudiológica completa, A.R. foi diagnosticada como portadora de Afasia de Broca, Patologia que gera o déficit de representação sintática, ou agramatismo, apresentado anteriormente. O agramatismo, como também comentado aqui neste texto, não é um sintoma decorrente exclusivamente de lesão neurológica, uma vez que também está presente nas doenças progressivas, principalmente na APP não fluente.

O importante contraponto entre o agramatismo identificado em um paciente com lesão neurológica – como a paciente vítima de AVE ilustrada nesta seção – e em um com doença progressiva é que o agramatismo relacionado ao primeiro caso instala-se de modo súbito e, com o tempo e a terapia fonoaudiológica, pode até melhorar. No caso das doenças progressivas, por sua vez, o agramatismo vai aparecendo mais devagar, de modo que as omissões de itens funcionais e os problemas com a flexão verbal, por exemplo, vão se instalando aos poucos e progredindo junto com a doença. Assim, a abordagem terapêutica nos dois casos é diferente, principalmente devido à capacidade de recuperação da função alterada em ambos os casos.

A questão primordial concernente à recuperação dos pacientes está relacionada à plasticidade cerebral (sobre essa e outras propriedades do sistema nervoso, confiram o texto deste livro sobre Neurociência da Linguagem). A plasticidade é uma propriedade do sistema nervoso de modificar a sua estrutura e a sua função a partir das experiências. Ela não é linear ao longo da vida: na infância, a capacidade plástica do cérebro é maior e, no envelhecimento, menor, ainda que nunca se esgote totalmente. Assim, comparativamente, a paciente descrita nesta seção tem uma maior chance de recuperação do que um indivíduo idoso com uma perda similar e ambos têm mais chance de recuperação do que um paciente com APP, porque, neste caso, a doença destrói progressivamente a estrutura cerebral, tornando cada vez mais difícil sua adaptação a novas experiências. A terapia fonoaudiológica promoverá um ambiente capaz de gerar experiências eficazes para que essas adaptações plásticas aconteçam, modificando tanto a estrutura quanto a função de regiões cerebrais e permitindo que o cérebro lesionado modifique-se para novamente realizar as funções alteradas pela lesão.

Por meio da exposição do caso clínico de A.R., buscamos evidenciar a pertinência do conhecimento acerca da teoria sintática por fonoaudiólogos. Tal conhecimento possibilitará não apenas a análise das produções linguísticas dos pacientes, com a correta identificação de seus déficits sintáticos, como também a elaboração de tarefas linguísticas que contribuirão para a eliciação das produções linguísticas dos pacientes. Apenas assim será viável tanto o estabelecimento de um diagnóstico preciso como a proposição de uma intervenção terapêutica adequada.

BIBLIOGRAFIA

BLOOMFIELD, Leonard. A set of postulates for the science of language. *Language,* v. 2, 1970, pp. 153-64, Reprinted in Hockett, [1. ed. 1926].

BORGES NETO, José. O empreendimento gerativo. In: MUSSALIM, Fernanda; BENTES, Anna Christina (orgs.) *Introdução à linguística:* fundamentos epistemológicos. São Paulo: Cortez, 2011. pp. 93-130.

CARNIE, Andrew. *Syntax:* a generative introduction. Blackwell Publishing, 2013.

CHOMSKY, Noam. *Syntactic Structures.* The Hague: Mouton, 1957.

_____. *Lectures on Government and Binding.* Dordrecht: Foris, 1981.

FRANÇA, Aniela; FERRARI, Lilian.; MAIA, Marcus. *A Linguística no século XXI:* convergências e divergências no estudo da linguagem. São Paulo: Contexto, 2018.

GUIMARÃES, Max. *Os fundamentos da teoria Linguística de Chomsky.* Petrópolis: Vozes, 2017.

GORNO-TEMPINI, Maria Luisa et al. Classification of primary progressive aphasia and its variants. *Neurology,* v. 76, n.11, 2011, pp. 1006-14.

GRODZINSKY, Yosef. *Theoretical Perspectives on Language Deficits.* Cambridge (MA): MIT Press, 1990.

KENEDY, Eduardo. *Curso básico de Linguística Gerativa.* São Paulo: Contexto, 2016.

_____; OTHERO, Gabriel de Ávila. *Para conhecer Sintaxe.* São Paulo: Contexto, 2018.

MIOTO, Carlos; SILVA, Maria Cristina Figueiredo; LOPES, Ruth. *Novo manual de Sintaxe.* São Paulo: Contexto, 2013.

NOVAES, Celso. *Viver sem linguagem:* linguagem, mente e cérebro. Curitiba: Appris, 2019.

OTHERO, Gabriel de Ávila; KENEDY, Eduardo. *Chomsky:* a reinvenção da Linguística. São Paulo: Contexto, 2019.

Psicolinguística

Marcus Maia, Luciana Mendes e Guiomar Albuquerque

Em julho de 2020, a Organização Mundial da Saúde (OMS), a despeito de estar investindo vultosos recursos em ações relativas à pandemia de COVID-19, significativamente realizou o *1st WHO Infodemiology Conference*, o *Primeiro Congresso Mundial sobre a Infodemia*, no sentido de alertar as populações a respeito do excesso e da manipulação da informação a que estamos submetidos hoje. Segundo a OMS, em um quadro mundial em que a quantidade excessiva de informação, bem como a sua baixa qualidade, estão causando um verdadeiro surto planetário, que tem impactado a saúde física e mental em vários níveis, a **crise infodêmica** acaba por atuar como um fator virtualmente patogênico que, similarmente às ações de vigilância epidemiológica, na pandemia, requer ações também urgentes de **vigilância epistêmica** que possam fornecer proteção e autodefesa às populações afetadas.

Um fator importante no diagnóstico das crises infodêmicas, que podem vir a caracterizar déficits emocionais e cognitivos, é a retomada e a divulgação apropriada dos saberes científicos que têm sido amplamente questionados nas mentalidades coletivas das sociedades do planeta, por interesses que nem sempre visam ao bem comum. Embora em fase aguda no presente momento, as crises infodêmicas se beneficiam de ações sistemáticas que já estão em curso sub-repticiamente nas mídias há muitas décadas. Um caso de estudo, frequentemente citado, diz respeito às ações da indústria de cigarros a partir da década de 1950, quando já havia massa crítica elevada de informação deixando claro os malefícios do hábito de fumar. Diversos estudos estabeleceram que um processo sistemático de desinformação levado a efeito na mídia para prolongar o consumo de tabaco e os lucros da indústria foi o de desqualificar as informações que já indicavam correlações importantes entre a nicotina e doenças coronarianas e pulmonares graves. Levantando dúvidas na mídia sobre as pesquisas, procurando demonstrar que eram ainda inconclusivas, os fabricantes e o marketing eficiente que contrataram tiveram êxito em prolongar doenças lucrativas, infelizmente. Assim, conforme avaliado pela OMS, ações contrainfodêmicas são verdadeiras vacinas para ampliar a autodefesa das populações dos diferentes países, que são alvo dessas campanhas de insalubridade mental e física.

Uma importante ação contra-infodêmica é justamente o exercício da **interdisciplinaridade** entre as ciências e a sua divulgação social apropriada, criando redes de ensino e transmissão de saberes que podem subsidiar sistemas de vigilância epistêmica e autodefesa cognitiva e emocional. No presente capítulo, procuraremos apresentar e avaliar ações interdisciplinares que vêm sendo desenvolvidas há mais de duas décadas no âmbito do curso de Fonoaudiologia da Universidade Federal do Rio de Janeiro entre a Psicolinguística, a Fonoaudiologia e a Educação, com o objetivo de procurar aprofundar e divulgar essas relações que podem ter, como vimos acima, desdobramentos importantes não só para o curso de Fonoaudiologia, mas também para contribuir para qualificar professores e alunos, inspirando-os a serem agentes de mudanças paradigmáticas muito necessárias para enfrentarmos a terrível crise infodêmica que nos ameaça a todos.

O capítulo se organiza da seguinte forma. Na seção O surgimento da sicolinguística, apresenta-se a disciplina, revisando brevemente, em linguagem clara e objetiva, a sua formação no âmbito da Revolução Cognitivista da metade do século XX. Na seção Dislexia e estudos da Psicolinguística, discute-se a Dislexia, na seção TDAH e estudos da Psicolinguística, o Transtorno do Déficit de Atenção e Hiperatividade – TDAH. Na seção Relatos de casos, apresentam-se brevemente relatos de casos e, na seção Considerações finais, fazem-se as considerações finais do capítulo.

O SURGIMENTO DA PSICOLINGUÍSTICA

A Psicolinguística é uma das ciências cognitivas que resultaram da intensa interação entre pesquisadores de diferentes áreas do conhecimento interessados em explorar alternativas ao antimentalismo predominante na primeira metade do século XX, sob a égide do behaviorismo ou comportamentalismo. Um dos expoentes da corrente comportamentalista, o psicólogo norte-americano B. F. Skinner, após décadas de testes com animais, lançara em 1957 o livro *Verbal Behavior* – Comportamento Verbal –, em que pretendia estender seus achados sobre o condicionamento operante, baseado em noções como estímulo, resposta, reforço, punição, para explicar a linguagem humana. O condicionamento operante skinneriano elaborava sobre o condicionamento clássico proposto pelo fisiologista russo Ivan Pavlov. Em sua pesquisa, Pavlov descobriu que, embora algumas respostas comportamentais de animais fossem instintivas, outras podiam ser associadas a estímulos específicos, produzindo reflexos condicionados. Em um dos estudos mais conhecidos, Pavlov separou grupos de cães, que treinava, apresentando estímulos isoladamente ou em associação. No grupo que recebia alimento em associação ao toque de um sino, dava-se a formação de reflexo condicionado, ou seja, o simples toque do sino, sem a apresentação do alimento, já era suficiente para estimular a resposta comportamental de salivação, nos cães. Essas descobertas de Pavlov influenciaram profundamente a ciência na primeira metade do século XX, inicialmente na Psicologia, mas também impactando teorias de aprendizagem, com aplicações na educação e na propaganda de interesse comercial, político ou religioso.

Em seu trabalho, Skinner contrapôs ao condicionamento clássico pavloviano, a noção de condicionamento operante. Entre outras técnicas de estudo do comportamento animal, destaca-se a *Skinner box* – a caixa de Skinner, em que o psicólogo prendia animais como ratos ou pombos, observando seu comportamento ao pressionar ou bicar alavancas e botões na caixa que era conhecida justamente como câmara de condicionamento operante. Explorando a câmara, os animais acabavam por acionar uma alavanca específica que produzia como resposta a liberação de alimento. Com base nesses estudos, Skinner propôs que o comportamento é contingenciado pelo reforço positivo ou negativo. Em alguns testes, por exemplo, o pombo só obtinha um grão de milho se fizesse uma sineta tocar. Skinner, então, avalia que a sequência de eventos era, de fato, oposta ao que ocorria no condicionamento pavloviano clássico, que seria simplista ou mecânica. Ao invés de produzir uma resposta comportamental posterior ao estímulo do alimento, o animal recebia o alimento como consequência do seu comportamento que poderia ser modelado em diferentes esquemas de reforço que podiam incluir até choques elétricos.

Como dissemos acima, após décadas de estudos com animais, Skinner escreve o livro publicado em 1957, que seria a coroação de sua carreira, propondo que o comportamento verbal humano poderia ser entendido a partir do quadro conceitual behaviorista. O livro de Skinner recebe em 1959 uma resenha crítica de Noam Chomsky que muitos consideram propulsora de uma revolução nos paradigmas vigentes e fundadora da chamada revolução cognitivista da metade do século XX. Na resenha, Chomsky faz uma crítica contundente e convincente do aparato analítico do behaviorismo trazido por Skinner para explicar a linguagem humana. Por exemplo, no livro, Skinner dizia que a aprendizagem linguística se daria por estímulo e reforço, exemplificando com o caso de alguém que aprende sobre a pintura holandesa, observando quadros desse estilo. Em seguida, apresentado a um tal quadro, diria "quadro de pintura holandesa". Chomsky demole esta explicação, argumentando que, de fato, a linguagem humana é muito mais criativa, não podendo a resposta verbal ser determinada por estímulo. Por exemplo, como prever a resposta de alguém diante de um quadro? Poderia se dizer "não gostei", "é triste", "está torto na parede", entre as muitas possibilidades.

Com o descrédito do behaviorismo, cientistas de diferentes áreas, tais como a Linguística, a Psicologia, a Neurologia, a Antropologia, a Filosofia, a Ciência da Computação, a Educação, passam a interagir intensamente, estabelecendo-se programas interdisciplinares, com o intuito de pesquisar a mente e seu funcionamento. A Psicolinguística moderna é fruto desse empreendimento no âmbito das ciências cognitivas.

O novo paradigma de estudos da linguagem e da mente impulsiona muitas pesquisas, congregando psicólogos e linguistas em torno das propostas da Linguística Gerativa de Noam Chomsky. Chomsky diferencia a **competência** linguística – o conhecimento internalizado da linguagem – **do desempenho**, o acesso a esse conhecimento para compreender e produzir frases em situações específicas. O binômio competência / desempenho baliza as pesquisas sobre o que se passa a chamar a realidade psicológica da linguagem. O psicólogo George Armitage Miller sintetiza a primeira grande teoria em Psicolinguística, a **Teoria da Complexidade Derivacional** – através do chamado cubo de transformação sentencial ou "cubo de Miller":

Figura 1: O Cubo de Miller

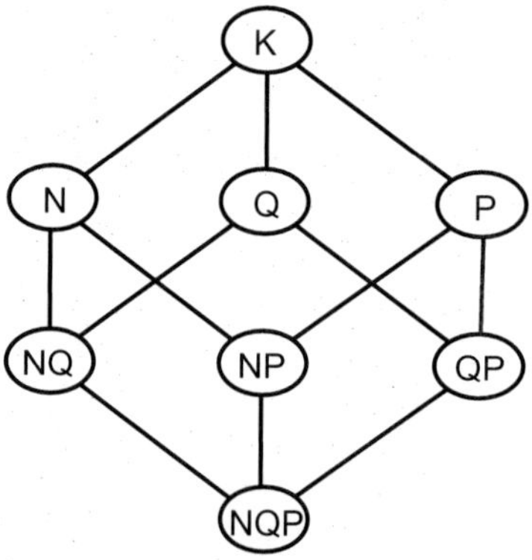

O cubo indica que o nó K (*kernel*, em inglês) denota a construção mais básica e menos marcada. Segundo Miller; Chomsky (1963), o desempenho em testes de julgamento de valor de verdade de frases seria uma função do grau de complexidade das transformações aplicadas sobre a base. Assim, por exemplo, uma frase declarativa afirmativa como "6 precede 13" seria a base, portanto a mais fácil de avaliar em termos do grau de verdade. Quanto mais longe do *kernel*, mais difícil vai ficando a avaliação. Por exemplo, a negativa "6 não precede 13"

no vértice N, bem como a interrogativa "6 precede 13?", no vértice Q, e a passiva "13 é precedido por 6", no vértice P, seriam mais difíceis de processar do que a base declarativa afirmativa. Já uma frase negativa passiva NP, como "13 não é precedido por 6", uma negativa interrogativa NQ "6 não precede 13?", ou uma interrogativa passiva QP como "13 é precedido por 6" seriam ainda mais difíceis, por se afastarem dois vértices da base K. A frase mais difícil seria a do vértice mais distante ainda NQP "13 não é precedido por 6?". Embora outros estudos da época tenham deixado de comprovar a Teoria da Complexidade Derivacional proposta por Miller e colegas, indicando que certas operações de movimento poderiam, de fato, não serem mais custosas e levando à chamada "crise da teoria da complexidade derivacional" (cf. Fodor; Bever; Garrett, 1974), avaliações posteriores têm concluído que a correlação entre complexidade estrutural e complexidade perceptual é fundamental em psicolinguística. Por exemplo, Marantz (2005) conclui que a dita falência da *Derivational Theory of Complexity*, a DTC, na sigla em inglês, deve ser discutida em termos dos modelos gramaticais, bem como em relação às teorias e métodos psicolinguísticos da época, preservando-se a ideia central da DTC.

Desde a sua formação inicial, a Psicolinguística vem aplicando e desenvolvendo o método experimental no estudo da linguagem. Técnicas como a leitura automonitorada, o paradigma de *priming* com decisão lexical ou reconhecimento de sonda, inventadas já nas fases iniciais dos estudos psicolinguísticos, são muito usadas ainda hoje. A leitura automonitorada consiste na apresentação de uma frase, dividida em segmentos, medindo-se os tempos médios de leitura de cada segmento, nas diferentes condições experimentais. O paradigma de *priming* baseia-se em um tipo de memória implícita em que determinadas formas linguísticas pré-ativam ou reativam outras. Assim, como demonstrado por Meyer; Schvaneveldt (1971), os participantes de um experimento decidem em média mais rapidamente que um item como *bread* "pão" é de fato uma palavra da língua quando antecedido por *butter* "manteiga" do que quando antecedido por *nurse* "enfermeira". Já *nurse* reativa mais rapidamente *doctor*, por se encontrar no mesmo campo semântico. O *priming* tem também sido demonstrado em relação a estruturas morfológicas e sintáticas. É muito comum que a técnica de *priming* seja acoplada a tarefas de decisão lexical ou de reconhecimento de sondas. No primeiro caso, na tarefa de decisão lexical, pode-se medir tanto os índices, quanto as latências médias de aceitabilidade e recusa de palavras, que podem ser comparadas a pseudopalavras, indicando, assim, diferenças na pré-ativação do *prime*. No segundo caso – a tarefa de reconhecimento de sonda – pode-se apresentar um vocábulo sonda, solicitando-se que se decida sobre a sua presença ou não na frase lida ou ouvida, medindo-se, igualmente, índices e latências de acurácia nas respostas.

Mesmo uma técnica tradicional como o julgamento de aceitabilidade/ gramaticalidade de uma frase beneficia-se de mensurações cronométricas nos experimentos. Assim, uma frase interrogativa múltipla como "Quem fez o quê?" costuma ser mais aceita e em tempos médios mais rápidos do que "Quem o que fez" e mais ainda do que "O que quem fez", em que o pronome interrogativo de objeto passa por cima do pronome interrogativo de sujeito, violando a condição de superioridade, uma regra da gramática.

A técnica de rastreamento ocular permite, sem dúvida, a aferição psicolinguística mais direta, garantindo que a leitura seja feita de modo natural, sem a necessidade de divisão da frase em segmentos, como é necessário fazer na leitura automonitorada. Compare-se, por exemplo, a leitura obtida através de rastreamento ocular por um participante de teste conduzido em Maia; Nascimento (2020):

Figura 2: Mapas de fixação da leitura comparativa de frases

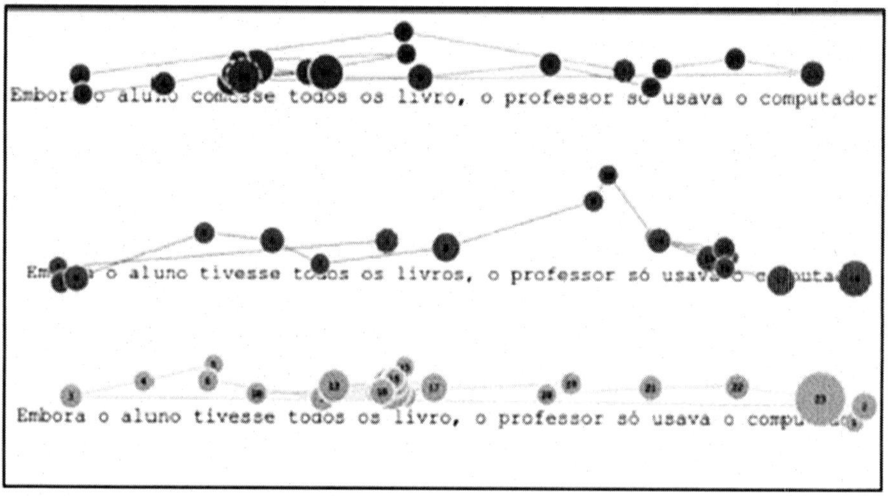

Fonte: Elaborado pelo autor.

A figura acima ilustra a representação em mapas de fixação, indicando o número e duração das fixações, bem como a movimentação sacádica do olhar. Vejamos a frase no meio, no quadro acima, que é bem formada sintática e semanticamente. Onde houve maiores números de fixação ocular na leitura? Se você respondeu na área do verbo da oração principal, acertou, pois essa região obteve cerca de cinco fixações. O que acontece na primeira frase do quadro em comparação com a frase do meio, que acabamos de analisar? Há nessa frase uma anomalia semântica, pois o verbo <u>comer</u> não seleciona normalmente o complemento <u>livro</u>. Observem que essa inadequação semântica levou o leitor a fixar mais intensamente essa área, ao contrário do leitor da frase anterior, que teve maior duração de fixação no verbo da oração principal. E a terceira frase? Essa frase tem um problema de concordância, que é de natureza morfossintática. Notem como também houve um deslocamento da atenção significativamente para a região problemática.

Esses dados de fixação ocular representados na figura 2 já nos permitem avaliar a técnica, que é bastante direta e nos entrega informações sobre a leitura no momento mesmo em que o texto é lido. Ou seja, ao contrário da avaliação de compreensão leitora que geralmente é feita através de perguntas interpretativas após a leitura, a metodologia de rastreamento ocular nos dá uma apreciação direta do processamento na hora exata em que este ocorre. Esta é uma medida dita on-line, enquanto que a avaliação posterior da compreensão através de perguntas é uma medida *off-line*. As medidas *on-line* são mais reflexas, refletem procedimentos de processamento mais automáticos, ao passo que as medidas *off-line* são mais reflexivas. O uso do método experimental, analisando medidas desses dois tipos tem tido grande impacto nos estudos linguísticos, influenciando positivamente tamoém o equacionamento de questões teóricas.

Figura 3: Componentes da metodologia experimental

O método experimental

- A hipótese experimental
- A hipótese nula
- As variáveis
  - independentes
  - dependentes
  - irrelevantes / estranhas / imprevistas
  - controladas
- As condições experimentais
- As condições de crontrole
- Design experimental
- Tarefa experimental
- Mesmo grupo de sujeitos (*within subjects*)
- Entre sujeitos (*between subjects*)
- Quadrado Latino
- Os materiais
- O relatório do experimento

Para ser usado com sucesso, o método experimental precisa desenvolver criteriosamente o *design* do experimento, incluindo a definição de hipóteses, com vistas a rejeitar a hipótese nula ou H0, para evitar os chamados erros do tipo I e do tipo II. O primeiro tipo de erro também é chamado de **falso positivo** e consiste em se aceitar uma H0 verdadeira. O erro do tipo II é o **falso negativo**, quando se rejeita uma H0 que, de fato seria verdadeira. O experimento deve, portanto, definir com clareza as **variáveis independentes**, que são os fatores manipulados no teste e que podem ter vários níveis, de modo a obter as medidas, ou **variáveis dependentes** do teste. É preciso controlar ao máximo as variáveis irrelevantes, estranhas, imprevistas, muitas vezes estabelecendo condições de controle. Em um bom *design* experimental, tem-se também que propor tarefas claras aos participantes, pois muitos erros podem derivar da falta de compreensão adequada da tarefa. As condições experimentais costumam ser distribuídas em versões no chamado **quadrado latino**, em que todos os participantes são expostos a todas as condições, mas não a materiais com o mesmo conteúdo lexical. Os materiais devem ser pensados com cuidado, controlando-se tamanhos e frequências de ocorrência, tendo em vista também a familiaridade que os grupos testados tenham com eles.

Procuramos nesta seção apresentar a disciplina Psicolinguística, partindo de sua relevância interdisciplinar em um mundo infodêmico para, em seguida, discutir em grandes linhas sua formação histórica no âmbito da revolução cognitivista na metade do século XX, focando finalmente na apresentação de algumas de suas questões teóricas centrais e de seus métodos e técnicas. As próximas duas seções do capítulo exploram esse potencial investigativo único da disciplina para o estudo de distúrbios, tais como a dislexia e o transtorno do déficit de atenção e hiperatividade.

DISLEXIA E ESTUDOS DA PSICOLINGUÍSTICA

Nesta seção, serão descritos alguns estudos que aliam a Fonoaudiologia e a Psicolinguística, apresentando evidências de ganho científico em ambas as áreas de conhecimento. Serão discutidos experimentos de leitura automonitorada seguida de decisão lexical, *priming* morfológico auditivo e visual com decisão lexical e por fim um estudo de processamento visual, utilizando a técnica de rastreamento ocular de pares de figuras parecidas e estilos de grafia de letras. Foram contrastados grupos de crianças com e sem dislexia por ser esta uma boa prática nos estudos experimentais nos quais não se tem respostas padronizadas a determinados estímulos e estes precisam ser bem controlados, além de serem motivados por variáveis independentes e dependentes.

A dislexia

Dislexia é um transtorno do neurodesenvolvimento de causa multifatorial que afeta a aprendizagem da leitura primariamente na sua fase de decodificação e consequentemente pode interferir na compreensão do que é lido, é um déficit no mecanismo fonológico da leitura. Seu diagnóstico é multidisciplinar, envolvendo avaliação de vários profissionais, como médico, fonoaudiólogo, neuropsicólogo, dentre outros. A persistência dos sintomas é relevante, estes podem ser minimizados, mas não curados, permanecendo por toda a vida do indivíduo. O balizador diagnóstico é descrito nos manuais CID-10 (Classificação Estatística Internacional de Doenças e Problemas Relacionados com a Saúde - 10ª edição) e DSM-V (Manual de Diagnóstico e Estatístico das Perturbações Mentais - 5ª edição). Ambos orientam descartar comprometimento primário da inteligência, fatores genéticos, emocionais e/ou orgânicos.

Em termos de funcionamento cerebral na dislexia, estudos de neuroimagem observaram alterações funcionais do cérebro: hiperativação da área de Wernicke, circunvolução angular e no córtex estriado, e relativa hiperativação ao nível da circunvolução frontal inferior, como pode ser visto no livro da Shaywitz em 2006 *Entendendo a dislexia: um novo e completo programa para todos os níveis de problemas de leitura*. Dehaene publicou em seu livro *Os neurônios da leitura* em 2012 evidências de falhas na migração neuronal, etapa esta do desenvolvimento cerebral que interfere na formação dos sulcos cerebrais e suas especificidades. Desta forma, os neurônios que guardam a especificidade da leitura podem migrar para regiões distantes das áreas destinadas, formando ectopias.

Os indícios de dislexia podem ser observados desde a fase pré-escolar, interferindo em habilidades necessárias ao aprendizado formal da leitura como a **consciência fonológica** (capacidade de manipular e refletir sobre as unidades da estrutura da palavra), o **acesso lexical** (habilidade em acionar rapidamente informações armazenadas no léxico), a **memória operacional** (memória de armazenamento imediato que utilizamos na resolução rápida de problemas e raciocínio). Vários autores já comprovaram isso, dentre eles Capovilla; Capovilla em 2000. Os sintomas persistem e se manifestam mais evidentemente da alfabetização em diante, com lentidão do padrão de leitura, sendo silabado, e com velocidade abaixo do esperado para idade e nível escolar da criança. As falhas de compreensão de leitura são consequência desta lentidão, principalmente quando silenciosa, por ausência do automonitoramento auditivo. Na leitura também podem ocorrer adivinhações de palavras (aproximações lexicais); substituições de palavras funcionais (elementos de ligação); estrefossimbolia (inversão, espelhamento da letra); dificuldade de leitura de palavras irregulares (fixo lê como ficho) e palavras de maior comprimento. Na escrita, habilidade intimamente relacionada à leitura, pode-se observar o uso restrito do vocabulário e de palavras funcionais (elementos de coesão); escrita apoiada na oralidade (olhando/olhano, gosta de brincar/gosta di brinca); troca de letras que se assemelham, visualmente e/ou auditivamente (gota/cota, vida/viba, feliz/veliz, também/tampem, fita/fida); omissões ou acréscimos de letras ou sílabas (corta/corota); junções e separações de palavras de forma inadequada (se puder/sepuder), como descrito em Shaywitz (2006) e Dehaene (2012).

Estudos de leitura monitorada e Sintaxe na dislexia

Poucos são os estudos de Sintaxe e dislexia uma vez que a base da dificuldade é fonológica, mas sendo a linguagem complexa em sua estrutura, este estudo aqui descrito pretendeu observar como a criança disléxica processa sentenças e frases. A técnica utilizada foi a leitura automonitorada, seguida de decisão lexical. Assim, a análise do processamento sintático ocorreu em dois estágios, um mais imediato, dito *on-line* e outro mais tardio e de interpretação, dito *off-line*. O contexto utilizado foi o de orações relativas apostas a um sintagma nominal complexo, paradigma amplamente explorado em adultos sem alterações de leitura em diversas línguas, correlacionando línguas, como proposto inicialmente como universal por Frazier, em 1979, questionado por Cuetos e Mitchell em 1988 e investigado por muitos outros pesquisadores em sequência. No Brasil, vale destacar os estudos de Ribeiro em 1999. A referência teórica se justifica na Teoria do *Garden Path*, que afirma que diante de frases que podem sugerir duas interpretações (ambiguidade), a fase inicial do processamento é reflexa e mais imediata, com a ação de um analisador sintático (*parser*), seguida da fase de interpretação e análise Semântica. Em adultos, estes estudos comprovaram que há preferência em ligar a oração relativa ao sintagma mais próximo na fase reflexa (preferência local).

No estudo com disléxicos, não houve ambiguidade porque esta foi desfeita pela concordância de número, como nos exemplos: "(1) Lucas atendeu a vizinha dos bombeiros que correrá de tênis. (2) Lucas atendeu a vizinha dos bombeiros que correrão de tênis. (3) Lucas atendeu as vizinhas do bombeiro que correrão de tênis. (4) Lucas atendeu as vizinhas do bombeiro que correrá de tênis". Ao final, uma pergunta checava a compreensão: "Quem correrá de tênis? (A) o bombeiro (B) a vizinha".

Os resultados revelaram extrema lentidão no grupo disléxico em comparação ao grupo sem dislexia, chegando a ser, em média, três vezes maior o tempo. O grupo sem dislexia preferiu a aposição local na frase. Nas crianças com dislexia, não houve preferência por localidade, pois demoraram mais tempo em processar este tipo de estrutura em qualquer estilo. A condição de número, plural ou singular, não interferiu no estágio inicial, pois crianças com ou sem dislexia tiveram os mesmos tempos de leitura. No estágio reflexivo do processamento, sob influência da Semântica, ambos os grupos preferiram a aposição não local. Assim, conclui-se que, embora exista diferenciação no processamento *on-line* entre disléxicos e não disléxicos, na interpretação final das frases, não há. Os disléxicos parecem utilizar pistas semânticas ou mesmo a saliência conceptual do núcleo do sintagma complexo para compreender.

Este estudo mostra o quanto de esforço e tempo gasta o sujeito disléxico para processar um estímulo lido, e mesmo assim a análise sintática equivale a de quem não tem o distúrbio. Num texto, que agrupa várias sentenças, a compreensão pode ser afetada uma vez que há sobrecarga para a memória operacional, por demora do processamento. Este padrão de lentidão justifica condutas de adequações e/ou adaptações na escola a fim de fornecer aos disléxicos mais tempo de execução em provas e atividades que envolvam leitura.

Estudos de *priming* morfológico visual e auditivo na dislexia

Outro estudo com disléxicos usou experimentos com enfoque na Morfologia para observar se exerceria influência no reconhecimento de palavras. Foram realizados dois experimentos de *priming* morfológico, um visual e outro auditivo, seguido de tarefa de decisão lexical. O enfoque teórico linguístico foi o Modelo da Morfologia Distribuída, proposto por Halle; Marantz em 1993, que preconiza que a computação sintática opere por fases com unidades desprovidas de som. Assim, há seleção e inserção de peças de vocabulário nos nós terminais da Sintaxe, gerando a forma morfofonológica final da derivação. A Sintaxe atua dentro da palavra e nos elementos relacionados na frase, combinando elementos dentro e fora das palavras – *Syntax all the way down*.

Há alguns estudos que já buscaram pormenorizar como disléxicos reagem à Morfologia e estes mostram que o conhecimento morfológico pode auxiliar precocemente na aprendizagem da leitura e que o uso implícito desse conhecimento deve ser incorporado aos modelos de aquisição da leitura para uma descrição mais precisa e completa do desenvolvimento de escrita e reconhecimento de palavras, como já visto por Colé et al. (2003) e Mota (2009). Assim, Sintaxe, Morfologia e Ortografia podem ser preditores importantes de precisão de leitura entre disléxicos e leitores normais.

No estudo aqui descrito foi explorada a relação entre pares de palavras, por Morfologia flexional (mala/malinha), Morfologia derivacional (mala/maleiro) e Fonologia (mala/cavala). Para controle destes estímulos-alvo foram usadas palavras não relacionadas (mala/barriga). Ao final, havia uma tarefa de decisão lexical para checar a compreensão. Como no estudo de Sintaxe, houve medida de processamento em dois estágios, *on-line* e *off-line*. Os resultados mostraram, mais uma vez, lentidão de processamento da informação linguística nas crianças com dislexia (para estímulos visuais e auditivos). O grupo controle não apresentou facilitação fonológica ou morfológica para estímulos ouvidos, ao contrário do que aconteceu para estímulos visuais, onde se observou gradação nas respostas: mais rápidos na identificação de estímulos não relacionados, seguida da Morfologia flexional, e posteriormente da derivacional e por último da condição fonológica. Isto pode ser justificado pelo fato dos estímulos ouvidos serem processados em áreas diferentes dos visuais, já descrito em Dehaene (2012). Os disléxicos também não apresentaram facilitação morfológica ou fonológica nos estímulos ouvidos, só foram mais lentos. Entretanto, nos estímulos visuais, foram mais rápidos na condição morfológica, evidenciando facilitação nas condições flexional e derivacional, sem diferir em predileção e foram mais lentos na condição fonológica. Os estudos de Garcia, em 2009, no Brasil, com adultos sem dificuldade de leitura já haviam apontado a ocorrência de facilitação morfológica. A preferência pela Morfologia flexional das crianças sem alteração de leitura teria ocorrido pelo fato de os sufixos INHO/INHA serem mais frequentes no vocabulário desde a aquisição da linguagem oral do que EIRO/EIRA. A lentidão observada nos dois grupos para estímulos fonológicos indica que, ao invés de facilitar, o *prime* retardou o reconhecimento, provocando o **Efeito de Inibição Fonológica** – *Phonological Inhibition*, descrito por outros autores, dentre eles Pylkkänen, Gonnerman, Stringfellow e Marantz (2002).

Pode-se, então, concluir que a Morfologia pode ajudar na decodificação de crianças com e sem dislexia, o que pode ser um fator a ser explorado que auxilie no processo de aprendizagem da leitura.

Rastreamento ocular e dislexia

O próximo estudo com dislexia discute conhecimentos interdisciplinares entre as Ciências de Educação, Fonoaudiologia e Linguística, através de um experimento com rastreamento ocular. A motivação principal foi o fato de crianças disléxicas confundirem ou espelharem, na leitura e na escrita, letras semelhantes, mas diferentes por sua disposição espacial, como p/d/q/b, t/f/, l/i, m/n, por exemplo. Esta ocorrência é comum no início da aprendizagem, mas não deve persistir na evolução da leitura. Além disso, algumas escolas adotam a transição de grafia maiúscula, *script* e cursiva e algumas crianças apresentam dificuldade neste processo. Assim, dois experimentos psicolinguísticos foram realizados, um com figuras parecidas, diferindo por posição espacial de horizontalidade e verticalidade e outro com estilos de letras. O contexto teórico se ancora nos conceitos de plasticidade cerebral e desenvolvimento ontogenético da escrita.

A leitura se dá a partir da identificação e decodificação de um estímulo visual e posteriormente o cérebro necessita compreender este estímulo. Os movimentos dos olhos rastreiam o mundo podendo ser rápidos ou lentos, longos ou curtos e em todas as direções (direita, esquerda, para cima e para baixo), podem saltar em alguns estímulos, negligenciar outros e assim permitem inferir sobre diferentes aspectos do conhecimento, ajudando o indivíduo a formar conceitos e memórias, como analisado por Dehaene, 2012 e Maia, 2015. O processamento visual é realizado no córtex occipital esquerdo, área conhecida por ser ativada por recrutamento da linguagem, e nesta mesma área, disposto em camadas do ventre para a periferia do córtex, ocorre o reconhecimento de imagens, rostos, palavras e objetos. Assim, através da especificidade do cérebro e da **plasticidade neuronal, arquitetura neuronal** e a **matriz cognitiva humana**, traços elementares e invariantes de faces, imagens e objetos possibilitam o aprimoramento para processar informações de signos, como letras e números, formando novas conexões cerebrais – economia cognitiva. (Dehaene, 2012)

Os símbolos utilizados na escrita também evoluíram ao longo do tempo para serem padronizados e possibilitar interpretação universal. Letras, números e símbolos de pontuação, por exemplo, foram criados derivados de imagens que a retina humana foi capturando ao longo de sua evolução e armazenando na memória visual. Essa constância nos símbolos – sistematicidade – é que permite associar letras a imagens e figuras, como preconizam Scliar-Cabral em 2015 e Dehaene em 2012. Estes autores avaliam que, graças a esta habilidade do cérebro em correlacionar, a criança deve iniciar o processo de alfabetização com o cérebro capaz de reconhecer objetos, imagens, ler estas imagens extraindo informações relevantes, para assim iniciar o aprendizado do código da escrita, que lhe será formalmente ensinado. Na escola, os professores mediarão a aprendizagem da leitura para favorecer a decodificação de palavras e textos – ensino formal e sistemático.

Sob este enfoque foi desenvolvido o experimento de rastreamento ocular para observar o processo de reconhecimento e reação da criança diante de figuras espelhadas e letras em grafias diferentes. Maia (2015) descreve que os movimentos oculares captados pelo rastreador ocular (*eyetracking*) incluem fixações (primeira análise do estímulo), sacadas (pequenos saltos dos olhos) e regressões (retomadas para conferir e certificar). Estes são reflexos e autônomos, tal como o processo digestório no organismo.

O primeiro experimento foi realizado com figuras dispostas em pares iguais (com linhas contínuas e descontínuas), pares diferentes por características horizontais, verticais e diferenças diversas. A criança deveria olhar para as figuras e responder se seriam iguais ou não olhando para retângulos escritos SIM/NÃO na tela do computador. As medidas de análise foram o tempo da primeira fixação e o local desta fixação (se no vértice ou não), além dos índices de acerto das perguntas.

Os resultados mostraram que crianças sem dislexia buscam diferenças em pontos chaves da figura e os disléxicos vagam com os olhos por todo o espaço sem ir ao ponto alvo (vértice ou centro da figura). Para as crianças sem dislexia, o fato de os vértices estarem distanciados não foi relevante, já os disléxicos falharam na detecção de igualdade de figuras de vértices distanciados porque não conseguiram realizar a adequada **simetrização** dos estímulos visuais, provavelmente. Esta habilidade, como descrito por Dehaene em 2012 e por Scliar-Cabral em 2015, permite ao indivíduo reconhecer qualquer objeto mesmo que rotacionado em seu eixo, formar uma imagem em paralelo e comparar com a que foi armazenada em seu léxico mental. Quanto às relações espaciais, o grupo sem dislexia foi mais sensível aos estímulos diferentes por característica diversa, seguido dos diferentes por verticalidade e depois horizontalidade, nesta ordem. Já os disléxicos não perceberam as diferenças por horizontalidade, verticalidade e diferenças diversas, pois apresentaram o mesmo tempo entre estas características na primeira fixação ocular. A figura 4 mostra os mapas de calor, que mediram a atividade visual em cada ponto. Disléxicos demoraram mais com os olhos num ponto, analisando as diferenças e dispersaram mais os olhos no espaço, o que justifica a lentidão de processamento.

Figura 4: Mapas de calor dos grupos controle e dislexia.

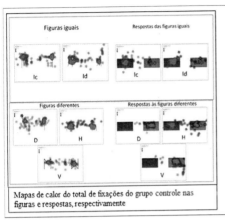 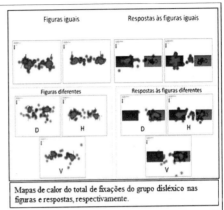

Fonte: Mendes, 2015.

Complementarmente foi desenvolvido outro experimento com rastreamento ocular e estilos de letras, como exemplificado na figura 5 a seguir:

Figura 5: Exemplo de estilos utilizados no experimento de rastreamento ocular e letras.

Maiúscula	*Script*	Cursiva
ABC	abc	*abc*

Fonte: Mendes, 2015.

As letras foram apresentadas pelo *eyetracker* em pares, combinando os diferentes estilos, e ao final, a criança deveria olhar as placas SIM/NÃO, para responder se as letras tinham o mesmo som.

O grupo sem dislexia foi mais rápido no estilo maiúsculo, seguido do *script* e posteriormente o cursivo no processamento imediato. Os disléxicos também preferiram o estilo maiúsculo e tiveram o mesmo tempo de fixação nos estilos *script* e cursivo, o que evidencia maior demanda cognitiva. A identificação sonora das letras foi quase igual em ambos os grupos, sem diferenças significativas estatisticamente. (Mendes, 2015).

Os *gazeplots* apresentados na figura 6 comparam a movimentação ocular durante o reconhecimento visual entre os grupos. Observa-se maior atividade nos disléxicos, o que mostra maior esforço para analisar.

Figura 6: *Gazeplot* **comparativo entre disléxicos e bons leitores para estilos de letra.**

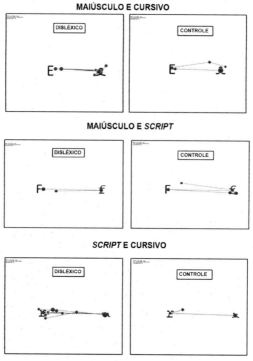

Fonte: Mendes, 2015.

Estes achados corroboram o que foi descrito por Dehaene em 2012, de que as letras do estilo *script* se caracterizam por menos traços retos em relação às maiúsculas e por mesclas de retas e arredondamentos, confundindo vértices e curvas, o que pode justificar a lentidão de reconhecimento. A constância de forma e previsibilidade, características primárias do desenvolvimento visual humano, parecem ser ainda mais relevantes para os disléxicos, que são significativamente mais rápidos em letras maiúsculas.

Estes estudos com rastreamento ocular mostraram que diferenças de traços entre imagens, letras e números podem ser relevantes e afetar a percepção de crianças com dislexia. Sabe-se que, após estimulação, áreas cerebrais podem ser ativadas para compensar certas dificuldades e possibilitar o aprendizado, principalmente se ocorrer de forma precoce, regular e constante. Assim, treinar a percepção visual de figuras, o reconhecimento de letras em traçados diferentes auxiliaria a decodificação e a percepção de diferenças sutis entre letras como p/d/q/b, ou l/i/j, por exemplo. Aprendizes disléxicos certamente se beneficiariam e ganhariam maior autonomia nos processos de leitura com esse treinamento desde a fase inicial na escola.

TDAH E ESTUDOS DA PSICOLINGUÍSTICA

Esta seção apresentará estudos da interface entre a Fonoaudiologia e a Psicolinguística, dando ênfase a um transtorno de comportamento que preliminarmente não seria objeto de estudo da Fonoaudiologia, o TDAH. Serão retratados cinco experimentos psicolinguísticos com metodologias distintas entre si e que ajudaram a caracterizar a leitura de indivíduos com TDAH e demonstraram que a relação entre a Fonoaudiologia e o TDAH pode ser mais estreita do que se supunha. Foram realizados dois experimentos de Decisão Lexical, sendo um deles com *input* visual e outro com *input* auditivo, e três experimentos de leitura automonitorada, a saber, leitura automonitorada de palavras em frases, de palavras isoladas e de frases com relações correferenciais. A natureza do TDAH é de base comportamental e, portanto, não há evidências de comprometimentos dos níveis linguísticos que estruturam as línguas naturais.

O TDAH

O TDAH é um transtorno comportamental que pode acometer o indivíduo desde a infância e é caracterizado por comportamentos desatentos, hiperativos e/ou impulsivos em excesso, de maneira persistente e que compromete funcionalmente a vida da pessoa ou o seu desenvolvimento. A desatenção pode ser manifestada por pouco tempo de foco a uma tarefa ou divagação. A hiperatividade é representada por comportamento agitado ou inquieto, sobretudo em momentos que o indivíduo deve permanecer parado ou quieto. A impulsividade refere-se à dificuldade de esperar a vez, inclusive para falar, ou mesmo à dificuldade para tentar planejar uma ação antes de executá-la, pois trata-se de uma falta de controle inibitório referente ao comportamento individual. Para o diagnóstico do TDAH há critérios específicos que devem ser cuidadosamente observados e avaliados por profissionais médicos e psicólogos com experiência clínica no assunto. Os manuais CID-10 e DSM-V orientam o seu diagnóstico, apresentando critérios específicos que abarcam os sintomas e enfatizam que estes devem estar presentes antes dos 12 anos de idade e causar comprometimento funcional ou desenvolvimental à vida do indivíduo; devem estar presentes num período de pelo menos os últimos seis meses; não podem ser justificados por outro transtorno ou por algo que aconteceu na vida do sujeito e devem ocorrer ao menos em dois ambientes ou contextos, casa e escola ou casa e trabalho, por exemplo (APA, 2014).

Nos estudos de neuroimagem e TDAH observa-se alteração funcional do cérebro por hipoativação das áreas pré-frontais, regiões anteriores, caudado e cerebelo decorrente da diminuição do metabolismo de glicose, que seria a "responsável por controle de impulso, ação reguladora do comportamento, planejamento de ações, regulação do estado de vigília, por filtrar estímulos irrelevantes e por estabelecer conexões com o sistema límbico", de acordo com Simão e colaboradores em 2010.

É possível observar indícios de TDAH desde a fase pré-escolar através de uma atividade motora excessiva, mas os sintomas costumam ficar mais evidentes a partir do ensino fundamental com a desatenção mais saliente e disfuncional, interferindo na aprendizagem escolar. Inúmeros estudos apontam que os sintomas do TDAH causam prejuízos aos seus portadores no ambiente escolar, levando-os a dificuldades importantes, apresentando mais chances de não concluírem os estudos, com três vezes mais chances de repetirem ou serem suspensos e oito vezes mais chance de serem expulsos da escola, além de precisarem de mais aulas particulares (Pastura et al., 2005; APA, 2014). Crianças e adolescentes com TDAH apresentam características específicas em suas avaliações de linguagem oral e escrita, realizadas em metodologia *off-line*, tais como falhas na sequência narrativa apresentadas na fala, na leitura e na escrita, como não respeitar os turnos de fala, mudar de assunto várias vezes no meio da conversa, pular partes da leitura e omitir partes da produção escrita, além de realizar leituras automáticas ao ler textos silenciosamente como se estivessem apenas passando os olhos, mas ao final da leitura não lembrar do que leram. Cometem falhas ortográficas aleatoriamente (ora escrevem certo, ora escrevem errado a mesma palavra), apresentam dificuldades em testes de nomeação rápida e fluência verbal indicando a presença de falhas no acesso lexical, independente do *input* ser visual ou auditivo, e falhas na memória de trabalho que, por sua vez, afeta a consciência fonológica sobretudo em suas tarefas mais longas e complexas, conforme apresentado por Lima e Albuquerque em 2003. De acordo com a Associação Americana de Psiquiatria, 2014, uma proporção de crianças com TDAH mantém o comprometimento funcional até a vida adulta.

Embora cause dificuldades de aprendizagem, mais especificamente de leitura e de escrita, que são habilidades que compõem o acervo de objetos de estudo/ trabalho do fonoaudiólogo, o TDAH parece não ter uma relação tão estreita com a Fonoaudiologia. Isso porque o TDAH é um transtorno comportamental que, embora apresente os mesmos sintomas de dificuldades escolares que ocorrem na dislexia, basicamente dificuldade de leitura e baixo rendimento acadêmico, tais dificuldades parecem ser provenientes de causas distintas às do disléxico. As dificuldades de leitura na dislexia seriam decorrentes de falhas no processamento linguístico, enquanto as no TDAH decorreriam de falhas no processamento cognitivo.

Estudos de decisão lexical e leitura monitorada no TDAH

Estudar o processamento linguístico em crianças e adolescentes com TDAH tem como objetivo observar como as crianças e adolescentes com TDAH lidam com a leitura e com o processamento metalinguístico, se há maiores interferências no seu processamento, a fim de verificar mais de perto os sintomas de dificuldades escolares e auxiliar a compreensão da relação entre eles, o TDAH e a Fonoaudiologia. O primeiro estudo aqui descrito será um experimento de decisão lexical com *input* visual, que analisa o processamento de palavras em dois estágios, um mais imediato (*on-line*) e outro mais tardio e de interpretação (*off-line*). O contexto psicolinguístico utilizado foi o de palavras apresentadas individualmente. Os participantes liam as palavras, uma por vez, na tela de um computador e decidiam, através do toque em uma tecla previamente indicada no teclado do computador, se aquelas palavras existiam ou se não existiam no português brasileiro (PB). Exemplo 1: a palavra irregular dissílaba lixo e a pseudopalavra regular dissílaba zala. Duas **variáveis dependentes** foram analisadas: o tempo de decisão e o índice de acertos. A hipótese era a de que o grupo TDAH seria mais lento para tomar as decisões e erraria mais do que o grupo controle. Foram utilizadas 48 palavras, a partir do estudo de Pinheiro (1994), as quais foram distribuídas observando as variáveis psicolinguísticas lexicalidade (palavra e pseudopalavra), regularidade (regular e irregular) e comprimento (dissílabas e trissílabas) resultando em oito condições experimentais, cada uma com seis itens, que foram lidas por todos os participantes. O equipamento utilizado no experimento consistiu de um notebook Apple G3 de 233 MHz. O experimento foi programado através do programa *Psyscope* (Cohen et al., 1993), versão 2.5.1, para o sistema MAC OS 9.2, que permite projetar e monitorar experimentos psicolinguísticos, controlando tempos de reação em milésimos de segundos. O tempo de resposta abrangia o tempo de leitura, mais o tempo de decisão (os participantes tinham de dizer se era ou não uma palavra do PB). O grupo de participantes com TDAH apresentou desempenho similar ao grupo controle com relação aos acertos, no entanto demorou significativamente mais tempo para tomar as decisões. Este resultado sugere que a leitura abrange várias cognições em série e que a observação da leitura em uma tarefa *off-line* é somente um primeiro passo na investigação de uma dificuldade de leitura e que uma tarefa de leitura com metodologia mais refinada, com aferição da leitura em tempo real, pode auxiliar no processo de avaliação da leitura, assim como no tratamento das crianças com transtorno de leitura.

O segundo estudo a ser apresentado permite distinguir exatamente os tempos de leitura das palavras (mesmas palavras e condições experimentais utilizadas no estudo 1, só que inseridas em frases). O experimento 2 trata de leitura automonitorada de frases, no qual os participantes controlaram a velocidade de leitura de cada palavra da frase e ao final de cada frase responderam a uma pergunta simples relacionada ao seu conteúdo, apenas para controlar se a atenção foi mantida durante a leitura. O foco deste estudo era o tempo de leitura do segmento 5 (segmento crítico), cuja palavra e condições experimentais eram as mesmas do estudo 1, apresentado anteriormente.

Figura 7: Exemplo de estímulo utilizado no estudo n. 2

Seg 1	Seg 2	Seg 3	Seg 4	Seg 5	Seg 6	Seg 7	Seg 8
O	caminhão	deixou	o	lixo	fedido	na	rua.

Pergunta: O caminhão levou o lixo?

Novamente os resultados de ambos os grupos (TDAH e Controle) foram similares no que tange aos acertos ou índices de compreensão, mas os tempos foram significativamente maiores para o grupo TDAH do que para o grupo Controle. Estes resultados mostram que houve um impacto específico na leitura dos indivíduos com TDAH, pois eles são capazes de ler, mas precisam de um tempo maior para isso do que uma pessoa sem o TDAH. Essas evidências são fundamentais para basear a atuação fonoaudiológica, sobretudo para as orientações no âmbito educacional.

O estudo 3, seguindo os anteriores e indo além na tentativa de esmiuçar o processamento da leitura, mensurou o tempo de leitura de cada palavra isolada sem a interferência contextual. Desta forma os participantes leram pares de palavras semelhantes fonotaticamente (uma por vez) e disseram se elas eram iguais ou diferentes.

Figura 8: Exemplo de estímulo utilizado no estudo n. 3

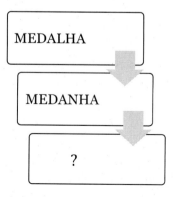

Novamente os resultados dos grupos se assemelharam no que tange aos acertos, mas diferiram de maneira significativa com relação ao tempo de leitura, no sentido de que o grupo TDAH demorava mais tempo para ler e decidir do que o grupo Controle. Esses resultados reforçam os encontrados no estudo 2, com relação à necessidade de maior tempo de leitura aos sujeitos com TDAH, como também já observado na seção anterior sobre a dislexia, assegurando à Fonoaudiologia sua atuação baseada em evidências.

O estudo 4 foi uma réplica do estudo 1, ou seja, um experimento de Decisão Lexical com as mesmas palavras e mesmas condições experimentais daquele estudo, mas ao invés de os grupos terem de ler as palavras, eles teriam de ouvi-las. Desta forma, a variável "leitura" foi isolada e o processamento metalinguístico ou o tempo de decisão foi investigado de maneira mais específica. O esperado era de que o grupo TDAH demorasse mais do que o grupo Controle para decidir acerca da lexicalidade das palavras, já que a literatura sobre o assunto argumenta que o problema do TDAH não é na leitura, mas sim no comportamento e nas funções executivas. Surpreendentemente tanto o tempo de respostas, quanto os acertos/erros foram similares entre os grupos e esses resultados foram importantes para evidenciar um perfil de dificuldades no grupo com TDAH apenas nas tarefas que envolvessem a leitura, dando base ao trabalho de reabilitação fonoaudiológica nesta população.

O quinto e último estudo a ser apresentado nesta seção trata de tempo de leitura e correferência intersentencial, isto é, a relação de um termo da frase com uma informação anterior. A relação correferencial (ou anafórica) abrange a memória operacional verbal, que é a memória imediata, e possibilita o processamento de informações linguísticas, sendo a responsável por reter e processar temporalmente essas informações, conforme apresentado em Albuquerque e colaboradores, em 2012. Essa memória é composta por uma **alça fonológica** (relacionada à representação e recitação do material verbal), uma **alça visuoespacial** (equivalente imagético da alça fonológica) e um componente executivo central, responsável pela manutenção da atenção e concentração, este último comprometido nos indivíduos com TDAH (Guendim et al., 2017). Este estudo teve como objetivos principais verificar se há influência da memória operacional no processamento anafórico e testar a hipótese da carga informacional nos sujeitos com TDAH. Não serão discutidas as questões do segundo objetivo por se tratar de uma discussão mais alongada e não ser este o foco desta seção, mas apenas serão apresentados os seus resultados. As variáveis independentes foram o tipo de retomada (pronome ou nome-repetido) e o grupo de sujeitos (TDAH e Controle). As condições experimentais foram distintas dos estudos anteriores, a saber: leitura automonitorada de frases contendo 10 segmentos e uma pergunta a respeito da frase lida que incidia sobre o nome/pronome, conforme o exemplo:

Figura 9: Exemplo de estímulo utilizado no estudo n. 5

Seg 1	Seg 2	Seg 3	Seg 4	Seg 5	Seg 6	Seg 7	Seg 8	Seg9	Seg 10
1a Os vizinhos	entregaram	o Ivo	na polícia	mas	depois	soltaram	ele	na	rua
1b Os vizinhos	entregaram	o Ivo	na polícia	mas	depois	soltaram	ele	na	rua

Pergunta:
1) Os vizinhos entregaram Ivo na polícia? (Resposta certa: SIM)

Fonte: Elaborado pelo autor.

Novamente o grupo TDAH apresentou tempos aumentados de leitura quando comparados ao grupo Controle. O grupo TDAH também apresentou, nesse quinto experimento, evidências a favor de falhas na memória operacional dessa população e, sobretudo, demonstrou através do uso de uma metodologia com aferição de tempo *on-line* que a memória operacional é estreitamente relacionada ao processamento linguístico, uma vez que proporciona a interrelação entre os constituintes frasais. O estudo apresentado contribuiu, portanto, para caracterizar de uma forma mais específica o processamento da leitura dos indivíduos com TDAH e inclusive demonstrou que há uma dificuldade intrínseca de leitura nos indivíduos com esse transtorno, através de metodologias distintas entre si, mas que, no entanto, não causavam comprometimento funcional aos sujeitos.

Os resultados dos cinco estudos apresentados nesta seção demonstraram o quanto a Fonoaudiologia se relaciona com a Psicolinguística e o quanto a metodologia utilizada na Psicolinguística pode contribuir para a caracterização de um perfil linguístico mais específico para a população atendida pela clínica fonoaudiológica e proporcionar a atuação fonoaudiológica baseada em evidências.

RELATOS DE CASOS

Nesta seção, vamos apresentar exemplos práticos para tentar deixar ainda mais claro o quanto estudos psicolinguísticos podem, de fato, colaborar com as práticas fonoaudiológica e educacional. A seção de TDAH deste capítulo é por si um exemplo da contribuição da Psicolinguística para a Fonoaudiologia no âmbito da avaliação, uma vez que os participantes dos cinco experimentos apresentados passaram por uma triagem na qual foram avaliados com testes que utilizaram apenas metodologia *off-line*, tradicionalmente utilizada nas avaliações na clínica fonoaudiológica. Os sujeitos que apresentaram algum tipo de dificuldade em testes de habilidades metalinguísticas, metacognitivas, de leitura ou de escrita, foram excluídos do estudo. Participaram, portanto, apenas os indivíduos que não tinham dificuldades de leitura ou de escrita. No entanto, após análises dos resultados dos experimentos realizados com metodologias *on-line*, obtiveram-se evidências claras da existência de problemas intrínsecos de leitura, mesmo que subclínicos, demonstrando um refinamento da caracterização linguística com o uso dessas metodologias *on-line*.

Com relação à intervenção, também observamos a contribuição da Psicolinguística para a Fonoaudiologia. É comum receber-se na clínica fonoaudiológica, por exemplo, crianças cursando o terceiro ano do ensino fundamental, diagnosticadas, interdisciplinarmente, com dislexia, que são, então, indicadas para tratamento com fonoaudiólogos e psicopedagogos. Seus sintomas mais marcantes revelados na avaliação têm sido a dificuldade de decodificação, tornando a leitura lenta, silabada, principalmente em palavras mais longas. É comum também identificar-se confusão entre letras como p/d/b/q na leitura e na escrita. Nas palavras derivadas, leem quase sempre como se fosse a primeira vez, como em companhEIRO, financEIRO, arrumadEIRA, cozinhEIRA, lentamente e sem perceber que o final destas palavras obedece a um padrão estrutural. Por requererem, geralmente, muito tempo na correlação das letras com os sons (decodificação) e por "cansarem" diante das palavras longas, não compreendendo tudo o que leem, necessitam quase sempre de mediação de ledores em algumas atividades (adequação escolar). Em intervenção fonoaudiológica, a criança pode ser estimulada em seu aspecto visual para figura e fundo em imagens e letras, e também estimulada ao reconhecimento entre o formato das letras associado ao som que cada uma significa isoladamente. Posteriormente, o reconhecimento visual ficará mais preciso tanto na leitura de palavras, quanto em frases e textos curtos. Desta forma, as crianças passam a realizar atividades de leitura com maior facilidade. Pode-se exercitar também diversos estilos de letras nesses mesmos contextos. Outra habilidade a ser estimulada é a de reconhecimento dos segmentos das palavras que se assemelham, grifando-se em cor os sufixos de algumas palavras. Aos poucos a leitura pode se tornar mais imediata diante de palavras longas com sufixos semelhantes, e a escrita mais criativa. Essas crianças não deixarão de ser disléxicas ou de terem dificuldades ao longo de seu percurso acadêmico, mas certamente passarão a perceber que a leitura pode, sim, ser menos cansativa e que lidar com palavras e frases pode até ser divertido, como temos observado na prática fonoaudiológica. Certamente, pesquisas psicolinguísticas como as descritas no presente capítulo conferem embasamento ao diagnóstico e às intervenções que, como procuramos demonstrar, passam a contar com teorias e métodos científicos com potencial de impactar positivamente a clínica fonoaudiológica.

CONSIDERAÇÕES FINAIS

O presente capítulo inicia reafirmando a importância fundamental da interdisciplinaridade, procurando refletir sobre a sua relevância como parte da proposta contra-infodêmica da OMS. Nesse sentido, revisa-se brevemente a disciplina Psicolinguística, tendo em vista a sua formação em momento de intensa interdisciplinaridade, no âmbito da revolução cognitivista, destacando-se diferentes questões teóricas e metodológicas, com vistas a fundamentar a apresentação de pesquisas de interesse fonoaudiológico mais direto que são detalhadas nas seções Dislexia e estudos da Psicolinguística e TDAH e estudos da Psicolinguística, que focalizam investigações psicolinguísticas da dislexia e do TDAH.

Os estudos produzidos aqui no Brasil na interface Fonoaudiologia e Psicolinguística ainda são poucos e precisam se expandir. Num breve levantamento geral de revisão bibliográfica realizado em julho/2020 no portal de periódicos Capes, que abrange diversas bases de pesquisa, utilizando os descritores "TDAH" e "Leitura" abarcando os últimos 10 anos (2010 a 2020), dos 93 artigos filtrados apenas 8 relacionavam as avaliações linguísticas e/ou metalinguísticas no TDAH, leitura e escrita. Desses 8 artigos, 1 foi o artigo que apresentamos neste capítulo e apenas mais 1 artigo utilizou metodologia *on-line* para investigar os componentes linguísticos dos participantes. No caso, a metodologia utilizada foi o rastreamento ocular e o objeto de estudo foi a correferência sentencial. Em outro levantamento no mesmo portal e no mesmo intervalo de tempo, pesquisando por descritores "dislexia" e "leitura", 201 artigos foram relacionados e somente 34 foram escritos sob o enfoque interdisciplinar da Psicolinguística e da Fonoaudiologia. Esses resultados indicam que a Fonoaudiologia e a Psicolinguística têm um campo muito vasto ainda a ser melhor explorado, sobretudo em relação à utilização mais ampla de metodologias *on-line* para a avaliação da leitura e da escrita, tanto em diagnósticos, quanto em intervenções, com grande potencial de contribuição para a Fonoaudiologia Clínica e para a Fonoaudiologia Educacional.

BIBLIOGRAFIA

ALBUQUERQUE, G. et al. Processamento da linguagem no Transtorno do Déficit de Atenção e Hiperatividade (TDAH). *DELTA*, São Paulo, v. 28, n. 2, 2012.

AMERICAN PSYCHIATRIC ASSOCIATION, MANUAL DIAGNÓSTICO E ESTATÍSTICO DE TRANSTORNO 5. DSM-5 Trad. Maria Inês Corrêa Nascimento; revisão técnica: Aristides Volpato Cordioli [et al.]. Porto Alegre: Artmed, 2014.

CAPOVILLA, A. G. S.; CAPOVILLA, F. C. *Problemas de leitura e escrita:* como identificar, prevenir e remediar numa abordagem fônica. 2. ed. São Paulo: SP, Memnon-Fapesp, 2000.

COHEN, J. et al. PsyScope: An Interactive Graphical System for Designing and Controlling Experiments in the Psychology Laboratory Using Macintosh Computers. *Behavior Methods, Research, Instruments, and Computers,* v. 25, 1993, pp. 257-71.

COLÉ, P. et al. Morphologie des mots et apprentissage de la lecture. *Reeducation Orthophonic*, v. 213, 2003, pp. 57-60.

CUETOS, F.; MITCHELL, D. Cross-linguistic difference in parsing: restrictions on the late-closure strategy in Spanish. *Cognition*, v. 30, 1988. pp. 73-105,

CHOMSKY, N. A Review of B. F. Skinner's Verbal Behavior. *Language*, v. 35, n. 1, 1959, pp. 26-58.

DEHAENE, S. *Os neurônios da leitura:* como a ciência explica a nossa capacidade de ler. Trad. Leonor Scliar-Cabral. Porto Alegre: Penso, 2012.

FODOR, J. A.; BEVER, T. G.; GARRETT, M. G. *The Psychology of Language:* An Introduction to Psycholinguistics and Generative Grammar. New York: McGraw-Hill. 1974.

FRAZIER, L. *On Comprehending Sentences:* Syntactic Parsing Strategies. Connecticut, 1979. PhD Dissertation, University of Connecticut.

GARCIA, D. C. de. *Elementos Estruturais no Acesso Lexical:* o Reconhecimento de Palavras Multimorfêmicas no Português Brasileiro. Rio de Janeiro, 2009. Dissertação de Mestrado. UFRJ/Faculdade de Letras

GUEDIM, T. F. G. et al. Desempenho do processamento fonológico, leitura e escrita em escolares com transtorno de déficit de atenção e hiperatividade. *Rev. Cefac.* v. 19, n. 2, mar. abr. 2017, pp. 242-52.

HALLE, M; MARANTZ, A. Distributed Morphology and the pieces of inflection. In: HALE, K.; KEYSER, S. J. (ed.) *The view from building 20:* essays in linguistics in honor of Sylvain Bromberger. Cambridge, Massachusetts: The MIT Press, 1993. pp. 111-76. (Current Studies in Linguistics, 24)

LIMA, C. C.; ALBUQUERQUE, G. Avaliação de linguagem e co-morbidades com transtornos de linguagem. In: ROHDE, L. A.; MATTOS, P. (ed.), *Princípios e práticas em transtorno de déficit de atenção/hiperatividade.* Porto Alegre: Artmed, 2003, pp. 117-42.

MAIA, M. A. R. *Psicolinguística, psicolinguísticas.* 1. ed. São Paulo: Contexto, 2015. pp. 208.

_____; NASCIMENTO, G. Anomalias de forma e de conteúdo em português brasileiro: um estudo preliminar de rastreamento ocular da leitura e de avaliação de aceitabilidade. *Cadernos de Tradução*, v. 40, 2020, pp. 45-73.

MARANTZ, A. Generative linguistics within the cognitive neuroscience of language. *The Linguistic Review*, v. 22, 2005, pp. 429-45.

MENDES L. *A dislexia para além dos estudos fonológicos - rastreando morfemas, letras e imagens.* Rio de Janeiro, 2015. Tese de Doutorado no Programa de Pós-Graduação em Linguística da Faculdade de Letras da UFRJ.

MEYER, D. E.; SCHVANEVELDT, R. W. Facilitation in recognizing pairs of words: Evidence of a dependence between retrieval operations. *Journal of Experimental Psychology*, v. 90, n. 2, 1971. pp. 227–34. Disponível em: <https://doi.org/10.1037/h0031564>.

MILLER, G. A.; CHOMSKY, N. Finitary Models of Language Users. In: LUCE, D. (ed.), *Handbook of Mathematical Psychology.* Nova Jersey: John Wiley & Sons. 1963. pp. 2-419.

MOTA, M. M. P. E. O papel da consciência morfológica para a alfabetização em leitura. *Psicologia em Estudo,* v. 14, n. 1, 2009 pp. 159-66.

ORGANIZAÇÃO MUNDIAL DA SAÚDE. CID-10 Classificação Estatística Internacional de Doenças e Problemas Relacionados à Saúde. 10. rev. São Paulo: Universidade de São Paulo, 1997.

PASTURA, G. M. C. et al. Desempenho escolar e transtorno do déficit de atenção e hiperatividade. *Revista de Psiquiatria Clínica*. São Paulo, v. 32, n. 6, nov./dez. 2005.

PINHEIRO, Angela Maria Vieira. *Leitura e escrita:* uma abordagem cognitiva. Campinas: Psy II, 1994.

PYLKKANEN, L.; STRINGFELLOW, A.; MARANTZ, A. Neuromagnetic evidence for the timing of lexical activation: An MEG component sensitive to phonotactic probability but not to neighborhood density. *Brain and Language*, v. 81, 2002, pp. 666–78.

RIBEIRO, A.J. C. *Um caso de não aplicação preferencial do princípio de Late Closure*. Trabalho apresentado no IX Congresso da Assel – Rio, 1999.

SCLIAR-CABRAL, L. Psicolinguística e alfabetização. In: MAIA, M. (org.) *Psicolinguística, psicolinguísticas:* uma introdução. São Paulo: Contexto, 2015.

SHAYWITZ, S. *Entendendo a dislexia:* um novo e completo programa para todos os níveis de problemas de leitura. Porto Alegre: Artmed, 2006.

SKINNER, B. F. *Verbal Behavior*. New York: Appleton-Century-Crofts. 1957.

SIMÃO, A. N. P.; TOLEDO, M. M.; CIASCA, S. M. Transtornos de Déficit de Atenção e Hiperatividade (TDAH). In: CIASCA, S. M.; RODRIGUES, S. D.; Salgado, CA. *TDAH: Transtorno do déficit de atenção e hiperatividade*. Rio de Janeiro: Revinter, 2010. pp. 23-36.

Neurociência da Linguagem

Aniela Improta França, Emily Silvano e Silas Augusto Martins

A Neurociência da Linguagem é um ramo da Neurociência Cognitiva que se propõe a relacionar de um lado os efeitos sutis das cognições – as emoções, a linguagem, a decodificação sonora, a visão, a memória, a coordenação motora, a navegação, as funções executivas entre outros – e do outro, a porção material, biológica – o órgão central, encapsulado pela caixa craniana, protegido pelas meninges, dividido em regiões encefálicas de substâncias branca e cinzenta, que ocupam as cavidades cerebrais e recebem densa inervação, conectada a partir de um sistema eletroquímico de propagação de informação. Dentro da Neurociência Cognitiva, a Neurociência da Linguagem procura estabelecer interface entre a Linguística e a Neurofisiologia, enfocando as subtarefas ou computações da cognição de linguagem que já foram adequadamente descritas e explicadas, levando-se em conta os *Parâmetros* presentes nas 6.000 línguas humanas (cf. capítulo *Sintaxe*, neste livro, para uma revisão de Teoria de Princípios e Parâmetros).

Como já vimos no Prefácio deste livro, o primeiro grande marco da Neurociência da Linguagem se deu no século XIX, nos idos de 1860, quando Pierre Paul Broca (lê-se *brocá*), neurologista francês, percebeu que alguns de seus pacientes, que tentavam se recuperar de *acidente vascular encefálico* (AVE), apresentavam como sequela uma perda na capacidade de articular linguagem, embora entendessem perfeitamente o que lhes era dito. Um exemplo de fala de um paciente com esse tipo de lesão seria: "Não, meia, calor.", significando "Não quero vestir as meias porque estou com calor."

Nesse ponto, um dado histórico deve ser notado. Até o fim do século XIX, os AVEs quase sempre resultavam em óbito. Isso porque a hipertensão que é uma das principais causas dos AVEs ainda não podia ser controlada. A pressão sistólica, a máxima, só veio a poder ser medida com acurácia em 1896, já 40 anos depois de Broca ter relatado seus achados em um tratado. Além disso, os medicamentos anti-hipertensivos só apareceram na segunda metade do século XX e os trombolíticos, que são a única terapia efetiva para o tratamento dos acidentes vasculares isquêmicos, só foram aprovados para comercialização, no finalzinho do século XX em 1995. Assim, na década de 1860, sem tratamento efetivo, os pacientes monitorados por Broca vieram à óbito, e ele então pôde efetuar necrópsia do cérebro buscando encontrar algum padrão de lesão que pudesse ser associado àquela disfunção. De fato, no hemisfério esquerdo do cérebro de tais pacientes havia uma lesão na terceira circunvolução do lobo frontal anterior, local que ficou conhecido como *área de Broca.*

Cerca de 10 anos mais tarde, Carl Wernicke, neurologista polonês radicado na Alemanha, também catalogou alguns pacientes que haviam sofrido AVE e os monitorou atentamente até o óbito. Só que esses pacientes eram diferentes dos pacientes de Broca. Eles não conseguiam compreender a língua falada, nem mesmo quando eles próprios falavam. Um exemplo de fala de um paciente com esse tipo de lesão seria: "Coloco as meias no lustre porque estou aqui e a água foi lá."

Portanto, apesar de conseguirem falar fluentemente, usando sentenças com Sintaxe e Morfologia complexas, as sentenças proferidas por esses pacientes não faziam nenhum sentido. Quando Wernicke fez a necrópsia no cérebro deles, encontrou lesão no córtex temporal superior posterior esquerdo, uma região que passou a ser chamada então de *Área de Wernicke* e que se situa diretamente adjacente ao *córtex auditivo primário.* Hoje essas disfunções são conhecidas como *Afasia de Broca* e *Afasia de Wernicke.* (cf. o último capítulo deste livro, *Afasias*). Wernicke ainda pressupôs que, no caso do indivíduo saudável, deveria haver uma ligação entre essas duas áreas íntegras subsservindo à plena função linguística: produção e compreensão. Assim, ele deduziu a existência de um feixe de nervos de ligação entre essas duas áreas. Contudo, foi só no início do século XX, que Constantin von Monakow identificou de fato esse feixe e o nomeou de *fascículo arqueado.* Esse achado foi confirmado depois pelo próprio Wernicke, em 1908.

O modelo de Wernicke foi ainda estendido por seu discípulo, Ludwig Lichtheim, que lhe acrescentou um *centro semântico*, para dar conta dos conteúdos semânticos veiculados pelas expressões linguísticas. Lichtheim usou o termo *centro*, embora na verdade entendesse que os conceitos estariam representados difusamente por todo cérebro. No início do século XX, surge então o *Modelo Conexionista ou Modelo Clássico* anatômico de linguagem, que se tornou célebre nos tratados de anatomia. Ele demarca as áreas de Broca e de Wernicke conectadas pelo fascículo arqueado e também com conexões para um centro conceitual.

O Modelo Conexionista se manteve intacto até os anos de 1940, quando recebeu uma atualização, que veio da área da epilepsia. Frequentemente, na epilepsia as convulsões se originam de uma região com cicatrizes ou de áreas onde existem microlesões no tecido cerebral. Um tratamento cirúrgico foi desenvolvido para controlar os casos em que as convulsões não respondem a medicamento. O neurocirurgião retira essas pequenas cicatrizes ou porções de tecido lesionado do cérebro. Porém, para fazer a ablação dessas áreas, é essencial que seja possível identificar e proteger as partes saudáveis circundantes, se não a cessação das convulsões pode ser acrescida de sequelas cognitivas importantes. Para evitar que isso aconteça, a solução mais eficaz é testar a funcionalidade do tecido com o paciente acordado: *craniotomia com o paciente acordado*. Nos idos de 1950, um cirurgião americano naturalizado canadense, Wilder Penfield, foi o pioneiro no desenvolvimento da técnica de manter o paciente acordado enquanto o cirurgião tenta identificar e remover a porção que causa as convulsões no paciente.

O método que Penfield aperfeiçoou, denominado *Procedimento de Montreal*, ainda é usado hoje, e consistia em manter calmo e acordado o paciente deitado na mesa de operação, com com o crânio aberto e o cérebro exposto. O cirurgião colocava um eletródio diretamente no tecido cortical para estimular eletricamente uma pequena área cortical. Este procedimento só podia ser realizado devido ao fato de não haver receptores para dor no córtex. Portanto, o paciente não sente dores.

Penfield pedia ao paciente que fizesse algum movimento, por exemplo que mexesse cada dedo da mão, do pé, ou levantasse o braço, ou ainda que executasse rotinas cognitivas, como contar, soletrar, completar sentenças e nomear objetos. Enquanto o paciente seguia sua lista de atividades, através do eletródio, Penfield estimulava eletricamente a pequena parte do cérebro que o disco de metal recobria. O microchoque basicamente desligava os circuitos cerebrais envolvidos nessas sensações, percepções e movimentos e eventualmente atrapalhava a tarefa do paciente, sinalizando assim a correspondência com a área crítica.

Se a área cortical que Penfield eletrocutava fosse responsável, por exemplo, por mandar ativação muscular que resultaria no movimento do dedo indicador, na hora que acontecia o pequeno choque, a área se inativava e o paciente não conseguia mover o dedo naquele instante.

Penfield depois tentava colocar o eletródio no mesmo local cortical em outro paciente que viesse a ser submetido ao *Procedimento de Montreal*. Com isso ele podia ter uma medida de consistência do mapeamento. Assim, aos poucos, no decorrer de muitos anos, Penfield, conseguiu aperfeiçoar o mapeamento dos sulcos e circunvoluções que se relacionam com os movimentos voluntários e as sensações no corpo, respectivamente no *córtex motor primário* e *córtex sensório primário*, localizados imediatamente à esquerda e à direta do *sulco central,* além de mapear áreas adjacentes (figura 1). O *Procedimento de Montreal* é usado até os dias de hoje, como será exemplificado aqui, logo adiante, no relato de dois estudos de casos que serão apresentados no presente capítulo.

Figura 1: Rascunho de Penfield com os rótulos das áreas corticais identificadas pelo Procedimento de Montreal.

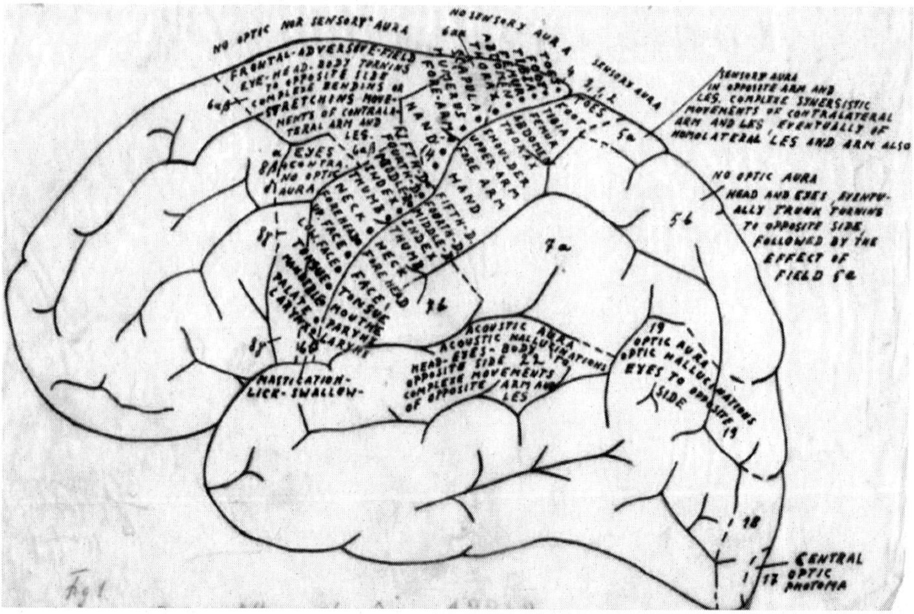

Fonte: Foto da primeira autora, a partir de vitrine na exposição "Wilder" no Montreal Science Center em Montreal, Canadá (2016).

No século XX, o mapeamento de Penfield foi inserido no Modelo Conexionista como uma atualização, que passou a indicar as áreas de representação dos órgãos motores da fala e da representação sensória dos dedos que fazem a leitura no método de Braille. Assim, com essas e outras poucas atualizações, o Modelo Conexionista da Linguagem sobreviveu até os anos 2000, representando oficialmente o que se conhecia sobre a anatomia da linguagem nos compêndios de Medicina.

A ABORDAGEM DE CORRELAÇÃO ANÁTOMO-CLÍNICA

O Modelo Conexionista ajudou a solidificar uma metodologia muito utilizada durante todo o século XX nas Neurociências Cognitivas. Trata-se da abordagem de correlação anátomo-clínica, que se baseia em três suposições: *modularidade, correspondência entre as arquiteturas neurológica e funcional e constância.*" (Vallar, 2000: 305).

A Modularidade se estabeleceu a partir do legado do filósofo da linguagem Jerry Fodor de que a mente humana, ou pelo menos a parte que estabelece relações entre estruturas cerebrais e funções perceptivas é modular (Fodor, 1983). Isso quer dizer que quando se capta uma informação do mundo através de um órgão de sentido, a configuração de mecanismos mentais usados para essa tarefa é do tipo domínio-especifico: a captação é instantânea, involuntária e inflexível como um arco-reflexo.

Cada um dos módulos particularizantes de Fodor tem as seguintes características: (i) é vertical, ou seja, apresenta especificidade de domínio cognitivo, mostrando variação de conteúdo em relação a outros sistemas; (ii) inato, especificado geneticamente, isto é, não é aprendido; (iii) neurologicamente associado a um arranjo biológico específico; (iv) autônomo, encapsulado, sem compartilhar fontes horizontais, como a memória, e sem compartilhar conteúdos com outros sistemas cognitivos; (v) não montado, no sentido de não ser uma parte ou subproduto de outro sistema cognitivo, mas de ter sua arquitetura virtual implementada diretamente no arranjo neuronal. (cf. França, 2002).

Ainda no espírito de Fodor, na passagem do século XX para o XXI surge uma literatura que mostra uma especificidade de domínio genético. A arquitetura da fiação neural é específica para a espécie e, portanto é, em grande parte, pré-definida por programas moleculares geneticamente determinados. Contudo, a correspondência acurada de neurônios pré-sinápticos para alvos pós-sinápticos depende em grande medida da experiência de mundo, seja ela espontânea ou evocada pelos sentidos (Rakič, 1982).

No que diz respeito à *correspondência entre as arquiteturas neurológica e funcional,* os modelos anátomo-funcionais pressupõem que depois que a informação sensorial é captada nos módulos dedicados, as bases neurais do processamento cognitivo são fisicamente implementadas em regiões cerebrais específicas: áreas corticais, tratos de fibra da substância branca e núcleos subcorticais, organizados em redes sincréticas que passam a ser os blocos de construção das funções cognitivas. Essas redes não são necessariamente restritas a uma pequena área cortical e podem estar dispersas em áreas distantes, que já não são mais modulares (Harris, 2005; Hebb, 1949).

Finalmente, por *constância* entende-se que um dano localizado em uma área cortical ou rede interfere na atividade funcional, causando sintomas e sinais específicos, que indicam sua disfunção. Por outro lado, demais sistemas cognitivos contíguos podem ser preservados. Isso permite inferências significativas, ou seja, dissociações, em relação às funções cognitivas das pessoas saudáveis, usando como base os sintomas de pacientes com disfunções cognitivas.

Depois de servir por mais de um século como referência de modelo de linguagem, desde a primeira década do século XXI, o Modelo Conexionista foi finalmente substituído. Iniciou-se uma abordagem integrada, simultaneamente neurobiológica e psicológica da cognição, que nos permite começar a vislumbrar a complexidade da cognição de linguagem, que na verdade se espalha por todo o cérebro. (cf. o *Prefácio* deste livro para uma comparação entre o Modelo Conexionista e o atual).

Metodologias como a *ressonância magnética funcional* (fMRI), a *espectroscopia funcional* no infravermelho próximo, a imagem de *tensor de difusão por ressonância magnética* e os *potenciais relacionados a eventos* (ERP), mapeados por *eletroencefalografia* ou *magnetoencefalografia* (MEG), que são técnicas praticamente não invasivas, já dialogam com as hipóteses dos modelos cognitivos elaborados pelas ciências comportamentais. Graças a isso, estamos tendo uma rápida aceleração do conhecimento em Neurociência da Linguagem e assim podemos suplantar e reconfigurar modelos ultra simplificados que se mantiveram intactos por séculos.

O GRANDE DESAFIO: A AQUISIÇÃO DE LINGUAGEM

Se está claro que tudo na Neurociência da Linguagem começou com a Afasiologia, ou seja, com a *perda* de linguagem, tenha atenção pois o desafio central da área é, sem dúvida, oposto a ela: a *aquisição* de linguagem. Como a linguagem é adquirida pelo bebê?

Você gostaria de ter alguma medida do que seja a tarefa do bebê recém-nascido para entender, compreender e adquirir a língua de sua comunidade? Como um adulto é muito difícil conceber a complexidade dessa tarefa, mas convido-o para um experimento. Observe atentamente o que acontece com você quando escuta uma língua estrangeira. Mas para ter essa vivência, você precisa se expor ao som de uma língua totalmente desconhecida para você, sem legendas. Essa experiência imersiva deve durar no mínimo uns 10 minutos e de forma que durante esse tempo você dedique toda a atenção ao que estiver escutando.

Se quiser mesmo fazer esse experimento, sugiro que visite um site na internet que ofereça estações de rádio de todo o mundo. É só sintonizar em uma estação de um país africano ou asiático, por exemplo, onde se fale uma língua que você realmente nunca tenha ouvido. Fique uns 10 minutos nesse exercício de atenção máxima àquela língua sendo falada no rádio, e só a ela.

Nesse exercício você está em situação semelhante a do recém-nascido ouvindo os sons de uma língua desconhecida. O bebê tem uma tarefa implícita: Fazer sentido do som que chega às suas orelhas sem pausas físicas nas fronteiras entre palavras; um som emendado e rápido, e cheio de hesitações e imperfeições como geralmente é a fala. Imponha a você essa mesma tarefa, mas não se esqueça de que a sua situação enquanto ouvinte da rádio africana ou asiática é bem melhor do que a do bebê. Além do bebê não entender nada da língua ao redor, ele ainda não entende nada do mundo, não conhece os objetos e nem mesmo conhece bem a si próprio. Não entende o que é uma existência com propósito. Não pensa sobre o pensamento. Todo o conhecimento de mundo que nós, adultos, já adquirimos nos ajuda quando resolvemos aprender a falar uma língua estrangeira. A nossa experiência de vida é nossa aliada. No caso do bebê ela é inexistente.

Mas volte então a prestar atenção no locutor e comece a tentar descobrir onde as palavras começam e onde terminam, se há repetição entre as palavras, quais são as combinações de sons mais comuns nessa língua dentro das palavras, ou seja, qual é a fonotática dessa língua, e a prosódia. Você vai se convencer de que eu te convidei para uma missão quase impossível.

Mas não é impossível para o bebê. Ele dá conta do recado e se torna rapidamente um falante exemplar de qualquer língua em cuja comunidade de fala ele esteja imerso. Enfim, o maior mistério da cognição de linguagem continua sendo a forma como a linguagem é adquirida pelo bebê, infalivelmente e sem esforço. Para a vasta maioria dos indivíduos, adquirir primeira língua nos primeiros anos de vida não é um esforço. Porém adquirir uma segunda língua durante a vida adulta sempre demanda bastante energia.

Uma influente abordagem para explicar esse fenômeno, a Gramática Gerativa (Chomsky, 1967), adota um viés nativista: explica a aquisição da linguagem através de um pequeno substrato inato que as crianças já trariam ao nascimento como uma dotação genética. Esse conhecimento prévio dirige a atenção do bebê para retirar dos dados linguísticos ao redor dele as informações específicas, parâmetros, daquela língua que se fala na comunidade.

De acordo com a abordagem gerativista, o recém-nascido possui percepção máxima para discriminar virtualmente "todos os possíveis contrastes fonéticos que podem ser usados fonologicamente em qualquer língua natural" (Aslin; Pisoni, 1980: 79).

Além de percepção auditiva universal, o bebê seria dotado por uma gramática gerativa universal (GU) que é um conjunto de regras finitas que permite aos falantes gerar todas e apenas as sentenças gramaticais em uma língua, além de prever a existência e propriedades para a criação infinita de novas sentenças.

Mais relevantemente, a GU restringe a procura por padrões, levando o bebê para longe das alternativas irrelevantes para linguagem, tornando a busca mais eficaz (Chomsky, 1965).

Mas se os bebês conseguem, sem dificuldades, aprender a língua da sua comunidade, e os adultos não aprendem uma segunda língua sem considerável esforço pessoal, até que ponto a capacidade para a linguagem está biologicamente ligada à idade? Aqui entra a noção de que existe uma condição especial na Biologia dos bebês que os torna mais maleáveis às informações: os períodos críticos.

Os períodos ou momentos críticos são janelas de oportunidade neural nos cérebros dos bebês e crianças em que as experiências são prontamente absorvidas e ajudam a formar os circuitos no cérebro do bebê (Kobayashi; Ye; Hensch, 2018). É como se o cérebro, em uma dada janela temporal se tornasse uma esponja que pode coletar muitos dados do meio ambiente (dados primários) com grande precisão, isto é, de uma forma muito mais eficiente do que podemos fazer quando somos adultos (Werker; Hensch, 2015).

Avanços recentes na Neurobiologia nos mostram que os Períodos Críticos contêm processos excitatórios e inibitórios que deflagram o início da formação de circuitaria específica para o processamento de algum aspecto cognitivo e também os freios moleculares para findar essas janelas de plasticidade. São influências maturacionais e experienciais que em momentos chave no desenvolvimento neuronal podem dar conta de explicar, por exemplo, como a linguagem pode se desenvolver na criança de forma implícita e perfeita (Takesian et al., 2018).

Quando confrontado com estímulos linguísticos durante o Período Crítico, ainda nos primeiros meses de vida, o cérebro mostra um padrão de ativação difuso, ou seja, uma ativação ampla em diferentes áreas. Com o passar do tempo, essa ativação vai se hospedando em locais específicos, que responderão ao processamento da linguagem em tarefas de produção e de compreensão. O fenômeno de colonização, ou melhor, de especialização neurológica, acontece em córtices localizados na região perisilviana, ou seja no entorno da fissura de Silvius, que divide o lobo temporal do frontal. Inclusive, essa especialização é evidenciada através de uma ativação cada vez mais específica, nessas áreas de linguagem. Crianças de 20 meses que possuem um vocabulário amplo, apresentam um padrão de ativação mais lateralizado à esquerda, enquanto crianças, da mesma idade, com o vocabulário mais reduzido, apresentam um padrão mais difuso de ativação bilateral (Mills et al., 1993).

Fato interessante é que, antes mesmo de produzir linguagem, sinais de uma especialização já podem ser registrados em bebês através de testes de imagem funcional captados por monitoração hemodinâmica. Estudos desse tipo revelam que os bebês, ainda recém-nascidos, exibem ativação no córtex temporal superior, região que engloba a Área de Wernicke, durante a escuta de sons da fala, e essa ativação, gera sinais similares aos dos adultos. Já o envolvimento do giro frontal inferior, área de Broca, pode ser notado após alguns meses (Dehaene-Lambertz et al., 2006). Os recém-nascidos não apresentam ativação nessa região frente a estímulos de fala, porém alguma ativação já pode ser detectada aos 6 meses, e mostra-se mais robusta aos 12 meses. Esses achados sugerem que o *link* motor-perceptual, necessário para a linguagem, emerge precocemente na vida. Ainda em período pré-verbal, ou seja, antes de começarem a falar, bebês de 3 meses já apresentam uma organização funcional da área de Broca durante a escuta de sentenças, que pode ser observada após a repetição de sentenças, em bebês monitorados por ressonância magnética funcional (fMRI). Os bebês mostraram ser capazes de reconhecer as sentenças repetidas através da maior ativação da área de Broca. (Imada et al., 2006).

Através de um outro tipo de monitoração cerebral minimamente invasiva, a eletroencefalografia (EEG), também podemos investigar e identificar os correlatos neurais dos processos cognitivo-comportamentais envolvidos na percepção e na produção dos sinais da fala. Uma das medidas eletrofisiológicas fornecidas pelo EEG é denominada ERP (do inglês *Event-Related Potential*). O ERP ou Potencial Relacionado a Evento, se refere a soma de pequenas tensões geradas pelas estruturas cerebrais ao processar estímulos de diferentes modalidades sensoriais (por exemplo, estimulos visuais ou auditivos), derivando, assim, padrões regulares de bioeletricidade chamados de componentes.

Tais componentes são classificados (i) por sua *polaridade*, ou seja pela flutuação da carga elétrica: negativa (N, convencionalmente plotada para cima) ou positiva (P, convencionamente plotada para baixo); (ii) por sua *latência*, ou seja pelo tempo de espera desde o estímulo até que comece a resposta elétrica ou seja até que comece a se formar uma onda após a estimulação (por exemplo, aos 100ms, o N100, aos 400 ms, o N400, aos 600 ms, o P600); e (iii) por sua *amplitude, ou seja pela altura do pico da onda*, medida em microvolts. Ondas com latência ou amplitude discrepantes do padrão caracterizam aspectos de dificuldade ou irregularidade no processamento, que podem ser relacionados com alguma característica linguística que seja foco da pesquisa.

Durante um experimento de eletroencefalografia, com 19 crianças entre os 36 e 48 meses, foram detectados N400 e P600 de alta amplitude relacionados, respectivamente, à estimulação linguística com incongruência semântica e sintática. Os estímulos semanticamente incongruentes eram do tipo: *Meu tio vai soprar o filme*, em que o argumento *o filme* não satisfaz as necessidades eventivas do verbo *soprar*. Os estímulos sintaticamente anômalos eram do tipo: *Meu tio indo soprando o bolo*, em que o verbo *ir* está no gerúndio e portanto não apresenta marca de tempo finito. Como resultado, foram encontrados os ERPs N400 e P600 com altas amplitudes, mostrando que as crianças detectaram tanto a incongruência semântica como a anomalia sintática. Contudo, esses potenciais, diferentemente do padrão adulto, apareceram de forma difusa pelo cérebro, enquanto no adulto, eles tendem a ser mais circunscritos a áreas perisilvianas especificas (Silva-Pereyra et al., 2005)

No entanto, se a *plasticidade* cerebral é responsável por moldar circuitos neurais que logo respondem à cognição de linguagem no cérebro dos bebês e crianças pequenas, nota-se que também a *estabilidade* neural é um aspecto essencial do desenvolvimento cognitivo. A plasticidade exacerbada dos Períodos Críticos pode implicar em janelas de vulnerabilidade. Avanços técnicos e experimentais recentes geraram a compreensão de que perturbações do desenvolvimento do cérebro podem resultar no aparecimento de sintomas comportamentais e cognitivos que definem doenças categóricas. Muitas doenças mentais, por exemplo, podem ter origens em desajustes durante os Períodos Críticos (cf. Lee et al., 2014).

É interessante constatar que, muitas vezes, os Períodos Críticos se aplicam modularmente e uma eventual disfunção também pode ser modular. Isso pode ser explicado em Fodor (1983: 98) que aponta que "a chave para a modularidade é o encapsulamento informativo". No encapsulamento os módulos só têm acesso a informações de um certo tipo. Assim, um módulo de percepção visual, só tem acesso a dados de percepção visual. Já que os módulos são informacionalmente encapsulados, uma disfunção no domínio visuoespacial, por exemplo não deve necessariamente afetar na compreensão das estruturas sintáticas.

Essa previsão de Fodor é facilmente testável experimentalmente e de fato tem sido verificada na literatura. Populações atípicas que apresentam falhas de funções específicas têm sido frequentemente testadas para se verificar o nível de independência e modularidade dos sistemas cognitivos adjacentes.

Entre as disfunções mais estudadas com esse propósito estão a Síndrome de Down e a Síndrome de Williams, especialmente porque elas apresentam características cognitivas complementares e, contudo, possuem níveis de QI igualmente baixos, na faixa entre 40 a 60 (Udwin; Yule, 1991; Roizen, 2002). Os indivíduos com Síndrome de Down têm habilidades visuoespaciais relativamente boas que contrastam com baixa capacidade sintática, enquanto na Síndrome de Williams os indivíduos têm capacidade sintática normal e problemas nas habilidades visuoespaciais (Bellugi et al., 1994). Finalmente, os aspectos pragmáticos da linguagem costumam ser mais prejudicados na Síndrome de Williams, e quase nunca afetam os indivíduos com Síndrome de Down. Esse quadro de complementaridade sugere que as computações de diferentes mecanismos de aquisição da linguagem são modulares e independentes até mesmo da inteligência geral.

Um outro reforço para essa tese de que há, em alguma medida, uma base genética para a linguagem vem do fato de que déficits específicos de linguagem, como as afasias, aparecem recorrentemente quando certas áreas do cérebro são prejudicadas, especialmente após um acidente vascular encefálico (AVE), um trauma ou um processo tumoral em áreas específicas.

Concorrendo com a abordagem nativista, ou então paralelamente a ela, uma outra abordagem importante surge para explicar o desenvolvimento cognitivo nos bebês, incluindo a linguagem. Trata-se da capacidade estatística ligada ao uso da linguagem. Mecanismos estatísticos de aprendizagem tornaram-se proeminentes nas ciências cognitivas porque fornecem maneiras de testar hipóteses específicas sobre o que é aprendido a partir de qualquer conjunto de dados de input. Os modelos conexionistas e análises computacionais de corpora demonstraram que existem padrões estatísticos disponíveis nos inputs linguísticos aos quais os bebês estão expostos, em maior número do que as teorias nativistas apontam. A hipótese é a de que esses padrões certamente poderiam ajudar os bebês a decifrarem o código de sua língua nativa (Field, 1987).

Pesquisas seminais, como Jusczyk e Aslin (1995), apontam para a possibilidade de os bebês poderem controlar estatisticamente a frequência de pistas acústicas, como as alternâncias alofônicas, pistas prosódicas que indicam marcadores discursivos e até mesmo pistas fonotáticas, como por exemplo o fato de que sílabas internas às palavras tenderem a co-ocorrer mais frequentemente do que sílabas vizinhas, uma sendo a última sílaba de uma palavra seguida pela primeira sílaba da palavra seguinte.

Outra maneira de pensar sobre a relação entre o aprendizado estatístico e o mundo é a possibilidade de que nossas próprias habilidades de aprendizado possam ter desempenhado um papel na formação nos nossos ambientes sociais. Considere a estrutura das línguas naturais. Observando a evolução linguística percebem-se muitas semelhanças interlinguísticas. Embora as línguas pareçam ser muito diferentes em sua superfície, grande parte das estruturas subjacentes se assemelham, por razões históricas ou não. Ainda pendente de análise está a hipótese de que restrições na aprendizagem estatística podem ter influenciado a estrutura das línguas naturais por caminhos que atravessam o que conhecemos como linhagens linguísticas. A ideia geral é que se o mecanismo que prevalece na aprendizagem do homem é sua capacidade estatística, as estruturas de linguagem que são mais fáceis de aprender, principalmente por bebês e crianças pequenas, deveriam prevalecer nas línguas do mundo no lugar daquelas que são mais difíceis de aprender. Além disso, se as restrições à aprendizagem precedem as estruturas que eles moldaram, as mesmas restrições à aprendizagem devem ser evidentes na aprendizagem de estruturas não linguísticas. Essas previsões ainda não foram estudadas eficientemente, mas prometem revelar mais sobre o impacto do uso na aquisição de linguagem nos próximos anos (Saffran; Kirkham, 2018).

ENFOCANDO A TAREFA MAIS BÁSICA: O ACESSO LEXICAL

No momento em que já se adquiriu uma língua, a tarefa linguística mais básica reiterada a todo segundo é o acesso lexical: o processo cujo produto final é o reconhecimento de uma palavra que ouvimos, lemos ou em que pensamos. Para isso temos que (i) parear a entrada sensorial de uma palavra com uma representação mental correspondente armazenada na memória; (ii) verificar a qual conteúdo armazenado na memória aquela representação corresponde; (iii) ativar as descrições (fonológicas e ortográficas), as propriedades sintáticas, os significados, para que processadores de nível superior possam integrar a palavra a sintagmas e sentenças interpretáveis e para que eventualmente também possa resolver alguma discrepância que tenha havido entre entrada acessada e uma de suas representações pareadas.

O campo do acesso lexical tem chamado muita atenção por apresentar, de forma muito simples e clara, algumas das características mais impressionantes da cognição da linguagem. Qualquer falante adulto possui um léxico mental com uma média de 50.000 palavras. Então, na fala fluente, sempre que o falante quiser produzir ou processar uma palavra, tem que começar escolhendo de um conjunto desse grande, e fazemos isso em 100 a 200 ms.

Para vislumbrar essa capacidade, vamos fazer um exercício. Admita a situação completamente hipotética em que seu cérebro está em repouso. Nenhuma palavra é ativada no lobo temporal, onde elas normalmente estão. Todos os neurônios estão em nível de repouso. Então, de repente você ouve uma palavra. Imediatamente você se põe a ativá-la, procurando reconhecê-la, uma vez que o processamento linguístico sempre funciona sob incrível pressão de tempo. Nas situações comunicativas, não percebemos paradas dos interlocutores para processar nada. O tempo de processamento da fala é tão pouco notável quanto o tempo de a luz se acender depois que se acionou o interruptor. No entanto, essa ação quase instantânea é de uma incrível complexidade de subtarefas que mobilizam diferentes áreas cerebrais em processamento linear e paralelo, tudo isso levando menos de meio segundo.

Não é nada mais simples se, ao invés de ouvir a palavra, somos estimulados pela palavra escrita. Nesse caso, a mobilização começará no lobo occipital, sede do córtex visual primário, canal de entrada de todas as informações visuais e, portanto, onde os grafemas serão processados, primeiro como desenhos e depois serão mandados para áreas visuais secundárias que processam informações específicas como os grafemas. No *córtex ventral occipital-temporal esquerdo* (vOT) existem campos receptivos que são sensíveis às letras, por isso um dos cientistas de maior expressão nesses estudos, Stan Dehaene, batizou essa área de *Área da Forma Visual das Palavras*, onde uma letra e também bigramas, ou combinações de duas letras, são reconhecidas para serem depois relacionadas a representações temporais dos fonemas, estabelecendo a relação fundamental entre grafema e fonema. A partir da decodificação de grafemas em fonemas, os processos acontecem de forma semelhante aos envolvidos na estimulação pela fala.

A maioria dos linguistas contemporâneos adeptos de diferentes modelos de acesso lexical estão convencidos de que, quando ouvimos ou lemos uma palavra, para acessá-la ativamos não apenas a palavra alvo, mas também outras palavras com algum nível de semelhança. Este é um efeito conhecido como *ativação múltipla*. Assim, ao ouvirmos a palavra *banana*, inicialmente ativaremos todas as palavras que começam com /b/, como *bebê, babá, batata, banho, borracha, barro, banana*. O conjunto de palavras ativadas é muito grande, pois há muitas palavras armazenadas na memória começando com este segmento. Em seguida, começaremos uma segunda etapa do acesso lexical, que é a *ativação contínua*. Ao continuar a ouvir um pouco mais do estímulo, haverá a ativação das palavras que começam com [ba], como *babá, banana, banco*. Dessa vez, o novo grupo de possíveis candidatos ao reconhecimento será um subgrupo das palavras que receberam a primeira ativação. Nesse ponto, as palavras previamente ativadas que não receberam um novo aporte de ativação serão desativadas, pois são falsos concorrentes. O processo é reiterado por todos os segmentos fonológicos, até que a palavra *banana* seja a única correspondência restante, que terá atingido um nível de ativação máxima, porque se ativaram e em seguida se suprimiram todos os competidores não exatos que permaneceram ali por ativação múltipla, e *banana* poderá então ser interpretada e também combinada com uma próxima palavra.

Outro ponto de concordância entre especialistas é que a influência fonotática é bastante importante no acesso lexical. A fonotática de uma língua define a estrutura que uma dada língua permite para as sequências de fonemas, de sílabas e de conjuntos de consoantes e vogais, ou seja, são as combinações permitidas de fonemas em cada língua. As restrições fonotáticas são altamente específicas no que diz respeito à frequência de grafemas e dos vizinhos dos grafemas em cada língua. Existem grafemas e sílabas e vizinhanças que são bastante frequentes na língua. Por exemplo, a sílaba [ma] em português é frequentemente sucedida por uma sílaba átona iniciada por uma consoante de quase todos os pontos e formas articulares:

mala, mama, mana, mapa, mata, maca, maga, massa, malha, macho etc. A sílaba [la] em português é frequentemente precedida por uma sílaba tônica: *mala, bala, cala, vala, dela, tala, gala, fala, cela, zela* e muitas outras. Essas configurações de alta frequência formam padrões fonotáticos que podem facilitar ou atrapalhar o acesso lexical. A palavra *pneu* tem uma frequência fonotática tão rara que pode por um lado atrasar o seu reconhecimento, mas por outro lado não vai suscitar em um acúmulo de concorrentes para o acesso lexical porque são raras as palavras que têm essa sequência /pn/.

Se a ativação múltipla, a ativação contínua e a fonotática são pontos de concórdia na literatura sobre acesso lexical, as características exatas do mecanismo de competição lexical ainda são controversas e serão resumidas aqui por meio de um modelo bastante congregador das ideias principais de Gregory Hickok e David Poeppel, que aparece logo no início dos anos 2000, em uma série de trabalhos. Trata-se do *Modelo Neuroanatômico Funcional da Percepção e Produção da Fala* (figura 2). Nele os autores propõem que o substrato para a percepção da fala é o *giro temporal superior*, atuando bilateralmente na transformação do *input* fonético em fonológico. (Hickok; Poeppel, 2000; Hickok, 2001).

Figura 2: Modelo Neuroanatômico Funcional da Percepção e Produção da Fala.

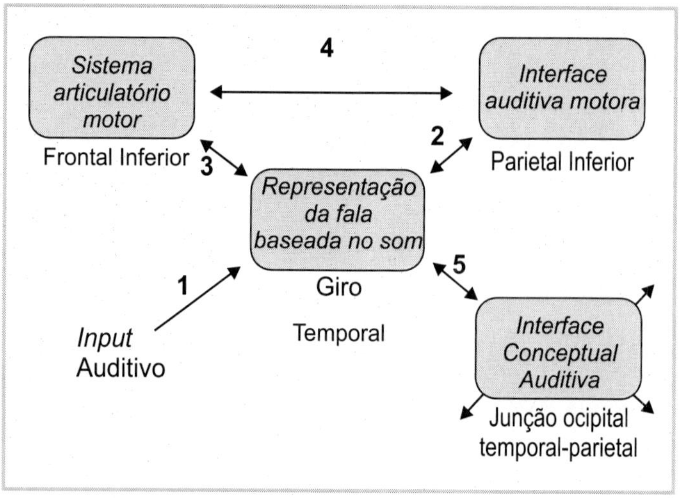

Fonte: Adaptado de Hickok, Poeppel (2000: 132).

Sendo assim, a partir do processamento no giro temporal superior, há dois caminhos distintos que dependem da tarefa a ser executada, e ambos os caminhos são mais expressivos no hemisfério dominante. Assim, as observações que se podem resumir aqui são de que o processamento linguístico depois do *input* auditivo é lateralizado. Em outras palavras, as computações que são parte da interface de processamento perceptual da fala são mediadas bilateralmente, mas o sistema de computação *central*, que associamos com a Fonologia, Morfologia, Sintaxe, Semântica, é em grande parte lateralizado no hemisfério dominante.

O primeiro caminho depois da bifurcação seria o ventral, que envolve o córtex profundo à volta da junção entre os lobos temporal, occipital e parietal. Este caminho em princípio serve de interface entre as representações fonológicas e as representações conceituais no léxico mental.

O segundo caminho, o dorsal, envolve dois sistemas, o parietal inferior e o frontal inferior, e dá acesso a segmentos sublexicais, respectivamente nas tarefas de integração auditiva e produção. Mais especificamente, a seta 1 na figura 2, que vai de *input auditivo* a *representação da fala baseada no som*, subsume toda a passagem da representação do dado fonético bruto à representação fonológica dos segmentos, cadeias de segmentos e camadas, ou seja, toda a transformação de Fonética em Fonologia vem *empacotada* nessa seta. A partir deste ponto, mapeada para a representação fonológica, a informação servirá de *input* que poderá ser direcionado para vários sistemas, a depender se a tarefa é falar (seta 3), preparar para falar (seta 4), deduzir a articulação (seta 2) ou ler (seta 5). A seta bidirecional 2 representa a interface entre a representação fonológica e a representação pré-motora, ou *mapeamento motor* do *input*. Na direção *interface auditiva-motora*, o *input* fonológico é planejado ou decomposto quanto à articulação.

As evidências dos estudos de Anatomia Funcional revelam uma ativação parietal inferior antes de haver ativação frontal inferior, equivalendo à articulação em si. Porém, foi encontrada uma mobilização alternativa saindo do giro temporal superior e indo direto para o *giro frontal superior*, sem que tenha sido necessária a passagem pré-motora pelo *giro parietal inferior*.

Em direção a *representação de fala baseada no som*, a representação do nível pré-articulatório é o *input* que pode ser mapeado pela representação fonológica. A situação sustentada por este pequeno caminho pode equivaler, por exemplo, à ação de entender o som a partir somente de movimento labiais.

A seta bidirecional 4 engaja a fase pré-motora à motora. No sentido *sistema articulatório-motor*, o *input* é o planejamento motor e o *output* é a fala. O sentido inverso pode equivaler, por exemplo, à ação de prestar atenção sobre os movimentos da fala.

A seta bidirecional 5 que articula a *representação da fala baseada no som* à *interface conceptual auditiva*, e vice e versa, resume a transformação da representação fonológica em representação conceitual, ou seja, reúne toda a Sintaxe, a Morfologia e a Semântica Lexical. No sentido *representação da fala baseada no som*, o *input* é um conceito que busca pareamento com a representação fonológica, como quando o pensamento nos vem com som ou como uma das etapas internas da ação complexa da leitura silenciosa.

No sentido *interface conceitual auditiva*, a estrutura fonológica é o *input* do sistema que consulta o léxico mental para o pareamento do conceito, que é seu *output*. No sentido contrário, o *input* representaria uma etapa do processamento do ato de falar, em que se tem o conceito para então pareá-lo com o som. Este trecho corresponde a uma pequena fase do ato de compreender, já que este ato completo depende de outras interfaces, que estão representadas no esquema pelas três setas que apontam para além do contorno do quadro e que se relacionam com outros domínios, como Pragmática, Conhecimento do Mundo, Teoria da Mente, Condições de Felicidade de Grice e outros. Este pequeno jogo intermodular, que aqui foi representado pelas setas, nos mostra com clareza como significa pouco, neurologicamente falando, a denominação *linguística* para o estudo de tudo que está envolvido no grande *guarda-chuva* chamado linguagem.

Esse modelo ainda propõe que as áreas esquerdas auditivas não primárias extraem informação preferivelmente de janelas de integração temporais curtas, na faixa de 20-50 ms. A área homóloga direita preferivelmente extrai informação de janelas de integração temporais longas, na faixa de 150-250 ms. Por suposição então o sinal de *input* da fala teria uma representação neural bilateralmente simétrica no primeiro nível cortical representacional, porém, além dessa representação inicial, o sinal é elaborado assimetricamente no domínio do tempo. No giro temporal superior esquerdo, seria feita a análise de mudanças acústicas rápidas, como as transições dos formantes, enquanto que no giro temporal superior direito seria feita a análise de informações prosódicas mais lentas, como contornos entoacionais.

A partir do modelo de Neuroanatomia Funcional da Percepção e Produção da Fala, outros progressos aconteceram depois de 2010, especialmente envolvendo pesquisadores da New York University, do grupo de Liina Pylkännen, usando um instrumento super sensível com excelente resolução temporal e espacial: o magnetoencefalógrafo

Para melhor observar esse modelo, vamos assumir agora que as palavras estímulos estão escritas. A primeira palavra que está sendo lida é também *banana*. Como dissemos, as palavras escritas mobilizam o lobo occipital no hemisfério esquerdo, mais especificamente na área da forma da palavra escrita, que fica em uma região cortical denominada *giro fusiforme*. O reconhecimento das marcas visuais da escrita em grafemas nessa área culmina em 170 ms.

Depois da decodificação de grafema e fonema, o objetivo é mapear o significado daquela forma, e isso acontece no lobo temporal medial-posterior aproximadamente aos 300-350 ms. Alguns trabalhos mostram que, se a palavra estiver em um contexto combinatório, o lobo temporal posterior esquerdo é mobilizado para a concatenação dos marcadores sintáticos mais básicos. Ou seja, a hipótese ainda sendo estudada é a de que haveria um processamento sintático bem precoce aos 180 ms. Em paralelo a esta mobilização possivelmente de cunho sintático, muitos trabalhos revelam que, se o contexto estiver contribuindo para uma especificação de um núcleo nominal, por exemplo *banana madura*, mesmo antes do curso do acesso lexical de *banana* ter chegado ao fim (por volta de 350 ms) por ativação contínua, já começa a integração de *madura*. Essa combinação semântica se dá no lobo temporal anterior esquerdo. É uma ativação bem precoce de conceitos que parece ocorrer aproximadamente aos 200 ms após a leitura de *banana madura*. Outra região, o córtex pré-frontal ventral medial também aparece em alguns estudos como uma segunda mobilização de integração semântica, por volta dos 350-400 ms. Finalmente, indo além do acesso lexical, no processamento de sentenças, o *giro frontal inferior* esquerdo, área de Broca, parece estar relacionado a dependências de longa distância como por exemplo *Que fruta você comprou____?*. Nessa sentença interrogativa, *fruta* é argumento de *comprou*, mas é deslocado dentro de um sintagma QU- para o início da sentença. Ao se deslocar, é criada uma dependência de longa distância entre o lugar de origem e o lugar de pouso. O esforço sintático de construção e controle desse deslocamento mobiliza o giro frontal inferior anterior esquerdo.

Todo esse complexo de computações linguísticas estaria acontecendo entre 170 a 400 ms após a estimulação, envolvendo muitas áreas corticais. Pode-se observar o quanto a computação linguística é uma cognição extremamente complexa. Não obstante, ela nos faz seres únicos na natureza, capazes de uma comunicação muito além da vital, aquela usada para sobrevivência, como avisar sobre a chegada de um predador. A linguagem nos permite compartilhar pensamentos, sentimentos, construir uma comunidade linguística que partilha de uma comunicação e relacionamento profundos. Sendo a linguagem essencial para a vida em sociedade, a perda da dessa capacidade gera prejuízos incomensuráveis. Por essa razão, em situações de doença em que há a necessidade de uma intervenção cirúrgica no cérebro, é desejável que o procedimento de craniotomia aconteça com o paciente acordado, especialmente para preservação do complexo de microatividades cerebrais que podem ser afetadas pela cirurgia. Seguem os relatos de dois desses casos registrados durante um procedimento de craniotomia com paciente acordado.

RELATO DE CASO

A *craniotomia com o paciente acordado* (do inglês *awake craniotomy),* equivalente ao Procedimento de Montreal, consiste no procedimento cirúrgico craniano em que o paciente encontra-se acordado durante toda ou apenas uma parte da cirurgia. Como já dissemos, o objetivo desse tipo de intervenção cirúrgica é prevenir lesões nas áreas eloquentes do cérebro, ou seja, aquelas áreas responsáveis pela função motora, sensorial, da linguagem e de outras funções cognitivas superiores. A prevenção de injúrias cerebrais, que possam ser decorrentes da abordagem cirúrgica, ocorre através do mapeamento cortical intraoperatório. (Okunlolaa et al., 2020; Martino et al., 2011)

Em maio de 1886, Sir Victor Horsley realizou a primeira *craniotomia com o paciente sedado.* Esse primeiro caso foi de um paciente que havia sofrido um traumatismo cranioencefálico com afundamento de crânio. Depois desse procedimento, muitos outros casos foram tratados da mesma maneira por esse neurocirurgião pioneiro, como ressecção de tumor ou tratamentos para epilepsia.

Os avanços no sentido de aprimorar a abordagem surgiram após uma melhor compreensão das áreas cerebrais, com os estudos de Wilder Penfield e Korbinian Brodmann. Brodmann realizou o mapeamento das áreas corticais com base no tamanho, na forma, na densidade e na distribuição das células encontradas no cérebro. Sua classificação de 47 áreas ainda é amplamente utilizada nas Neurociências (Brodmann, 1909).

Atualmente, a técnica é indicada principalmente para ressecção de patologias tumorais cerebrais intra-axiais, localizadas exatamente nas áreas eloquentes ou próximas delas, como no córtex motor, áreas da linguagem ou das funções executivas frontais. O mapeamento cerebral com paciente acordado também pode ser indicado para casos específicos de epilepsia refratária, ou epilepsia de difícil controle, com foco epiléptico extra temporal, como também para lesões vasculares (p. ex. malformação arteriovenosa) próximas de áreas eloquentes. (Okunlolaa et al., 2020)

No entanto, existem algumas contraindicações que devem ser avaliadas em cada paciente. A contraindicação absoluta para a cirurgia com o paciente acordado é a recusa do próprio paciente a se submeter a esse tipo de procedimento. Além disso, há fatores clínicos que contraindicam a abordagem acordada de forma relativa. São eles: distúrbios neurológicos como disfasia, confusão mental, sonolência, distúrbio cognitivo (síndromes demenciais) e a incapacidade de permanecer acordado por um longo período. Alguns distúrbios psiquiátricos como claustrofobia, transtorno de ansiedade, alcoolismo ou dependência química são considerados contraindicados de forma relativa. Obesidade mórbida e apneia obstrutiva do sono são alguns fatores de risco que podem dificultar a manutenção do paciente sedado pelo risco de obstrução da via aérea. Por fim, devem-se avaliar as características e localização tumorais para selecionar os casos passíveis dessa abordagem. (Özlü, 2018)

O grande benefício da cirurgia com o paciente acordado é poder maximizar a ressecção cirúrgica de lesões tumorais cerebrais preservando as funções neurológicas através da estimulação e do mapeamento cortical cerebral intraoperatório. Em virtude disso, os pacientes ficam menor tempo em unidades de terapia intensiva no pós-operatório imediato, apresentam menor déficit neurológico permanente, têm menor tempo total de hospitalização e possuem maior sobrevida (Okunlolaa et al., 2020).

A cirurgia com o paciente acordado necessita da presença de três especialidades, no mínimo, para sua execução: o anestesista, o neurocirurgião e o neurologista e/ou fonoaudiólogo. Os fonoaudiólogos ficam responsáveis pela testagem funcional durante a cirurgia e muito frequentemente se utilizam de um protocolo de nomeação que implica em testar o acesso lexical do paciente como uma marca de que as intervenções não estão afetando as áreas eloquentes (Pallud et al., 2017).

O aspecto anestésico deve ser individualizado para cada paciente e algumas drogas, como midazolam, atropina e escapolamina, devem ser evitadas ou usadas com cautela devido ao risco de limitar as funções cognitivas e gerar estado confusional ou *delirium*. Contudo, uma dose baixa de midazolam pode ser benéfica para indivíduos jovens com a função neurológica pré-operatória intacta que apresentem ansiedade por conta do procedimento. Pacientes que apresentam crise convulsiva não devem receber medicações que suprimam a atividade epileptiforme, como midazolam e anticonvulsivantes. No entanto, não há consenso sobre administrar ou não anticonvulsivantes em pacientes que não apresentam crise, embora existam estudos que mostram a redução de crises convulsivas no momento do mapeamento cerebral. (Zhang et al., 2018; Dineen et al., 2019)

Dos aspectos técnicos cirúrgicos, o primeiro passo é definir o melhor posicionamento do paciente na mesa cirúrgica. Existem, normalmente, três opções: lateral, semilateral e supino. Os fatores determinantes para a escolha do melhor posicionamento são: ter um acesso fácil à via aérea do paciente, proporcionar uma interação face a face com o examinador durante o procedimento cirúrgico e apresentar o melhor conforto para o paciente, uma vez que a maior queixa dos indivíduos é de pontos dolorosos ocasionados nas superfícies de pressão durante o procedimento. Na sala de operação deve ser sinalizado que o paciente está sendo submetido a um procedimento cirúrgico acordado e deve-se manter o máximo de silêncio possível para permitir uma melhor avaliação do examinador (neurologista ou fonoaudiólogo) (Shen et al., 2019).

O procedimento cirúrgico é dividido em três fases: craniotomia e abertura da *dura máter*, mapeamento e estimulação cortical com o paciente acordado e o fechamento. A etapa inicial, do acesso, e a final, do fechamento, podem ser realizadas com o paciente sob sedação ou com anestesia geral.

No momento em que o paciente se encontra acordado, é realizado o mapeamento com um estimulador bipolar ou monopolar em contato direto com o córtex cerebral. Com essa técnica, é possível identificar a via motora e sensitiva superficial e profunda através de estímulos diretos, podendo gerar respostas inibitórias ou excitatórias e disestesias. O examinador deve observar e registrar os movimentos dos membros, rosto e boca e relatar cada alteração ao cirurgião, como também instruir o paciente a relatar qualquer movimento ou sensação anormal (Gogos et al., 2020).

A estimulação para preservação de áreas da linguagem é fundamental. Através de corrente elétrica, ocorre uma simulação de uma lesão, com produção de sinais afásicos. Assim, o neurocirurgião mapeia e estuda as possibilidades para minimizar sequelas e ressecar o máximo possível de massa tumoral. O mapeamento da linguagem é comumente realizado e descrito na literatura com o uso de tarefas linguísticas específicas, como contagem numérica, nomeação de figuras (*Dénomination d'objet* - DO 80) e testagem de associação semântica (*Pyramids and Palm Trees Test* - PPTT). (Howard; Patterson, 1992; Talachi et al., 2013; Chang et al., 2018)

A contagem numérica consiste em contar de zero a dez, por exemplo, de forma repetitiva. São observados sinais de supressão da fala e outros sinais afásicos, que possam vir a interromper a contagem. Esses sinais podem ocorrer durante a estimulação do córtex pré-frontal ventral, por exemplo, regiões do córtex motor da face ou acima dessa região, no giro frontal inferior, bem como na região do *pars opercularis* (Pallud et al., 2017).

Tabela 1: Tarefa de Contagem: erros possíveis durante a estimulação

Erro	Definição
Supressão da fala	Descontinuação, interrupção momentânea ou completa da contagem sem qualquer evidência de resposta motora de órgãos fonoarticulatórios
Perseveração	Repetição do número dito anteriormente, não se conseguindo nomear o número seguinte e continuar a contagem.
Hipofonia	Diminuição do tônus vocal

Fonte: Adaptada de Talachi et al., 2013.

O acesso lexical pode ser testado através de um teste estandardizado como o teste DO 80 (Metz-Lutz et al., 1992), composto de 80 figuras em preto e branco, originalmente, divididas em categorias de forma proporcional. É necessário que o paciente nomeie a figura em 4000 ms. Esse teste requer acesso lexical, bem como habilidades fonético-fonológicas e sintáticas simples para produzir, por exemplo, uma sentença de transporte, ou seja uma sentença fixa que é repetida, como "*Isso é* _____" completada pela nomeação de algo que o paciente verá em um desenho, por exemplo, *uma vassoura*. A sentença de transporte facilita a manutenção de um ritmo na tarefa. Os erros cometidos nessa tarefa são contados se o indivíduo apresentar anomia, supressão da fala, parafasias, disartria ou demorar na nomeação (Pallud et al., 2017; Chang et al., 2018). As regiões cerebrais responsáveis por esse processo complexo envolvem a região posterior do giro temporal superior, médio e inferior, lobo parietal inferior, giro frontal inferior e medial e fibras brancas profundas que formam os fascículos de ligação entre as áreas do cérebro.

Tabela 2: Tarefa de Nomeação: erros possíveis durante a estimulação

Erro	Definição
Erros articulatórios	Contração facial e de língua
Anomia	Incapacidade de nomear, sem a perda da fala completa. Durante o teste DO 80, o paciente consegue ler e produzir a sentença de transporte *Isso é*, mas não consegue nomear o objeto visual. A repetição, contudo, se mostra preservada. A capacidade retorna após o fim da estimulação.
Supressão da fala	Incapacidade de nomear o objeto visual sem sinais de contração involuntária de face e língua. A incapacidade pode se estender a toda sentença e não apenas ao objeto a ser nomeado.
Hesitação ou delay	Aumento na latência ou no tempo de resposta durante a estimulação.
Parafasias	Podendo ser de diferentes tipos, tais como: Fonética, Fonêmica ou Semântica. As parafasias consistem em erros involuntários na produção de palavras.
Disartria	Alteração articulatória decorrente de uma desordem muscular durante a estimulação.

Fonte: Adaptada de Talachi et al., 2013.

Finalmente é aplicado também o teste PPTT, composto por 52 pranchas de *trials*, cada prancha contendo uma figura no topo e duas abaixo. A tarefa consiste em buscar a correlação semântica entre a figura do topo (estímulo) e uma das opções de baixo, sendo uma a figura alvo e a outra um distrator (figura 3). Vejamos o exemplo abaixo:

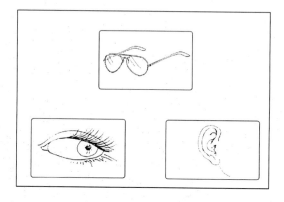

Figura 3: Exemplo de um estímulo do PPTT test.
O paciente vê a imagem estímulo, óculos, e precisa identificar qual das imagens abaixo se relaciona com ela; no caso, a imagem alvo é olho.

Fonte: Elaborada pela primeira autora.

Durante a apresentação deste estímulo, o paciente é convidado a encontrar a relação semântica entre a figura-estímulo (e.g. óculos) e a figura alvo (e.g. olho). E então, o paciente deve nomear as duas figuras relacionadas (e.g. óculos e olho). O teste não exige restrição de tempo e através dele é possível avaliar não apenas a nomeação em si, mas a capacidade acessar informações de recuperação semântica e de realizar um julgamento de similaridade semântica. Essa tarefa linguística é ideal para identificar o fascículo IFOF – fascículo fronto-occipital inferior, altamente correlacionado com a habilidade de associação semântica (Chang et al., 2015). Os estudos mostram que a performance linguística do paciente durante o mapeamento pode predizer os déficits linguísticos que serão ocasionados pela intervenção (Chang et al., 2018).

Desta maneira, propomos aqui a apresentação pioneira de dois casos de abordagem cirúrgica para ressecção de tumor cerebral com a participação de uma fonoaudióloga durante o mapeamento cortical. As cirurgias ocorreram no Hospital Federal da Lagoa e no Hospital São Lucas, localizados na cidade do Rio de Janeiro.

Antes do procedimento em si, os indivíduos foram avaliados quanto aos aspectos linguísticos e cognitivos com o Exame Cognitivo de Addenbrooke – Versão Revisada/Adaptação Brasileira. (Amaral; Caramelli, 2007) Essa avaliação pré-operatória é uma ferramenta bastante útil e de fácil entendimento, se mostrando viável para avaliação cognitiva dos pacientes indicados para esse tipo de abordagem. Através da execução desse teste é possível avaliar cinco domínios cognitivos: (i) atenção e orientação, (ii) memória, (iii) fluência verbal, (iv) linguagem e (v) habilidade visuoespacial.

Os pacientes também realizaram os testes DO 80 e PPTT antes da cirurgia a fim de conhecerem as tarefas e saberem exatamente o que seria exigido durante o procedimento. Se o paciente apresentasse erros em determinada imagem na aplicação pré-cirúrgica, essa imagem deveria ser retirada. Portanto, era fundamental que, durante a cirurgia, fossem usadas apenas as imagens a que o paciente tivesse respondido corretamente na visita pré-operatória. (Ojemann, 1979; Chang et al., 2018)

Caso 01

O paciente W., 34 anos, homem, iniciou quadro de crise convulsiva do tipo tônico-clônica generalizada em junho de 2019. Previamente não apresentava nenhuma outra queixa neurológica. Após o aumento da frequência e da intensidade das crises, o paciente foi levado à emergência de um hospital no Rio de Janeiro, onde foi realizada uma tomografia computadorizada de crânio, sendo identificada uma alteração radiológica sugestiva de um tumor cerebral.

Após a alta, o paciente continuou a investigação ambulatoriamente com uma ressonância magnética de crânio que identificou uma lesão frontoparietal direita, sugestivo de uma neoplasia glial de baixo grau.

Pela idade do paciente, pela localização da lesão, pelo tipo de tumor e pela predisposição do paciente, foi planejado uma craniotomia com o paciente acordado, para realizar o mapeamento cortical e uma ressecção mais segura (figura 4).

Essa abordagem teve como objetivo principal preservar as funções neurológicas e realizar uma ressecção supratotal.

Em avaliação pré-cirúrgica, o paciente não apresentou comprometimento linguístico-cognitivo. O paciente se familiarizou com o protocolo, que incluía tudo que seria pedido a ele durante o mapeamento intraoperatório.

Figura 4: Paciente posicionado em decúbito lateral sob anestesia geral
para a realização do acesso cirúrgico

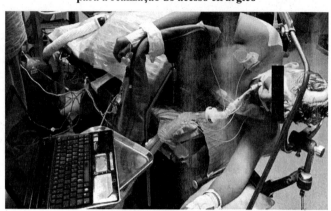

Fonte: Foto de Emily Silvano da Silva.

O protocolo consistia nas tarefas de contagem automática de zero a dez, teste DO 80 e PPTT *test*, associados com movimentação do braço esquerdo durante as produções de fala. Após a retirada da anestesia e do tubo orotraqueal, iniciamos a orientação do paciente até a total constatação de que o mesmo estava apto para realizar as tarefas propostas.

A primeira tarefa do protocolo organizado foi a de contagem, para analisar a produção automática. Foi solicitado então que o paciente contasse de zero a dez e logo após refizesse a contagem. Durante o teste, o paciente apresentou supressão de fala e disartria, através de hipotonia de face e língua. Esses sinais ocorreram durante a estimulação do giro frontal inferior direito.

Para o DO 80 e o PPTT *test*, o paciente visualizava a tela do computador e respondia aos comandos, como podemos ver na figura 4. Como já havia familiaridade com o tipo de procedimento, coube à fonoaudióloga participante observar sinais e sintomas que poderiam se apresentar, além de motivar e transmitir segurança para o paciente.

A segunda tarefa consistia no teste DO 80. O paciente executou os comandos de maneira satisfatória na maior parte do tempo. Entretanto, alguns sinais foram observados: anomia, *delay* (paciente demorava mais que os 4 segundos que o teste permite para responder), supressão e disartria, ao ser estimulado o giro frontal inferior direito. A terceira tarefa foi o PPTT *test*, em que os mesmos sinais puderam ser observados enquanto a estimulação era aplicada.

Durante o mapeamento cortical, o paciente apresentou três episódios de crise convulsiva focal. Foi administrado anticonvulsivante intraoperatório e, durante a estimulação, o tecido cerebral foi irrigado com soro fisiológico gelado com intuito de prevenir tais crises. Após a ressecção, o paciente foi novamente sedado e intubado.

No dia seguinte ao procedimento cirúrgico, foi realizada uma avaliação fonoaudiológica. O paciente estava acordado, lúcido e orientado e apresentou como déficit imediato uma leve paresia facial à esquerda, disartria e anomia sútil. Após a alta, o paciente realizou fonoterapia durante dois meses e todos os sintomas foram revertidos. Um ano após o procedimento, em exame de acompanhamento, o paciente relatou que a craniotomia de fato tinha gerado desconforto, mas que se mostrou um processo tolerável e que trouxe para ele benefícios inigualáveis (sic).

Caso 02

A paciente P., mulher, 58 anos, apresentou um quadro súbito de paresia facial que a motivou a procurar uma emergência. Foi realizada uma ressonância de crânio e identificada uma lesão na região da ínsula esquerda, sugestiva de uma neoplasia glial de alto grau. Optou-se pela realização de craniotomia com a paciente acordada, devido à localização da lesão e à possibilidade de ressecção supratotal.

Durante o Addenbrooke, a paciente apresentou prejuízo significativo na tarefa de atenção e concentração relacionadas ao cálculo matemático, parte integrante do domínio cognitivo de Atenção e Orientação. Os resultados dos demais domínios foram satisfatórios. O domínio de fluência verbal, que poderia apresentar escore de 0 a 7, obteve escore 5 para nomeação de palavras com a letra P em 60 segundos, bem como escore 6 para nomeação de animais com qualquer letra em 60 segundos.

Nessa abordagem cirúrgica, optou-se por manter a paciente sedada para realizar o acesso craniano e o fechamento, não sendo realizada intubação orotraqueal. Após a retirada da sedação, auxiliamos a total retomada da consciência para iniciar a testagem com o mapeamento.

A paciente P. apresentou muito desconforto com a posição durante o procedimento, o que a deixou muito estressada e em sofrimento durante o mapeamento. Desta maneira, apenas a prova de contagem pôde ser realizada. Durante essa tarefa, a paciente apresentou diferentes sinais afásicos, visto que a área de localização do tumor é extremamente importante para a produção linguística. A paciente P. apresentou disartria durante o mapeamento do córtex pré-frontal, bem como supressão, *delay* e perseveração durante a contagem.

Vejamos a seguir a transcrição de um desses episódios, em que P é a paciente, N é o neurocirurgião e F é a fonoaudióloga.

N: Pode contar, por favor.
F: Vamos lá, P.!

P: Um, dois, três, quatro, cinco, seis, sete...

F: Mexe o braço.

P: Oito, nove...

F: Mais um!

P: Dez.

F: Foi!

N: De novo.

F: Mais uma vez, P.!

P: Um, dois, três, quatro, quatro, quatro...

Após a ressecção de parte do tumor, a paciente foi sedada e foi realizado o fechamento da incisão. A alta ocorreu dois dias após a cirurgia. O protocolo Addenbrooke realizado após a alta mostrou que a dificuldade com a tarefa de cálculo permaneceu. Prejuízos no domínio cognitivo de memória também foram observados, no que se refere à recordação de palavras e memória anterógrada. O domínio da fluência verbal revelou rebaixamento dos escores para 9, na nomeação de palavras, e para 1, na nomeação de animais com uma dada letra, evidenciando dificuldades no acesso lexical.

Durante avaliação da linguagem, P. apresentou anomia, *delay* e disartria. Questões de Morfologia verbal e Sintaxe também foram encontradas (p. ex. *Ontem nós come pudim*). O quadro linguístico foi sugestivo de uma Afasia de produção. Sua compreensão se mostrava relativamente preservada para enunciados não complexos.

A IMPORTÂNCIA DA FONOAUDIOLOGIA NA ABORDAGEM NEUROCIRÚRGICA COM O PACIENTE ACORDADO

A Fonoaudiologia é a ciência que estuda os aspectos normais e patológicos da comunicação humana. Portanto, o fonoaudiólogo é o profissional especialista habilitado para avaliar, diagnosticar e reabilitar transtornos de comunicação. Sendo o fonoaudiólogo o profissional especialista nos aspectos da comunicação, pensar sua presença em um procedimento que pode afetar diretamente essa habilidade parece óbvio. Contudo, apesar de a inclusão do fonoaudiólogo no procedimento ser recorrente em outros países, como EUA e França, essa prática ainda não é comum no Brasil.

Uma razão para isso é que a Fonoaudiologia no Brasil só foi regulamentada e reconhecida em 09 de dezembro de 1981. Esse fato a torna extremamente jovem frente às ciências cognitivas e, não surpreendentemente, faz com que muitas possibilidades de atuação não tenham ainda sido praticadas aqui.

Na abordagem cirúrgica com o paciente acordado, a união dos conhecimentos da Neurociência da Linguagem e do saber fonoaudiológico se mostram úteis e necessários para auxiliar no mapeamento funcional cortical da linguagem. Assim, a expectativa é de que o pioneirismo do trabalho aqui relatado possa contagiar mais profissionais para os estudos em Neurociência da Linguagem e promover a inserção do fonoaudiólogo nesse rico campo de atuação interdisciplinar.

BIBLIOGRAFIA

ASLIN, R. N.; PISONI, D. B. Some Developmental Processes in Speech Perception. In: YENI-KOMSHIAN, G. KAVANAGH, J. F.; FERGUSON, C. A. (eds.). *Child Phonology*: Perception and Production. New York: Academic Press. 1980, pp. 67-96.

BEAR, M. F.; CONNORS, B. W.; PARADISO, M. A. *Neuroscience*: exploring the brain. Baltimore: Williams; Wilkins, 1996, p. 666.

BRENNAN, N. M. et al. Object naming is a more sensitive measure of speech localization than number counting: converging evidence from direct cortical stimulation and fMRI. *Neuroimage*, v. 37, 2007, (Suppl 1), pp. S100-S108.

DEHAENE-LAMBERTZ, G. et al. Functional organization of perisylvian activation during presentation of sentences in preverbal infants. *Proc. Natl. Acad. Sci. PNAS*. USA, v. 103, n. 38, 2006, pp. 14240-5.

FRANÇA, A. I. *Concatenações linguísticas:* estudo de diferentes módulos cognitivos na aquisição e no córtex. Rio de Janeiro, 2002. f. 233. Tese (Doutorado) - Universidade Federal do Rio de Janeiro (UFRJ).

CARVALHO, V.; CARAMELLI, P. Brazilian adaptation of the Addenbrooke's cognitive examination-revised (ACE-R). *Dementia & Neuropsychologia*, v. 1, n. 2, 2007, pp. 212-6.

CHANG, E.; RAYGOR, K.; BERGER, M. Contemporary model of language organization: an overview for neurosurgeons. *Journal of neurosurgery*, v. 122, n. 2, 2015, pp. 250-61. Doi: 10.3171/2014.10.JNS132647.

FIELD, D. J. Relations between the statistics of natural images and the response properties of cortical cells. *Journal of the Optical Society of America A*, v. 4, n. 12, 1987, pp. 2379–94.

FODOR, J. *The Modularity of Mind*. Cambridge: MIT press, 1983.

GOGOS, A. et al. Awake glioma surgery: technical evolution and nuances. *Journal of neuro-oncology*, v. 147, n. 3, 2020, pp. 515-24. Doi: 10.1007/s11060-020-03482-z.

HARRIS, K. D. Neural signatures of cell assembly organization. *Nature Reviews. Neuroscience*, v. 6, 2005, pp. 399–407.

HEBB, D. O. *The Organization of Behavior*. New York: John Wiley, 1949.

HICKOK, G.; POEPPEL, D. Towards a functional neuroanatomy of speech perception. *Trends in Cognitive Sciences*, v. 4, n. 4, 2000, pp. 131–8.

HOWARD, D.; PATTERSON, K. *Pyramids and palm trees*: a test of semantic access from pictures and words. Bury St. Edmonds: Thames Valley Test Company. 1992.

IMADA, T. et al. Infant speech perception activates Broca's area: a developmental magnetoencephalography study. *NeuroReport*, v. 17, 2006, pp. 957–62.

JUSCZYK, P. W.; ASLIN, R. N. (1995). Infants' detection of the soundpatterns of words in fluent speech. Cognitive Psychology, 29, 1–23.

https://doi.org/10.1006/cogp.1995.1010 KOBAYASHI, Y.; YE, Z.; HENSCH, T. K. Clock genes control cortical critical period timing. *Neuron*, v. 86, 2015, pp. 264-75.

LEE, F. S. et al. Adolescent mental health—Opportunity and obligation. *Science*, v. 346, n. 6209, 31 out. 2014, pp. 547-9.

MARTINO, J. et al. Resting functional connectivity in patients with brain tumors in eloquent areas. *Annals of neurology*, v. 69, n. 3, 2011. pp. 521-32.

MILLS, D.L.; COFFEY-CORINA, S. A.; NEVILLE, H. J. Language acquisition and cerebral specialization in 20-month-old infants. *Journal Cognitive. Neuroscience,* v. 5, 1993, pp. 317-34.

MIOSHI, E. et al. The Addenbrooke's Cognitive Examination Revised (ACE-R): a brief cognitive test battery for dementia screening. *International Journal of Geriatric Psychiatry:*v. 21, n. 11, 2006, pp. 1078-85.

OJEMANN, G. et al. Cortical language localization in left, dominant hemisphere: an electrical stimulation mapping investigation in 117 patients. *Journal of Neurosurgery*, v. 71, 1989, pp. 316-26.

OJEMANN, G.; SCHOENFIELD-MCNEILL, J. Act ivity of neurons in human temporal cortex during identification and memory for names and words. *Journal of Neuroscience,* v. 19, 1999, pp. 5674-82.

OKUNLOLA, A. et al. Awake craniotomy in neurosurgery: Shall we do it more often? *Interdisciplinary Neurosurgery*, v. 21, 2020. Doi: 10.1016/j.inat.2020.100770.

ÖZLÜ, O. Anaesthesiologist's approach to awake craniotomy. *Turkish journal of anaesthesiology and reanimation*, v. 46, n. 4, 2018, pp. 250-6. Doi: 10.5152/TJAR.2018.56255.

PENFIELD, W.; BOLDREY, E. Somatic motor and sensory representation in the cerebral cortex of man as studied by electrical stimulation. *Brain*, v. 60, n. 4, 1937, pp. 389-443.

PENFIELD W.; ROBERTS L. *Speech and brain mechanisms*. Princeton, Nova Jersey: Princeton University Press, 1959.

RAKIC, P. Early developmental events: cell lineages, acquisitions of neuronal positions, and areal and laminar development. *Neurosci. Res. Program Bull*, v. 20, 1982, pp. 439-51.

ROIZEN, N. J. 'Down syndrome'. In: BATSHAW, M. L. (ed.), *Children with disabilities.* Baltimore: Brookes, 2002, pp. 307-20.

SAFFRAN J. R.; WILSON, D. P. From syllables to syntax: multilevel statistical learning by 12-month-old infants. *Infancy*, v. 4, n. 2, 2003, pp. 273-84.

SAFFRAN J. R.; KIRKHAM, N. Infant Statistical Learning. *Annual Review of Psychology,*v. 69, January 04 2018, pp. 181-203.

SHEN, E. et al. The Stony Brook awake craniotomy protocol: A technical note. *Journal of Clinical Neuroscience*, v. 67, 2019, pp. 221-225. Doi: 10.1016/j.jocn.2019.06.042.

SILVA-PEREYRA, J.; RIVERA-GAXIOLA, M.; KUHL, P. K. An event-related brain potential study of sentence comprehension in preschoolers: semantic and morphosyntatic processing. *Cognitive Brain Research*, v. 23, 2005, pp. 247-85.

TAKESIAN, A. E. et al. Inhibitory circuit gating of auditory critical-period plasticity. *Nature Neuroscience.* v. 21, n. 2, Feb.2018, pp. 218-27.

TALACCHI, A. et al. Awake surgery between art and science. Part II: language and cognitive mapping. *Functional Neurology,* v. 28, n. 3, 2013, p. 223.

UDWIN, O.; YULE, W. 'A cognitive and behavioural phenotype in Williams syndrome', *Journal of Clinical and Experimental Neuropsychology,* v. 13, n. 2, 1991, pp. 232-44.

VALLAR, G. The methodological foundations of human neuropsychology: studies in brain-damaged patients. In: BOLLER, F.; GRAFMAN, J.; RIZZOLATTI, G. (eds.), *Handbook of Neuropsychology.* Amsterdam: Elsevier, 2000, pp. 305-44.

WERKER, J. F.; HENSCH T. K. Critical periods in speech perception: new directions. *Annual Review of Psychology*, v. 66, 2015, pp. 173-96.

WUNDERLICH, G. et al. Precentral glioma location determines the displacement of cortical hand representation. *Neurosurgery*, v. 42, 1998, pp. 18–26.

Pragmática

Diogo Pinheiro, Liana Biar e Renata Mousinho

Uma delimitação precisa do campo da Pragmática está longe de ser trivial, mas uma definição preliminar é relativamente simples. De modo geral, a Pragmática é entendida como o *campo que investiga o significado linguístico que emerge em situações comunicativas particulares*. A julgar por essa definição, a Pragmática se distingue nitidamente da Semântica, cujo interesse recai sobre o significado descontextualizado – isto é, aquele significado atrelado, de forma inerente, às palavras e sentenças.[36]

Para ilustrar essa diferença, observemos o diálogo abaixo:

João: Amanhã eu vou acordar às 5 horas e fazer uma hora de exercício.
Maria: E eu sou a rainha da Inglaterra.

Considere a sentença "E eu sou a rainha da Inglaterra". Note que, em qualquer situação comunicativa, ela sempre irá evocar a ideia de que a falante é uma mulher que ocupa o cargo mais alto da monarquia inglesa. Esse significado, portanto, é estável e independente do contexto de uso – e, precisamente por isso, interessa à Semântica. Por outro lado, no contexto desse diálogo, um significado adicional emerge: a ideia de que a Maria é absolutamente cética em relação à disposição ou capacidade do João para adotar hábitos saudáveis. Como essa interpretação está atrelada a uma situação particular (se o João não tivesse falado sobre acordar cedo e se exercitar, ela não teria emergido), trata-se de um tipo de significado que interessa à Pragmática.

Diretamente ligada à diferença entre Semântica e Pragmática, está a distinção entre os conceitos de *enunciado* e *sentença*. Um enunciado é simplesmente o produto de um ato de enunciação: se alguém abre a boca (ou o Whatsapp) e fala (ou escreve) uma sequência de palavras, essa pessoa está produzindo um enunciado. Assim, se cinco pessoas em uma sala disserem "Está muito quente hoje", podemos afirmar que foram produzidos cinco enunciados distintos. Uma sentença, por outro lado, é uma abstração baseada nesses usos concretos. Assim, embora as cinco enunciações de "Está muito quente hoje" consistam em *cinco enunciados distintos*, diremos que todas elas correspondem a *uma única sentença*.

Como se vê, o enunciado é local e efêmero, ao passo que a sentença, por estar desvinculada da situação comunicativa concreta, tem uma natureza perene. Como você deve ter observado, essa oposição é perfeitamente paralela à diferença que estabelecemos mais acima entre Semântica e Pragmática. Por isso, juntando tudo o que dissemos até aqui, é possível sintetizar a distinção entre esses dois campos nos seguintes termos: enquanto a Semântica lida com sentenças, cujo significado é estável e independente do contexto de uso, a Pragmática lida com enunciados, cujo significado é variável e atrelado a contextos particulares. Essa diferença está resumida no quadro a seguir:

Quadro 1: Diferença entre Semântica e Pragmática

Semântica	Pragmática
Significado independente do contexto de uso	Significado atrelado a um contexto de uso específico
Estabilidade	Variabilidade
Sentença	Enunciado

Fonte: Elaboração dos autores.

COMO ESTUDAR PRAGMÁTICA

A Pragmática é um campo reconhecidamente heterogêneo. Por um lado, é possível pensá-la como um nível de descrição gramatical diferente da – mas complementar à – Semântica. Por outro, é possível tomá-la como uma visão de linguagem que orienta estudos sobre o lugar das práticas linguísticas na vida social. Essa distinção está refletida na estrutura desta seção: a primeira parte trata do que chamamos aqui, por falta de um termo melhor, de Pragmática clássica, que subsidia a descrição gramatical das línguas naturais; a segunda contempla os estudos pragmáticos que, ao se voltarem para a análise da vida social, aproximam-se francamente de áreas como a Sociologia e a Antropologia.

Tópicos em Pragmática clássica

DÊIXIS

O termo "dêixis" deriva da palavra grega que significa "apontar", "indicar". No campo da Pragmática, esse termo se refere ao modo como as línguas codificam diferentes aspectos do evento de comunicação.

Para entender essa ideia, pense na seguinte situação: Maria, João e José estão conversando na sala da casa da Maria às 14h20 do dia 08 de setembro de 2020. Simplificadamente, é possível imaginar que esse evento de comunicação inclui três dimensões: os participantes (Maria, João e José), o tempo (14h20 de 08/09/2020) e o lugar (sala da casa da Maria). Observe que o português tem palavras específicas para codificar cada uma dessas dimensões: pronomes pessoais como "eu", "você", "nós" e "me", dentre muitos outros, se referem aos participantes; advérbios temporais como "hoje", "agora" e "já" se referem ao momento da enunciação; e um locativo como "aqui" se refere ao lugar de enunciação. Todas essas palavras consistem, portanto, em *elementos dêiticos*.

Com base nesses exemplos, é possível identificar a propriedade mais importante dos dêiticos: o fato de que seu significado não pode ser plenamente apreendido sem referência a alguma dimensão do evento de comunicação. Por exemplo, você consegue calcular o significado da expressão "casa amarela" sem saber quem está falando ou onde a conversa está acontecendo, mas é impossível saber a que casa se refere a expressão "minha casa" se você não souber quem a enunciou. Se eu disser "minha casa", estarei me referindo a um espaço bem diferente daquele que é denotado quando alguém que não mora comigo usa essas mesmas palavras. Isso acontece, é claro, por obra e graça do pronome "minha", que é um elemento dêitico.

Não são dêiticos, porém, apenas os termos que fazem referência direta ao evento de comunicação – nessa categoria, incluem-se ainda os termos que *evocam implicitamente* esse evento. Compare, por exemplo, as palavras "hoje" e "ontem". "Hoje" se refere diretamente ao momento em que ocorre a enunciação, ao passo que "ontem" apenas evoca esse momento de maneira implícita. Suponha, por exemplo, que, na conversa com João e José, Maria dissesse que "ontem fez muito calor". Você só tem como saber que o dia ensolarado é 07/09/2020 caso saiba que a conversa está acontecendo em 08/09/2020. Tanto "ontem" quanto "hoje", portanto, evocam de alguma maneira o evento de comunicação (e, nesse sentido, ambos são igualmente dêiticos), embora o segundo o designe diretamente ("hoje" se refere, nesse contexto, ao próprio dia 08/09/2020) e o primeiro apenas o tome como ponto de referência temporal ("ontem" se refere, nesse contexto, ao dia imediatamente anterior a 08/09/2020).

Tradicionalmente, as três dimensões do evento de comunicação que podem ser codificadas por meio de elementos dêiticos são usadas como critérios de classificação do fenômeno da dêixis. Assim, a literatura irá fazer referência à dêixis de pessoa (realizada por termos como "eu" e "você"), à dêixis de tempo (realizada por termos como "hoje", "agora" e "ontem") e à dêixis de lugar (realizada por termos como "aqui" e "ali"). Para além desses três tipos, alguns autores reconhecem ainda a chamada dêixis social, que codifica "as identidades sociais dos participantes (...) ou a relação social entre eles" (Levinson, 2007: 110-1). Em português, os exemplos mais evidentes desse tipo de dêixis são, talvez, certas formas especiais de tratamento, como "Vossa Senhoria", "Vossa Excelência" e "Vossa Magnificência": note que, embora se refiram aos participantes da interação, essas formas fazem mais do que simplesmente informar que seu referente é o destinatário do enunciado – elas acrescentam alguma informação sobre o papel social (e não apenas interacional) desse destinatário.[37]

De um ponto de vista cognitivo, a dêixis é um fenômeno complexo e intrigante, em particular por conta da capacidade conhecida como projeção dêitica: a habilidade que o falante tem de se descolar imaginativamente do aqui-e-agora da comunicação e passar a ancorar a referência dêitica em um espaço-tempo alternativo. Isso é o que ocorre, por exemplo, quando alguém narra um acontecimento passado usando o presente do indicativo. Pense, por exemplo, em um enunciado do tipo "Aí eu piso na sala e dou de cara com meu ex": aqui, o emprego do tempo presente leva o ouvinte/leitor a se afastar (mentalmente) do aqui-e-agora da interação e a se transportar (mentalmente) para o espaço-tempo dos fatos narrados. Por essa exata razão, muitas pessoas sentem que, quando histórias são narradas com o presente do indicativo, elas soam mais vívidas – é a projeção dêitica operando a sua mágica.[38]

Em suma, o fenômeno pragmático da dêixis (i) diz respeito à codificação léxico-gramatical de aspectos do evento de comunicação, (ii) costuma ser subdividido em pelo menos quatro tipos (dêixis de pessoa, dêixis de tempo, dêixis de lugar e dêixis social) e (iii) admite a possibilidade de projeção dêitica, em que a interpretação do enunciado se ancora em um espaço-tempo diferente do aqui-e-agora da enunciação.

PRESSUPOSIÇÃO

Os seres humanos são incrivelmente competentes em formular hipóteses sobre os estados mentais de outros seres humanos. Por exemplo: se alguém abre a geladeira, franze e a testa e olha para você com cara de poucos amigos, você imediatamente entende que essa pessoa (i) descobriu que sua comida foi surrupiada e (ii) não ficou nada feliz com isso.

Mas o que isso tem a ver com linguagem? Simples: as hipóteses que nós formulamos sobre os estados mentais alheios afetam o modo como nossos enunciados são gramaticalmente "empacotados". Por exemplo: se alguém entra na sala durante a transmissão de um jogo de futebol e olha para a TV, talvez você diga "O jogo já está 1 a 0" – mas dificilmente diria "Está passando um jogo". A razão para isso é simples: acontece que o artigo definido indica que o referente do sintagma nominal já era de conhecimento do interlocutor (ao menos, segundo o cálculo mental do falante), ao passo que o artigo indefinido sinaliza o contrário disso. Como, nesse caso, (o falante sabe que) o ouvinte sabe que há um jogo em andamento, não faz sentido dizer "um jogo" – apenas a forma "o jogo" será pragmaticamente bem-sucedida.[39]

Tecnicamente, esse conhecimento prévio que atribuímos aos nossos interlocutores, e que motiva o emprego de elementos léxico-gramaticais específicos, é chamado de *pressuposto*. No exemplo do parágrafo anterior, podemos dizer que o falante atribui ao ouvinte o pressuposto (isto é, o conhecimento prévio) de que *há um jogo acontecendo* e, em função disso, "empacota" seu enunciado com o artigo definido "O".

Essa maneira de caracterizar o pressuposto reflete, como se vê, o ponto de vista do falante/escritor. No entanto, também é possível (e provavelmente mais comum) defini-lo segundo a perspectiva do ouvinte/leitor. Nesse caso, diremos que o pressuposto é uma proposição implícita evocada por alguma marca léxico-gramatical presente em um enunciado.[40] Sob essa ótica, diremos que, no enunciado "O jogo já está 1 a 0", o artigo "O" evoca o pressuposto de que *há um jogo acontecendo* (em português claro: o artigo sinaliza que o falante julga que o ouvinte já está ciente de que há um jogo acontecendo).

Como se observa, uma característica dos pressupostos é o fato de que eles estão atrelados a elementos formais específicos (como o artigo "O", no caso do nosso exemplo). Por terem a propriedade de evocar proposições que não são enunciadas de modo explícito, esses elementos são frequentemente referidos como *acionadores de pressuposição*. O quadro abaixo elenca alguns desses acionadores:[41]

Quadro 2: Exemplos de acionadores de pressuposição

Tipo de Acionador	Exemplo	Pressuposto Evocado
Descrições definidas	O jogo já está 1 a 0	Há um jogo acontecendo
Verbos factivos	Lamento que o Zé não tenha esperado	O Zé não esperou
Verbos implicativos	João conseguiu abrir a porta	João tentou abrir a porta
Verbos de mudança de estado	João parou de fumar	João fumava
Palavras ou expressões iterativas	Ele se perdeu de novo.	Ele já havia se perdido antes
Verbos de julgamento	Carlos acusou João de ter revelado a verdade ao José	Revelar a verdade ao José é algo ruim
Sentenças clivadas	Foi o João que quebrou o copo	Alguém quebrou o copo

Fonte: Elaboração dos autores.

Os exemplos desse quadro ilustram a caracterização que propusemos anteriormente para o fenômeno da pressuposição. Pense, por exemplo, no uso de uma sentença como "João conseguiu abrir a porta": você provavelmente só a empregaria se tivesse motivos para supor que seu interlocutor já estava inteirado dos esforços do João. Em outras palavras, o falante precisa *pressupor* que o interlocutor detém um certo conhecimento (neste caso, que João estava empenhado em abrir a porta) para então optar por uma certa formulação linguística (neste caso, o verbo implicativo "conseguir"). Além disso, caso a suposição do falante se revele equivocada (isto é, caso não seja verdadeiro que o ouvinte já estava ciente dos esforços do João), o resultado poderá ser um ruído na comunicação – que talvez se manifeste sob a forma de uma pergunta estupefata, do tipo "Oi?! Eu nem sabia que ele estava tentando abrir!".[42]

Em resumo, o fenômeno pragmático da pressuposição está ligado à habilidade humana de formular hipóteses sobre o estado de conhecimento do outro. Adotando o ponto de vista do falante, podemos dizer que essas hipóteses guiam nossas escolhas linguísticas; adotando o ponto de vista do ouvinte, podemos dizer que a presença de certas marcas léxico-gramaticais em um enunciado – os chamados *acionadores de pressuposição* – tem o poder de evocar informações pressupostas.

IMPLICATURA CONVERSACIONAL

Diferentemente do que ocorre com a dêixis e com a pressuposição, dois conceitos que carregam uma longa história de investigações em Linguística e em Filosofia da linguagem, a origem dos estudos sobre implicatura conversacional pode ser localizada em um acontecimento específico e relativamente recente: uma série de palestras proferidas em 1967, na Universidade de Harvard, pelo filósofo britânico Herbert Paul Grice (1913-1988).[43]

Em essência, o que Grice propôs nessas palestras foi uma teoria simples e elegante sobre o comportamento conversacional humano e sobre a relação entre esse comportamento e a emergência de significados implícitos. O ponto de partida aqui é a ideia de que, quando as pessoas conversam, elas o fazem de maneira racional e cooperativa. A fim de sistematizar esse insight fundamental, Grice propôs aquilo que ficou conhecido como Princípio Cooperativo, cuja formulação é a seguinte: "produza uma contribuição conversacional que esteja em conformidade com aquilo que é exigido no momento em que essa contribuição ocorre, considerada a finalidade ou direção do intercâmbio conversacional em que você está engajado"[44] (Grice, 1991: 26).

Enunciado dessa maneira, porém, o Princípio é bastante vago. Por essa razão, Grice o subdivide em quatro *máximas conversacionais*, que estão resumidas a seguir.[45]

Quadro 3: Máximas conversacionais

Máxima da Quantidade	1. Faça com que sua contribuição seja tão informativa quanto requerido (para as finalidades correntes da interação). 2. Não faça com que sua contribuição seja mais informativa do que o requerido.
Máxima da Qualidade	Tente fazer com que sua contribuição seja verdadeira; especificamente: 1. Não diga o que acredita ser falso. 2. Não faça afirmações para as quais não tenha evidências adequadas.
Máxima da Relação	1. Faça contribuições relevantes.
Máxima do Modo	Seja claro. 1. Evite obscuridade de expressão. 2. Evite ambiguidade. 3. Seja breve (evite prolixidade desnecessária). 4. Expresse-se de forma ordenada.

Fonte: elaboração dos autores.

Fundamentalmente, Grice descobriu que, quando nós partimos da suposição de que nosso interlocutor está sendo cooperativo (isto é, de que ele está *aderindo* às máximas que mostramos no quadro), sentimo-nos autorizados a fazer certas inferências a partir do que é dito. A essas inferências, Grice se refere como *implicaturas conversacionais.*[46]

Para tornar a explicação menos abstrata, considere a seguinte situação fictícia: José fica sabendo que, para ser elegível a um certo auxílio em dinheiro, ele não pode ter mais que três filhos. O problema, no entanto, é que João é pai de quatro crianças. Apesar disso, e espertamente, ele escreve de próprio punho uma carta que contém a seguinte declaração:

(1) Eu tenho dois filhos.

Pense bem: tecnicamente, não podemos acusar o José de mentiroso. Afinal, se é verdade que ele é pai de quatro crianças, então é necessariamente verdadeira a afirmação de que ele tem dois filhos. Apesar disso, não conseguimos evitar a sensação de que José foi desonesto. Mas por que isso? O que torna a declaração de José desonesta, dado que ela é objetivamente verdadeira?

A resposta está nas máximas de Grice. Por um lado, a única coisa que José realmente *disse* (isto é, comunicou de modo explícito) é que ele tem dois filhos. Ao mesmo tempo, porém, quando nos deparamos com esse enunciado, partimos do princípio de que José está observando as máximas conversacionais – aí incluída, portanto, a Máxima da Quantidade. Como essa máxima estabelece que nós devemos fornecer as informações requeridas na sua totalidade, tendemos inconscientemente a assumir que, se alguém diz que tem dois filhos, essa pessoa está dizendo que tem *apenas* dois filhos. E, por isso, embora José diga "eu tenho dois filhos", o que nós interpretamos é que *José tem dois e apenas dois filhos.*

Como se observa, José acaba por comunicar mais do que o que ele diz de maneira explícita. É precisamente esse significado adicional, que é inferido pelo interlocutor com base na suposição de que José está aderindo às máximas conversacionais, que Grice chama de implicatura. Usando a metalinguagem de Grice, portanto, podemos dizer que o enunciado (1) produz a implicatura de que *José tem apenas dois filhos.* Ou, então, que José *diz* que tem dois filhos e *implica* que tem apenas dois filhos.

Note que a sentença "Eu tenho dois filhos" irá gerar a implicatura *Eu tenho apenas dois filhos* em qualquer contexto. Isto é: se, em vez de escrever uma carta de próprio punho para obter um auxílio, José tivesse proferido o enunciado em resposta a um flerte de Maria (algo como "Me conta um pouco mais sobre você"), a mesmíssima implicatura iria emergir – ou seja, a Maria iria assumir que José tem *exatamente dois filhos*. E mais do que isso: se José estivesse quantificando *qualquer outra coisa* ("eu comprei três livros", "Carlos quebrou cinco copos" etc.), ainda assim obteríamos implicaturas muito semelhantes (eu comprei *exatamente* três livros; Carlos quebrou *não mais que* cinco copos etc.).

Isso mostra que a implicatura produzida em (1) é independente do contexto, no sentido de que a enunciação daquela sentença – e de um sem-número de outras sentenças semelhantes – irá sempre gerar o mesmo tipo de implicatura. A essas implicaturas que não estão atreladas a situações comunicativas específicas, Grice se refere como *implicaturas conversacionais generalizadas*.

Muito diferentes destas são as *implicaturas conversacionais particularizadas* – que, como o nome sugere, estão atreladas a contextos pragmáticos particulares. Considere, por exemplo, o diálogo a seguir:

(2) Maria: Você sabe se o João veio em casa hoje?
José: Olha, não tem mais nenhuma comida na geladeira.

O intercâmbio em (2) pode, à primeira vista, parecer incoerente: afinal, Maria pergunta sobre um assunto (a localização do João) e José responde sobre outra coisa (a falta de comida na geladeira). Como José parece ter dado uma contribuição que não tinha relação com o tópico em pauta (ou seja, não era relevante para a interação em curso), tudo indica que ele infringiu a Máxima da Relação.

É muito provável, contudo, que você não se dê por satisfeito com essa análise. Por exemplo, talvez você interprete a fala do José da seguinte maneira: dado o conhecimento compartilhado de que o João come muito, o fato de que não há mais comida na geladeira permite concluir que ele esteve em casa. Essa hipótese interpretativa tem a grande vantagem de restabelecer, em um nível profundo, a coerência textual. Mas, afinal, como conseguimos chegar a essa leitura, dado que nada na fala do José aponta para ela?

Segundo Grice, o mecanismo é o seguinte. Caso Maria se ativesse apenas ao que José afirma explicitamente, ela teria que aceitar que José está violando abertamente a Máxima da Relação (e, portanto, o Princípio Cooperativo). Maria sabe, porém, que isso seria improvável – afinal, as pessoas tendem a se comportar conversacionalmente de forma racional e cooperativa. Por isso, ela decide buscar, na fala do seu interlocutor, uma espécie de significado oculto – e essa busca acaba por levar à ideia de que *João provavelmente esteve em casa em algum momento*. Esse significado implícito cumpre, assim, o papel de salvar o Princípio Cooperativo: graças a ele, percebemos que José não está sendo irracional nem pouco cooperativo – afinal, apesar das aparências, ele está, sim, fornecendo a informação requisitada.

Para Grice, esse "significado oculto" que emerge a partir da aparente violação a uma máxima também é uma implicatura conversacional. No entanto, note que, diferentemente das implicaturas generalizadas, essa implicatura é altamente dependente do contexto comunicativo. Para verificar isso, observe o seguinte: se o diálogo fosse aquele que vemos em (3), e não mais o de (2), o significado seria muito diferente.

(3) Maria: Vamos convidar o pessoal para vir aqui em casa hoje?
    José: Olha, não tem mais nenhuma comida na geladeira.

Aqui, você provavelmente interpretará a fala de José como uma defesa da ideia de que "é melhor não convidar ninguém, porque não temos o que oferecer" (e não mais como uma informação sobre o paradeiro do João). A comparação entre esses dois exemplos mostra que aqui, diferentemente do que ocorre em (1), estamos diante de uma *implicatura particularizada*.

Por fim, note-se que, em (2) e em (3), o interlocutor *parece mudar* abruptamente de assunto, mas não o faz de fato, já que isso implicaria uma infração à Máxima da Relação. Pelo mesmo motivo, quando interlocutores *de fato* pretendem proceder a uma mudança brusca de tópico, eles tipicamente sinalizam essa intenção por meio de elementos que ficaram conhecidos na literatura como "hedges". Trata-se de expressões do tipo "Mudando de assunto..." ou "Enfim...", que cumprem uma função interacional muito importante: mostrar para o outro que eles conhecem o Princípio Cooperativo (mais especificamente, neste caso, a Máxima da Relação) e entendem que infringir esse Princípio não é um comportamento interacional razoável.

Em suma, implicaturas conversacionais são inferências que emergem a partir da suposição tácita de que o falante está observando uma máxima conversacional. Em alguns casos, essas inferências independem do contexto de enunciação – situação na qual são chamadas de implicaturas conversacionais generalizadas. Em outros, a inferência se mostra fortemente atrelada a um contexto de uso específico – e aqui estamos no terreno das implicaturas conversacionais particularizadas.

Estudos da fala-em-interação

Vamos a partir de agora lançar mão de um termo guarda-chuva, "Estudos da fala-em-interação", para nos referir a uma miríade de vertentes teóricas que mantêm em comum uma articulação interdisciplinar entre o campo da Pragmática – já definido neste capítulo como a área dos estudos da linguagem que investiga o significado que emerge em situações comunicativas particulares –, e os da Sociologia e da Antropologia. Estamos falando de estudos que, mesmo de fora da disciplina da Linguística, radicalizam o interesse sobre significados que emergem do uso da língua para tomar como objeto de investigação as trocas comunicativas concretas que fundam a vida social de diversas comunidades ao redor do globo. Nesses trabalhos, situações sociais reais e corriqueiras, como jantares em família, aulas, atendimentos médicos, compras no supermercado, conversas ao telefone, dentre muitas outras possíveis, são gravadas e/ou filmadas e então usadas para descrever regras formais – implícitas ou explícitas – e mecanismos de construção de sentidos para os quais as pessoas parecem estar orientadas no contato umas com as outras.

Uma das premissas básicas dos estudos da fala-em-interação vem de um dos filósofos mais conhecidos do campo da Pragmática. John Austin, em obra intitulada *How to do things with words* (no Brasil, traduzida como *Quando dizer é fazer*), defende uma tese que pode ser resumida da seguinte maneira: sempre que produzimos um enunciado, estamos realizando uma ação no mundo (Austin, 1990). Em um primeiro conjunto de exemplos, Austin tinha em mente enunciados ritualísticos bastante conhecidos, como o entoado por um padre diante de dois noivos no altar ("Eu vos declaro marido e mulher"), ou aquele proferido pelo juiz diante do réu em um tribunal ("Condeno o réu a dois anos de reclusão"). Nesses dois casos, estamos diante de frases que têm, nas palavras de Austin, uma *força performativa*, isto é, elas *agem* sobre o contexto e sobre os sujeitos que dele participam de forma que, a partir dessas enunciações,[47] as pessoas estão de fato casadas ou condenadas.

O mesmo raciocínio se estende a enunciações bem mais prosaicas. Imagine, por exemplo, um enunciado produzido por mim e dirigido a um amigo íntimo: "Viajo amanhã para passar o Natal com a minha família, mas volto sem falta para nossa festa de Ano Novo". Aqui também, para além de simplesmente descrever duas ações futuras (viajar para o Natal e voltar para o Ano Novo), o enunciado *faz* alguma coisa em relação aos interactantes: sela um acordo, estabelece um compromisso. Assim, para Austin, enunciados são sempre *atos de fala*, isto é, ações que se realizam no mundo (e não meras descrições de algum mundo possível).

Assumindo esse ponto de partida, Austin vai além e sugere que os atos de fala apresentam simultaneamente três dimensões: (i) a primeira, que o autor chama de *locucionária*, refere-se à própria ação de dizer; (i) a segunda, *ilocucionária*, diz respeito à força performativa do que se diz, ou seja, ao fato de os enunciados estarem, além de dizendo alguma coisa, realizando ações (descrevendo paisagens, informando sobre descobertas científicas, convidando pessoas para um jantar, pedindo informações, confraternizando, firmando acordos etc.); (iii) a terceira, chamada *perlocucionária*, dá conta dos efeitos que esses atos de fala causam no mundo, como, por exemplo, as outras ações, pensamentos ou sentimentos que decorrem do que foi enunciado.

Voltemos agora aos estudos da fala-em-interação. Interessa-nos principalmente observar aqui que, no mundo social, todas as atividades que realizamos conjuntamente – o que inclui situações tão variadas quanto trabalhar, namorar, estudar, brigar, fazer um tratamento e jantar fora – têm em comum o fato de serem sustentadas por atos de fala, ou práticas de linguagem; são atividades em que enunciados, sejam eles verbais ou não, desempenham um papel constitutivo. Esses enunciados, no entanto, longe de se originarem de escolhas aleatórias, frutos do estilo e decisão individual das pessoas envolvidas, são organizados, mesmo que tacitamente, conforme regras sociais cultural e contextualmente delimitadas, as quais, simplificadamente, dizem respeito a quem pode ou deve falar o quê, quando, onde e de que forma.

O SISTEMA DE TROCA DE TURNOS

Uma das regras mais gerais que seguimos ao interagir socialmente é respeitar o que foi descrito por Sacks, Schegloff e Jefferson (1974) como o *sistema de troca de turnos* em conversas cotidianas. Ainda que muitas vezes as pessoas não se deem conta disso, o engajamento em interações espontâneas obedece a certos princípios simples, mas fundamentais. Alguns exemplos elementares: (i) falamos sempre um de cada vez; (ii) os falantes envolvidos em uma interação alternam turnos (suas vezes de falar); (iii) essa alternância, assim como o tamanho proporcional da contribuição de cada um, é variável (não fixo, e não pré-estabelecido); (iv) a extensão e o conteúdo de uma interação também não são estabelecidos previamente; (v) em geral, os falantes conseguem reconhecer um espaço de transição para a troca de turnos, baseando-se no que julgam ser a finalização da contribuição do seu interlocutor; (vi) se dois ou mais interlocutores em uma conversa falam ao mesmo tempo, rapidamente essa sobreposição é negociada de modo que apenas um deles continue falando; (vii) sempre que alguém toma o turno, está levando em consideração a contribuição feita no turno anterior, e sua própria contribuição evidencia entendimento em relação ao que aconteceu imediatamente antes.

A lista poderia continuar, se este fosse um capítulo inteiramente dedicado aos estudos da interação. Por ora, retomemos com atenção o último item. Chama-se *princípio da adjacência* o construto que tenta dar conta da espécie de ligação (temática e formal) que um dado turno mantém com seu antecessor. Formulando-se essa ideia de maneira simples, pode-se pensar na troca de turnos como pares de enunciados organizados de modo tal que o primeiro projete um leque limitado de possibilidades para o turno seguinte. Observe um exemplo concreto que articula o que vimos até aqui:

(4) Maria: Você já terminou o livro sobre Aquisição de Linguagem?
José: Só falta o último capítulo.

O enunciado de Maria é um turno que produz uma primeira ação nessa interação. Maria está *fazendo uma pergunta* a José. Ao mesmo tempo, a ação de Maria deixa poucas alternativas ao turno de José que não sejam repostas positivas ou negativas à pergunta feita. De fato, na sequência, José realiza uma segunda ação (a de *responder*) diretamente relacionada ao turno de Maria. Ainda que, por vezes, outras ações sejam interpostas, complexificando uma sequência como essa, todo falante parece orientado para o fato de que perguntas demandam respostas, convites projetam recusas ou aceites, avaliações geram concordância ou discordância, e assim por diante.

Assim como Sacks, Schegloff e Jefferson fizeram em relação à descrição do sistema de troca de turnos em conversas cotidianas, os demais estudos da fala-em-interação têm, como agenda de investigação, formular de modo explícito todas as regras socioculturais que compõem o conjunto de coisas que precisamos saber para interagir socialmente como membros proficientes de um grupo social em diferentes situações comunicativas.

Pense por exemplo na situação social em que dois colegas de sala se encontram casualmente no portão de entrada da faculdade em que estudam, minutos antes do início da primeira aula. É esperado que eles se dirijam um ao outro e que o primeiro turno de fala, eliciado por qualquer um deles, seja uma saudação (tal como "Oi, tudo bem?"). A essa ação de *saudar*, o outro interactante provavelmente responderá com outro turno, que faça as vezes de resposta a essa saudação (por exemplo, "E aí! Beleza?").

Curiosamente, embora o formato do primeiro turno seja uma pergunta, não é esperado que o turno seguinte se constitua como uma resposta "ao pé da letra" à indagação sobre o estado do colega. Imagine se, no lugar da simples saudação de volta, o segundo interlocutor iniciasse uma longa narrativa sobre as pontadas que esteve sentindo nas costas por toda a semana, sobre como uma dor mais forte que o normal o impediu de dormir na última noite e como tudo isso descambou em uma enorme irritação que o impedirá de se concentrar na prova de hoje. Certamente aqueles que assistem à cena notarão um certo ar de enfado por parte de quem fez a pergunta. Agora imagine um turno bastante parecido com a saudação anterior – digamos, "Como você está?" –, enunciado por uma médica ortopedista no início de uma consulta com o mesmo sujeito da dor nas costas. Para além da formalidade acrescida ao registro do turno, podemos inferir que, nesse cenário específico, a ação realizada pela médica é, aqui sim, uma solicitação de informação sobre o estado do paciente, e o estranho seria um segundo turno do tipo "Tudo ótimo, e você?".

Em resumo, aos interessados na fala-em-interação cabe não só descrever os princípios gerais da interação, mas mostrar como os participantes parecem estar orientados para certas regras de conduta que operam sobre cada uma dessas atividades mais especificamente delimitadas que compõem a vida social: aulas, consultas médicas, compras no supermercado, jogos de futebol... Tanto dominar quanto aplicar essas regras também são parte do que conhecemos como a competência pragmática dos falantes.

ENQUADRE, *FOOTING* E PISTAS DE CONTEXTUALIZAÇÃO

Na tentativa de compreender a atuação da linguagem em circunstâncias particulares da vida social, o sociólogo Erving Goffman (1974, 1981) descreveu o que ele e outros estudiosos da fala-em-interação consideram um dos processos inferenciais/interpretativos mais importantes para se compreender o comportamento das pessoas nos encontros sociais. Segundo Goffman, os participantes de uma interação estão sempre negociando a definição da situação corrente, como se, na presença real ou virtual de uma ou mais pessoas, estivessem sempre se perguntando: *o que está acontecendo aqui e agora? Que tipo de atividade é esta que estamos encenando neste momento? Isto é uma aula, uma conversa, uma brincadeira?* Chamam-se enquadres (ou *frames*, em inglês) as definições de situação que usamos para nos orientar e construir expectativas em relação aos nossos papéis e linhas de ação na interação.

Os enquadres, porém, apesar do nome escolhido para o conceito, não são formas rígidas de limites claramente estabelecidos; antes, são estruturas dinâmicas, negociáveis e modificáveis ao longo de uma mesma interação. Observe a esse respeito o enquadre "aula". Aprendemos, ao longo da vida escolar, a reconhecer quando estamos diante de uma aula. Esse reconhecimento tem a ver com o tipo de espaço físico em que ela se dá (a sala de aula), a disposição das pessoas – professor e alunos – neste espaço, as assimetrias entre elas, as ações verbais e não-verbais que cada um pode realizar, o tipo de distribuição de turnos que ali se dá, e por aí vai. Apesar de esse enquadre ser razoavelmente rígido, ao longo de uma aula pode-se reconhecer outros pequenos enquadres, ou definições de situações – quando, por exemplo, dois dos alunos sentados no fundo da sala trocam um lanche, quando o professor sai por um instante da sala e os que ficaram começam a conversar animadamente sobre o filme que estreou no fim de semana, ou quando o próprio professor, após saída de boa parte dos alunos, passa a aconselhar um deles a respeito de seus problemas de família.

Essa maleabilidade, que permite transições de um enquadre para outro em um mesmo encontro interacional, pode ser analisada a partir de um outro conceito desenvolvido por Goffman (1981): o *footing*. *Footing* pode ser definido como o processo interacional que marca o limiar entre dois enquadres mais substancialmente sustentados. Para ilustrar a dinamicidade dos enquadres e o fenômeno do *footing*, Goffman alude a um episódio real de interação que teve como protagonista o ex-presidente americano George Nixon.

Em uma cerimônia com jornalistas no Salão Oval da Casa Branca, Nixon resolve reagir à pergunta de uma das profissionais presentes fazendo um comentário sobre sua vestimenta, pouco usual entre mulheres maduras em 1973: "Hellen, você ainda está usando calça comprida? Você realmente gosta disso? Sempre que eu vejo uma mulher de calça me lembro da China (...), mas penso que ficou bem em você. Dê uma voltinha". Diante de risadas vindas dos demais presentes, a jornalista Hellen, constrangida, dá uma pirueta como quem desfila sua roupa numa passarela.

O evento narrado por Goffman ilumina nitidamente uma mudança de enquadre. O tom formal da coletiva de imprensa e a distribuição de papéis e turnos bem definidos entre jornalistas (que estão lá desempenhando uma função profissional de fazer perguntas ao presidente) e Nixon (autoridade máxima entre os presentes, que presta contas à população através das respostas que fornece aos jornalistas) são claramente desmantelados quando o então presidente se dirige a Ellen e altera a estrutura da interação. Isso se dá ao menos de duas maneiras: (i) a partir daquele momento, é ele quem pergunta e ela quem reponde; (ii) a jornalista é destituída de seu papel profissional ao ser convocada a um comportamento generificado, de mulher que está ali para ter a sua aparência avaliada. A partir daí, pode-se dizer que a pergunta de Nixon à jornalista promove um *footing*, isto é, uma transição entre enquadres que realinha os participantes uns em relação aos outros no que diz respeito ao que eles dizem e fazem na interação.

O tempo todo, nos encontros sociais, a dinamicidade dos enquadres de que fala Goffman é sinalizada e inferida por meio de *pistas ou convenções de contextualização* (Gumperz, 1982). Trata-se de recursos de linguagem usados e reconhecidos pelos interactantes como índices de enquadres, *footings* e forças ilocucionárias (ações realizadas pelos enunciados). A escolha de certas palavras ou expressões, a mudança de registro (por exemplo, do formal para o informal) ou o emprego de recursos prosódicos como entonação, volume e ritmo, dentre muitos outros, podem servir como pistas dessa natureza, responsáveis por associar o que se diz e faz em interação a um tipo de conhecimento contextual de natureza pragmática. Na interação anteriormente descrita, entre o ex-presidente e a jornalista, são as mudanças de tópico, de registro e de função dos interlocutores na interação as pistas que apontam para a transição entre enquadres. Da mesma forma, uma eventual piscadela naquela mesma situação poderia evocar um enquadre de brincadeira entre dois velhos conhecidos; ou uma simples mudança de entonação poderia ser suficiente para sinalizar ironia em um comentário qualquer.

O valor sinalizador das pistas de contextualização depende, naturalmente, do reconhecimento tácito do seu significado por parte dos participantes da interação. Para o criador do conceito, John Gumperz, quando usamos a língua em situações reais de comunicação, mais importantes que o conhecimento gramatical são aqueles conhecimentos de natureza cultural e interacional que regem os processos de interpretação aqui descritos.

EXEMPLO CLÍNICO

Muitas são as condições que podem trazer dificuldades de ordem pragmática. Esse é o caso, por exemplo, de lesões cerebrais que atinjam o hemisfério direito ou o lobo frontal. Da mesma maneira, déficits pragmáticos podem estar associados a transtornos do desenvolvimento, como mostra o diagrama a seguir, proposto pelo Consórcio Catalise.[48] (Bishop et al., 2016).

Figura 1: Déficits pragmáticos no contexto do Transtorno de Desenvolvimento da Linguage

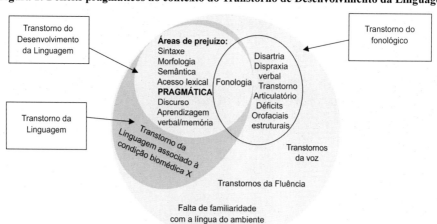

Fonte: Traduzido de Catalise (Bishop et al., 2016).

Como mostra o diagrama, os transtornos pragmáticos podem estar associados ao Transtorno do Desenvolvimento da Linguagem (antes denominado Déficit Específico de Linguagem), um transtorno de perfil heterogêneo em que nem sempre a dificuldade é de ordem pragmática. Podem também estar presentes como consequência de um diagnóstico primário do neurodesenvolvimento. Nesse caso, tem-se um quadro de comprometimento abrangente, em que a linguagem é secundariamente afetada. Assim, uma pessoa com Deficiência intelectual pode, por exemplo, apresentar dificuldades pragmáticas devido ao prejuízo na cognição geral, ou um indivíduo com Transtorno de Déficit de Atenção e Hiperatividade pode apresentar dificuldades na área pragmática em função do prejuízo atencional.

Nesse cenário, o quadro que se apresenta como cerne da questão da linguagem pragmática é o Transtorno do Espectro Autista (TEA),[49] que, por esta razão, servirá como base para o estudo de caso que apresentaremos adiante. Tomasello (1999) caracteriza os quadros autísticos como uma síndrome na ontogenia humana, específica e de base biológica, na qual os indivíduos são incapazes de entender outras pessoas como agentes mentais/intencionais e, também, de engajar-se em habilidades de aprendizado cultural típicas da espécie humana. Isso se associa à hipótese cognitiva da Teoria da Mente (Frith, 1989), prejudicada em indivíduos com TEA.

Segundo o DSM-5 (APA, 2013), o TEA é caracterizado por:

"1. Déficits clinicamente significativos e persistentes na comunicação social e nas interações sociais, manifestadas de todas as maneiras seguintes:
   a. Déficits expressivos na comunicação não verbal e verbal usadas para interação social;
   b. Falta de reciprocidade social;
   c. Incapacidade para desenvolver e manter relacionamentos de amizade apropriados para o estágio de desenvolvimento.
2. Padrões restritos e repetitivos de comportamento, interesses e atividades, manifestados por pelo menos duas das maneiras abaixo:
   a. Comportamentos motores ou verbais estereotipados, ou comportamentos sensoriais incomuns;
   b. Excessiva adesão/aderência a rotinas e padrões ritualizados de comportamento;
   c. Interesses restritos, fixos e intensos.
3. Os sintomas devem estar presentes no início da infância, mas podem não se manifestar completamente até que as demandas sociais excedam o limite de suas capacidades".

Pesquisadores que concentram seus esforços na área da Pragmática são unânimes em afirmar que são dessa ordem os distúrbios universalmente característicos do espectro autista. Tem-se sugerido que a linguagem para essas pessoas não apresenta uma função comunicativa sociointeracional: ela se constituiria, em vez disso, como uma prática que se encerra em si mesma, sendo, portanto, desprovida de objetivo (Andrés-Roqueta; Katsos, 2017; Szatmari, 1991). Nessa mesma linha, a fala de pessoas autistas tem sido caracterizada pela recorrência de respostas metódicas, curtas e sem apelo, o que revela a pouca necessidade do falante compartilhar com seu interlocutor um contexto mais amplo no qual os dois estariam ativamente implicados (Frith, 1989).

No que diz respeito à Pragmática dita clássica, há evidências de que adolescentes com TEA não são capazes de fazer as inferências epistêmicas exigidas pelo modelo de Grice da implicatura escalar, a menos que isso seja especificamente exigido pela tarefa atribuída a eles (Hochstein; Bale; Barner, 2018). De modo semelhante, também foram identificadas diferenças entre autistas pré-escolares e pares com desenvolvimento típico em relação à realização de atos de fala, sendo o grupo TEA prejudicado especialmente em atos de fala assertivos (e declarações assertivas) e em atos de fala envolvendo dispositivos organizacionais (Bauminger-Zviely; Golan-Itshaky; Tubul-Lavy, 2017). Por fim, no que respeita ao fenômeno da dêixis, foram identificadas dificuldades desde os primórdios do desenvolvimento da fala, especialmente no gesto de apontar, ausente em grande parte das crianças com esse transtorno (Manwaring et al., 2018). Dificuldades dessa natureza tendem a ser associadas a déficits na Teoria da Mente e no jogo simbólico (Broderick, 2016).

Estudo de caso

Nesta seção, passamos a discutir o caso do paciente LS, um filho de advogados que recebeu o diagnóstico de TEA quando tinha três anos. Com essa idade, ele já parecia "falar tudo", mas de forma unilateral e nem sempre associada ao contexto. Paralelamente, tinha habilidades que surpreendiam a todos, como "ouvido absoluto" e conhecimento sobre coisas que não faziam parte do interesse de crianças da sua idade, como, por exemplo, carros antigos. Os dados apresentados a seguir foram gerados em um atendimento fonoaudiológico individual, que durou aproximadamente 40 minutos e aconteceu quando LS tinha 10 anos.

Ao longo da interação, LS respondeu a perguntas sobre suas dificuldades de comunicação e conversou mais espontaneamente sobre diversos tópicos. Durante a interação, ele apresentou gesto funcional apenas uma vez, quando mimetizou o movimento dos pedais de uma bicicleta ao falar sobre um passeio em Paquetá. No mais, esteve sempre com as mãos ocupadas com fios, objetos que colhia do entorno ou movimentos repetitivos, mas nada que funcionasse como pista de contextualização de sua fala.

Dois terços dessa sessão podem ser caracterizados como monólogos, isto é, como uma interação cujo piso conversacional está exclusivamente com um dos interactantes (no caso, LS). Nesses momentos, LS demonstrava alguma dificuldade em ratificar o interlocutor e prever sua participação na sequência interacional (o que implica, claro, um comprometimento no domínio do sistema de troca de turnos que descrevemos anteriormente). Assim, ao mesmo tempo em que os enunciados produzidos por LS eram em geral coesos e lineares quando ele discorria sobre assuntos de seu interesse, suas participações tendiam também a ser fortemente monológicas. O trecho abaixo destaca um momento em que LS monopoliza, por quase quatro minutos, o piso conversacional da interação para construir um enunciado expositivo sobre Inglaterra e Escócia:

LS: A Inglaterra ela.. pelo que leio- pelo que leio muitas vezes Inglaterra e Escócia eram terras independentes. Não sei muito bem.... As pessoas se uniram por liv- por livre e espontânea vontade ou por imposição da Inglaterra ou por imposição da Escócia (fazendo movimento com as mãos de "não sei"), aí formou-se a Grã-Bretanha...

LS parecia ainda insensível ao princípio da adjacência, na medida em que ignorava ações realizadas no turno de seu interlocutor e contribuía apenas com tópicos de seu interesse. De fato, quando uma nova ação interacional era proposta, ele simplesmente a ignorava, em gesto de ruptura com o pareamento dos turnos, ou negava a própria ação eliciada, com enunciados do tipo "não, não...".

Esse comportamento parece sugerir uma dificuldade em assumir o ponto de vista do outro. De fato, a desconsideração da perspectiva do ouvinte parece ter impactado a elaboração dos seus enunciados. Por exemplo, ao longo dos 15 minutos iniciais do atendimento, foi possível contar nove ocasiões em que LS Propôs mudanças bruscas no encadeamento da conversa. Um exemplo pode ser visto na passagem abaixo, em que se falava sobre a cidade de Petrópolis:

LS: É lá onde antigamente a repórter Maria Valente estava fazendo uma reportagem na Globo.
Fono: É mesmo? Eu não sei. E lá onde fica o Museu Imperial. Você já ouviu falar da Rua Teresa, que é uma rua de roupas?

LS: é.

Fono: Então, é lá. É muito muito longe daqui', aí acontece que eu não sei onde fica o tal do-

LS: Sabe qual novela da Globo estreou no lugar de Esplendor?

Fono: *hã*?

Do ponto de vista da teoria griceana, é possível dizer que, nessa passagem, LS exibe um comportamento conversacional não cooperativo. No seu último turno, em particular, ele infringe abertamente a Máxima da Relação ao introduzir de forma abrupta um tópico novo (a nova novela da Globo). Vale lembrar que, em pessoas com desenvolvimento típico, a infração ostensiva a uma máxima griceana normalmente permite a emergência de uma implicatura, por meio da qual é possível resgatar a coerência textual e "salvar", por assim dizer, o Princípio Cooperativo. Ademais, quando isso não acontece, o falante tende a usar "hedges" com o objetivo de (pelo menos) sinalizar seu conhecimento do Princípio Cooperativo. Aqui, é interessante notar que nenhuma dessas duas situações se verifica: nem o enunciado sobre a novela da Globo parece relacionável, em algum nível profundo, ao tópico que vinha se desenvolvendo até então, nem essa mudança abrupta é sinalizada por meio de um "hedge".

Também à luz de uma análise sequencial da interação é possível flagrar uma dificuldade. Como se observa, no momento em que a interlocutora ainda terminava o seu enunciado explicativo sobre a rua de Petrópolis, ela foi bruscamente interrompida com um turno que realizava uma ação não-relacionada: a solicitação de uma informação. A quebra de expectativa na sequência é sinalizada a seguir, com um turno que realiza a função fática da linguagem: "hã?".

Em um outro momento da sessão, os dois interactantes comentam explicitamente sobre a dificuldade de LS em "ler" o enquadre de piada, ou distinguir entre enquadres de briga ou brincadeira. A certa altura, LS ri mecanicamente de uma piada feita pela fonoaudióloga; a partir daí, desenvolve-se o seguinte diálogo:

Fono: O que você entendeu dessa piada?

LS: Eu já te falei que num sei nada de piadasssss...

Fono: Mas é que você riu. Achei que estava gostando, entende?

LS: Eu num gosto dessa coisa de piadas.

Fono: Mas você riu...

LS: Tem que rir, né? Se todo mundo riu... mas não me parece certo.

Fono: Como assim, não é certo?

LS: Às vezes o Murilo fica xingando, fica xingando o Thi- o Thiago e até o Thiago ri.

Fono: Mas não era brincadeira?

LS: Ah, eu já te disse- já te disse que não gosto dessa coisa de piadas.

Ao longo de toda a interação, a escassez de contato visual impedia LS de interpretar pistas de contextualização não verbais deixadas pelo interlocutor. Em geral, esse contato se dava apenas brevemente no fim de alguns longos turnos, possivelmente na tentativa de capturar a reação do ouvinte. Os enunciados tendiam a terminar de forma disruptiva, sem indicação clara de um momento relevante de tomada de turno. O trecho abaixo ilustra esse padrão:

LS: *(Contato visual oscilando ao longo de todo o trecho)* Quando.. quando os outros- os outros falam eu realmente num- num percebo... num tem (funga) uma pista que.. eu consiga que eu consiga dizer o- o- o- o- ou ter... para saber se tem alguém a fim de mim se alguém sem saco por minha causa... eu realmente tenho que prestar um pouco mais atenção nesse tipo de coisa nesses detalhes E agora se é o contrário, se é- se sou eu que tô sem saco ou alguma coisa por alguma razão simplesmente saio de perto e pronto num disfarço.

Como se observa, em suma, todo o comprometimento linguístico de LS está relacionado não à dimensão gramatical em sentido estrito (por exemplo, a dimensão fonológica ou sintática da organização do discurso), mas a aspectos da competência interacional: trata-se de reconhecer que a fala depende de trocas eventuais de turnos em momentos apropriados para isso, seguir o tipo de pareamento conversacional imposto pelo princípio da adjacência, reconhecer pistas de contextualização que apontem para mudanças de enquadre ao longo da conversa e observar o Princípio Cooperativo ou sinalizar explicitamente a infração a ele. Estas, sem dúvidas, são questões de linguagem, mas se referem, conforme é o objetivo deste capítulo, a questões de ordem pragmática, isto é, ao uso da língua em situações particulares, e não à estrutura interna do sistema gramatical.

BIBLIOGRAFIA

AMERICAN PSYCHIATRY ASSOCIATION. *Diagnostic and Statistical Manual of Mental disorders – DSM-5.* 5th.ed. Washington: American Psychiatric Association, 2013.

ANDRÉS-ROQUETA, C.; KATSOS, N. The contribution of grammar, vocabulary and theory of mind in pragmatic language competence in children with autistic spectrum disorders. *Frontiers in psychology*, v. 8, 2017, p. 996.

AUSTIN, J. L. *Quando dizer é fazer*. Trad. Danilo Marcondes de Souza Filho. Porto Alegre: Artes Médicas, 1990.

BAUMINGER-ZVIELY, N.; GOLAN-ITSHAKY, A.; TUBUL-LAVY, G. Speech acts during friends' and non-friends' spontaneous conversations in preschool dyads with high-functioning autism spectrum disorder versus typical development. *Autism and Developmental Disorders*, v. 47, n. 5, 2017, pp. 1380-90, .

BISHOP, D. V. et al. Catalise Consortium. Catalise: A multinational and multidisciplinary Delphi consensus study. Identifying language impairments in children. *Plos One*, v. 11, n. 7, 2016. e0158753.

BRODERICK, S. *Examining the impact of deictic relational responding on advanced theory of mind and pretense in children with autism*. Master of Arts (Departamento of Child and Language Studies). University of South Florida, 2016.

BRUDER, G. A. Psychological evidence that linguistic devices are used by readers to understand spatial deixis in narrative text. In: DUCHAN, J. F.; BRUDER, G. A.; HEWITT, L. E. (ed.). *Deixis in narrative*: A cognitive science perspective. New York / London: Routledge, 1995.

DIESSEL, H. Deixis and demonstratives. In: MAIENBORN, C; HEUSINGER, K. V.; PORTNER, P. (ed.). *An International Handbook of Natural Language Meaning*. Berlin: Mouton de Gruyter, 2012.

EPSTEIN, R. The definite article, accessibility, and the construction of discourse referents. *Cognitive Linguistics*, v. 12, n. 4, 2002, pp. 333-78.

FILLMORE, C. J. *Lectures on deixis*. California: CSLI Publications, 1997.

FRITH, U. Autism and "theory of mind". In: GILLBERG, Christopher (ed). *Diagnosis and treatment of autism*. Boston, MA: Springer, 1989, pp. 33-52.

GOFFMAN, E. *Frame Analysis*: An Essay on the Organization of Experience. Boston, MA: Northeastern University Press, 1974.

_____. *Forms of talk*. Philadelphia: University of Pennsylvania Press, 1981.

GRICE, H. P. Logic and conversation. In: COLE, P.; MORGAN, J. L. (ed.). *Syntax and semantics* – v. 3: Speech acts. New York: Academic Press, 1975.

_____. Further Notes on Logic and Conversation. In: COLE, Peter (ed.). *Pragmatics: Syntax and Semantics*. v. 9, New York: Academic Press, 1978.

_____. *Studies in the way of words*. Harvard: University Press, 1991.

GUMPERZ, J. *Discourse Strategies* (Studies in Interactional Sociolinguistics). Cambridge: Cambridge University Press, 1982.

HOCHSTEIN, L.; BALE, A.; BARNER, D. Scalar implicature in absence of epistemic reasoning? The case of Autism Spectrum Disorder. *Language Learning Development*, v. 14, n. 3, 2017, pp. 1-17.

LAMBRECHT, K. *Information structure and sentence form*: Topic, focus and the mental representation of referents. Cambridge: University Press, 1994.

LEVINSON, S. C. *Pragmática*. São Paulo: Martins Fontes, 2007.

MANWARING, S. et al. A scoping review of deictic gesture use in toddlers with or at-risk for autism spectrum disorder. *Autism & Developmental Language Impairments*, v. 3, n. 3, 2018, pp. 1-27.

SACKS, H.; SCHEGLOFF, E.; JEFFERSON, G. A simplest systematics for the organization of turn taking in conversation. *Language*, v. 50, 1974, pp. 696-735.

SZATMARI, P. Asperger's syndrome: Diagnosis, treatment, and outcome. *Psychiatric Clinics*, v. 14, n. 1, 1991, pp. 81-93.

TOMASELLO, M. The human adaptation for culture. *Annual review of anthropology*, v. 28, n. 1, 1999, pp. 509-29.

Linguagem, Surdez e Surdos

Marília U. C. Lott de M. Costa,
Felipe Venâncio Barbosa e
Andrew Ira Nevins

O estudo sobre os aspectos anatômicos do aparelho auditivo e sobre a Fisiologia da audição, além dos aspectos clínicos relacionados às afecções da audição compõe área de grande interesse para uma gama de profissionais de saúde e de ciência básica. Na Fonoaudiologia, destaca-se especialmente a atenção devotada aos indivíduos impactados por uma condição auditiva particular: a surdez.

Este capítulo tem por objetivo apresentar a temática da surdez discutindo aspectos clínicos e linguísticos. Discutiremos aspectos gerais que caracterizam a surdez, mencionando recursos terapêuticos desenvolvidos nos últimos anos para a reabilitação auditiva, assim como questões relativas à intervenção em linguagem e ao bilinguismo bimodal para surdos, com a observação de investigações linguísticas conduzidas nos últimos tempos, incluindo a Neurolinguística. Falaremos sobre a surdocegueira, com atenção especial a questões relacionadas à aquisição de linguagem, revisando estudos que demonstram que o desenvolvimento linguístico tardio impacta negativamente diversos aspectos cognitivos da vida da criança surda, preconizando a abordagem bilíngue de desenvolvimento linguístico como a mais adequada para que a criança surda se desenvolva plenamente.

Apresentaremos e discutiremos ainda um caso clínico, tomando como base as reflexões apresentadas no capítulo, visando uma caracterização ampla desta área multidisciplinar e a gama de caminhos que podem ser seguidos pelas famílias de crianças surdas. A partir deste panorama, será possível observar os alcances e os limites dos dispositivos de reparação da audição e as potencialidades do bilinguismo como via de desenvolvimento pleno para a criança surda.

O FUNCIONAMENTO DA AUDIÇÃO

A audição é um sentido imprescindível para a aquisição de uma língua oral. Nas crianças ouvintes, a formação do sistema auditivo e o início da capacidade de perceber sons começa mesmo antes do nascimento: por volta da vigésima quinta semana de gestação o feto já apresenta percepção sonora (Zeyen, 2003). No nascimento, o sistema auditivo do bebê já está em funcionamento e amadurece ao mesmo tempo em que há o seu desenvolvimento neurológico, diante da exposição a uma variedade de sons que inclui os sons das línguas orais. No córtex auditivo, os sons recebidos passam por uma série de processos que exigem a integridade e maturação de várias estruturas sensorioneuronais (Pereira, 2009).

O sistema auditivo pode ser dividido em periférico e central. O sistema auditivo periférico formado pela orelha externa, orelha média e orelha interna é responsável pela parte do processamento auditivo que vai desde a detecção da onda sonora até a transdução da energia acústica em energia elétrica (Russo, 1997). O sistema auditivo central é formado pelo nervo auditivo e pelas vias que levam a informação até o córtex auditivo (Cruz; Zanoni, 2014).

A onda sonora, que se propaga pelo ar, chega ao pavilhão auricular, a parte mais externa da orelha, e entra pelo meato acústico externo chegando à membrana timpânica. A orelha externa, por sua forma, também tem a função de ajudar na localização da fonte sonora e é responsável pela proteção da orelha média e interna. Além dessas funções, a orelha externa recebe, amplifica e conduz o estímulo sonoro até a orelha média, que é a próxima estrutura do sistema auditivo, que tem seu início a partir da membrana timpânica.

Na orelha média, o som que chega à membrana timpânica, causa vibração em uma cadeia ossicular formada por três pequenos ossos – martelo, bigorna e estribo – que, ao vibrarem, amplificam o som, direcionando-o para a orelha interna. Além da transmissão do som pelo sistema que compreende a membrana timpânica e a cadeia ossicular, o sistema de transmissão por via aérea, a orelha média também realiza a condução do som por via óssea, transmitindo a vibração da onda sonora pelos ossos do crânio.

O som, então, chega na orelha interna, especificamente na cóclea, por uma estrutura chamada janela oval. A cóclea é a estrutura responsável por transformar a energia mecânica da onda sonora em energia elétrica por meio de células ciliadas presentes no Órgão de Corti. Com a transdução da onda sonora as informações são enviadas, pelo nervo auditivo, para o sistema auditivo central, que conduz a informação até o córtex auditivo.

Desse modo, alterações no sistema auditivo periférico e central podem acarretar perdas auditivas de etiologia hereditária, congênita (pré-natais) ou adquirida (pós-natais). As perdas auditivas podem ser classificadas de acordo com a sua localização topográfica (tipo de perda) ou sua expressão clínica (grau da perda, a configuração audiométrica e a lateralidade) (Conselho Regional de Fonoaudiologia, 2020).

Há três tipos de perda: a auditiva condutiva, a sensorioneural, a central e a mista. Elas dizem respeito ao local no sistema auditivo em que há impedimento para o processamento do som. A perda condutiva ocorre quando a onda sonora não alcança a orelha interna de forma adequada, seja por problemas na orelha externa ou na orelha média. A perda auditiva sensorioneural ocorre quando a transmissão do som para a orelha interna é adequada, mas há lesões sensoriais na orelha interna ou lesões neurais no nervo coclear ou em núcleos auditivos do tronco. A perda auditiva central, segundo Momensohn-Santos (2009), ocorre quando há lesão no córtex auditivo primário e as mistas ocorrem quando a pessoa apresenta dificuldades sensorioneurais e condutivas.

Existem diversos critérios usados para classificar a perda auditiva com relação ao grau. Os métodos mais usados baseiam-se nos limiares obtidos pela via aérea em resposta a tons puros em diversas frequências. No Brasil, o método de Lloyd e Kaplan é o mais utilizado e classifica o grau de perda a partir da média dos valores obtidos nas frequências de 500Hz, 1000Hz e 2000Hz. Esta classificação considera normais os limiares auditivos entre zero e 25Hz. A partir daí, as perdas auditivas são classificadas em leves (26Hz a 40Hz), moderadas (41Hz a 55Hz), moderadamente severas (56Hz a 70Hz), severas (71Hz a 90Hz) e profundas (as maiores que 90Hz).

O termo *surdez* tem sido empregado para fazer referência às perdas sensorioneurais de grau profundo crônicas, maiores do que 93 dB, que impedem a aquisição de uma língua oral de forma natural. Segundo McFarland (2003), não existem evidências robustas de que pessoas com perda auditiva profunda possam aprender a discriminar a fala sem uso de pistas visuais, como leitura labial entre outras.

A perda auditiva sempre dificulta o processo adequado de aquisição de uma língua oral. Mesmo as perdas leves e transitórias causadas por problemas na orelha média trazem impactos importantes ao desenvolvimento de linguagem durante o processo de aquisição de uma língua oral (Balbani; Mantovani, 2003). No caso das perdas sensorioneurais crônicas, as dificuldades para aquisição de uma língua oral podem se intensificar e, em muitos casos, impedir que a aquisição ocorra, sendo necessário intervenção terapêutica e reabilitação auditiva para o aprendizadoda língua oral. Mesmo para os casos em que a perda auditiva ocorre após o processo de aquisição de linguagem e, em casos de presbiacusia, no processo de envelhecimento, os impactos no processamento da linguagem e na comunicação são importantes (Boger et al., 2016).

Dentre os procedimentos clínicos para a habilitação e reabilitação auditiva está o uso de próteses auditivas ou de aparelhos auditivos de amplificação sonora individuais (Aasis). Segundo Campos et al. (2003), do ponto de vista audiológico, todo o indivíduo com perda auditiva pode ser um candidato ao uso de Aasi. Entretanto, candidatos com perdas muito pequenas ou muito grandes são considerados candidatos difíceis para a adaptação à prótese. O objetivo do uso do Aasi é fazer com que os sons do ambiente, e principalmente os sons da fala, possam ser ouvidos pelo indivíduo com perda auditiva. Para que isso ocorra, o ganho por frequência oferecido pela prótese auditiva deve elevar o limiar auditivo a um ponto que cubra os sons da fala (Iorio, 2003).

Para as perdas severas e profundas, o Implante Coclear (IC) é o dispositivo eletrônico mais indicado para reabilitação (Yamaguchi; Goffi-Gomez, 2009). O IC recupera a audição em casos de perda severa a profunda através da estimulação elétrica de fibras nervosas residuais da cóclea (Penteado, 2014), com uso de "prótese eletrônica parcialmente implantável no osso temporal e na cóclea, (...) [que] substitui a função do Órgão de Corti e estimula eletricamente as células ganglionares e terminações nervosas do nervo auditivo" (Bento, 2014: 19).

Tanto o uso de Aasi quanto de IC não são suficientes, em si, para garantir o desenvolvimento da aquisição de língua oral como ocorre na aquisição de língua oral por pessoas ouvintes. Além da reabilitação auditiva iniciada com a indicação e uso da prótese, a terapia para o desenvolvimento da língua oral é parte imprescindível do protocolo e deve contar com a realização de terapias frequentes para que o indivíduo possa se adaptar ao padrão auditivo que irá experimentar com o Aasi ou com o IC. Nessas terapias, a criança irá aprender a reconhecer os sons que passa a poder detectar com os dispositivos e a caminhar para a compreensão da fala.

O processo terapêutico nos casos de Aasi ou de IC é um processo de intervenção em linguagem que se baseia em treinamento auditivo e aprendizado da língua oral ou na retomada da língua em processo de aquisição, para os casos em que as perdas adquiridas aconteceram após o início da aquisição da língua oral. O treinamento envolve diversos fatores que vão desde a adequação ao uso da prótese à frequência e qualidade da intervenção terapêutica, além de também abordarem questões de ordem individual do paciente, quer sejam cognitivas, emocionais ou familiares.

O uso da língua oral nos indivíduos submetidos à reabilitação auditiva e à estimulação da oralidade não é semelhante ao processo natural de aquisição de uma língua oral. Mesmo autores defensores dos métodos baseados na oralidade admitem que a fala é um fenômeno primeiramente auditivo (Schochat, 1996). Diante da perda auditiva, mesmo com o uso de tecnologias para a reabilitação, o processo deixa de ser natural e requer mediação por procedimentos terapêuticos.

Há na literatura uma infinidade de relatos que contrastam as habilidades linguísticas entre surdos e ouvintes. Melo et al. (2015) relatam dificuldades na linguagem oral de adolescentes surdos, principalmente na metalinguagem, inteligibilidade de fala, acompanhamento de conversas com mais de uma pessoa e argumentação em avaliações escritas. A habilidade narrativa de surdos oralizados foi analisada por Soares (2007), que encontrou alterações nos diferentes aspectos da forma, conteúdo e uso da linguagem oral. Garcia (2001) também encontrou diferenças na fluência de fala de surdos oralizados, quando comparados ao padrão ouvinte e sugere que o uso da língua brasileira de sinais (Libras) possa beneficiar as pessoas surdas como forma de suprir as barreiras de processamento impostas pela língua oral.

O processo de oralização é longo e custoso e exige bastante cuidado. Apesar de se falar sobre oralização como um aspecto binário (oralizado ou não oralizado), estudos mostram haver diferentes graus de oralização e de entendimento da língua oral (Soares, 2020). Devido a tal oscilação, e também por questões político-identitárias, é comum observar desistências do processo terapêutico no final da adolescência, quando o desenvolvimento da língua oral fragmentada pode não ser suficiente para a comunicação que o surdo deseja.

As línguas orais são línguas naturais cujos elementos são expressos, predominantemente, na forma de ondas sonoras e que são recebidos pela audição. Para a aquisição dessas línguas, a experiência sensorial auditiva é determinante e a construção do conhecimento linguístico é dependente da experiência linguística. Em contraposição, um outro grupo de línguas se delimita, fora da modalidade oral-auditiva. Não mais tomando a experiência oral-auditiva como base, mas a experiência visual, línguas expressas espacialmente por movimentos das mãos, dos braços, da face, do corpo e recebidas pela visão, figuram nos estudos de diversos pesquisadores de linguagem desde a década de 60 do século passado como línguas naturais (Stokoe, 1960). Esta modalidade de língua, modalidade viso-espacial, carrega consigo, então, novas perspectivas para os estudos da surdez, concentrando na comunidade surda a sua atenção e lançando as línguas de sinais como entidades com o mesmo status linguístico das demais línguas naturais.

Os estudos linguísticos das línguas de sinais exerceram grande impacto nos estudos da surdez, sobretudo na educação de surdos e na forma como os profissionais da saúde passaram a abordar o desenvolvimento cognitivo e linguístico da pessoa surda. Na educação, as práticas baseadas na filosofia oralista, consolidadas no Congresso de Milão (Kinsey, 2011), se direcionavam pelo foco na língua oral, relegando as línguas de sinais a uma posição secundária e muitas vezes de proibição completa.

Além da disseminação dos estudos descritivos sobre as línguas de sinais no mundo, pioneirismo tradicionalmente atribuído a William Stokoe, o interesse da Neurolinguística trouxe contribuições importantes para os estudos da surdez e das comunidades surdas. Os primeiros estudos na área foram publicados no final da década de 70 por Edward Klima e Ursula Bellugi e os primeiros casos descritos de Acidente Vascular Encefálico em pessoas surdas que usavam Língua de Sinais Americana (ASL) foram reunidos por Poizner; Klima, Bellugi (1987). Esses estudos marcam o início do interesse pela investigação sobre como o cérebro processa as línguas de sinais. Especialmente com o incremento tecnológico e a possibilidade de realização de exames de imagem durante a execução de tarefas linguísticas, diversos pesquisadores procuram explicar as bases neurológicas que dão suporte ao processamento das línguas de sinais, trazendo confirmações sobre as similaridades neurolinguísticas entre línguas orais e línguas de sinais, como por exemplo a evocação, nas línguas de sinais, de áreas tradicionalmente relatadas como responsáveis pelo processamento das línguas orais (Emmorey et al., 2007; Macsweeney et al., 2008; Li; Xia, 2009; Valadão et al., 2014).

A produção de conhecimento na área da surdez, então, gradativamente solidifica a concepção de uso da língua de sinais como língua de instrução para a educação de surdos. Esta concepção começa a ser difundida em outras áreas, levando a proposição de um deslocamento para a perspectiva bilíngue.

Na área da saúde no Brasil, especialmente na Fonoaudiologia, o bilinguismo para surdos começa a ser discutido no final da década de 80 do século passado. As práticas fonoaudiológicas começam a observar a Libras não mais como um impedimento para o desenvolvimento da oralidade, mas como base e subsídio para o desenvolvimento linguístico pleno e para o aprendizado de outras línguas, inclusive a língua oral. Trabalhos como os de Lodi (1998), Moura (2000), Lodi e Pacheco (2000), Lichtig (2004) e Goldfeld (2006) abrem caminho para práticas fonoaudiológicas sob o enfoque bilíngue, levando à área da Fonoaudiologia abordagens inovadoras na avaliação e intervenção baseada na língua de sinais.

Nesta esteira, alguns estudos começam a figurar na Fonoaudiologia brasileira propostas de avaliação (Barbosa, 2007; Quadros; Cruz, 2011; Barbosa; Lichtig, 2012; Lichtig et al., 2014; Lopes, 2016) e intervenção (Barbosa; Lichtig, 2009, 2012, 2015; Cruz, 2016) nos distúrbios de linguagem expressos na Língua Brasileira de Sinais, o que tem sido chamado de "língua de sinais atípica" (Barbosa, 2016), incentivando a abertura das possibilidades de atuação do fonoaudiólogo na área da surdez. Como resultado do movimento de diversos fonoaudiólogos brasileiros, em especial da Professora Doutora Maria Cecília de Moura, a Sociedade Brasileira de Fonoaudiologia cria, no ano de 2020, o Comitê de Línguas de Sinais e Bilinguismo para Surdos, um grande avanço para a área.

LINGUAGEM NO CONTEXTO SURDO-CEGO

A perda auditiva também pode estar associada a outra condição sensorial. A surdocegueira é uma condição que combina duas deficiências sensoriais (visão e audição), que podem se manifestar em diversos graus e que geram demandas de comunicação específicas (Cormedi, 2011). De acordo com as habilidades auditivas e visuais que configuram a surdocegueira de um indivíduo, diferentes recursos comunicativos são utilizados.

Segundo Alsop (2002), a surdocegueira pode ter causa hereditária, pré-natal ou pós-natal. Das causas hereditárias, a Síndrome de Usher é recorrente. Trata-se de uma condição genética rara que resulta na combinação de perda visual e auditiva. A perda visual é resultado de *retinitis pigmentosa,* uma degeneração de células das retinas. Os indivíduos com Síndrome de Usher Tipo I geralmente nascem surdos e perdem a visão no decorrer do desenvolvimento, geralmente nos primeiros dez anos de vida. Como a Síndrome de Usher envolve uma perda gradativa da visão, começando com a visão periférica, a língua de sinais tátil começa como uma adaptação de uma língua de sinais existente. A língua de sinais americana tátil e a língua de sinais italiana são dois exemplos, sendo diferentes da língua *Protactile* dos Estados Unidos, que procura ser uma língua independente da ASL. Para uma descrição geral das línguas de sinais táteis, ver Willoughby (2018).

As adaptações realizadas no primeiro momento envolvem a ambientação a um espaço de sinalização reduzido. Em seguida, o indivíduo surdocego que usa língua de sinais começa o processo de tocar os pulsos do interlocutor que está realizando os sinais para poder manter os sinais do interlocutor dentro do seu campo visual e guiar o recebimento do movimento. Esse processo faz parte da transição entre uma transmissão visual para uma transmissão plenamente tátil. Pesquisadores da área frequentemente relatam que os sinalizadores surdocegos conseguem absorver apenas 60-85% da ASL com precisão.

A mudança do canal de transmissão de visual para tátil pode envolver várias adaptações comunicativas, com o uso da soletração tátil, por exemplo, soletração manual específica realizada com toques ou movimentos de pinça em partes específicas da mão do interlocutor ou o Tadoma, recurso de comunicação tátil que ocorre com a identificação dos gestos articulatórios da língua oral sendo percebidos pela palma da mão da pessoa surdocega.

Os fenômenos inerentemente espaciais em línguas de sinais visuais, como dêixis e classificadores (Edwards; Brentari, no prelo), intensidade adverbial (Collins, 2004), e marcação não-manual (Checchetto et al., 2018; Iwasaki et al., 2018) têm adaptações e equivalentes específicos na modalidade tátil.

Com poucas exceções, línguas de sinais táteis não tem sinalizadores nativos, crianças que iniciam o uso dessa modalidade já nos primeiros dias de vida, ao nascerem surdocegos. Porém, como mencionado acima, a comunidade *Protactile* nos Estados Unidos, em Seattle, procura ser reconhecida como portadora de uma língua independente, a ser adquirida sem necessariamente aprender ASL primeiro.

Os parâmetros tradicionais de configuração de mão, locação, e movimento nas línguas de sinais não têm equivalentes diretos nas línguas de sinais táteis. O que mais chama atenção na Fonologia das línguas de sinais táteis é o uso de quatro mãos como articuladores. Como observam Edwards e Brentari (no prelo), a mão dominante do sinalizador (A1) e a não-dominante do interlocutor (A2) podem ser categorizadas em um Sistema de 4 articuladores, onde a mão não-dominante do interlocutor (A4) tem o papel menos ativo de todos, e geralmente é usado para rastrear os movimentos do interlocutor A1. Assim, línguas de sinais táteis dependem bastante dos canais recíprocos, com construções proprioreceptivas e, portanto, usam muito menos o rosto como um elemento fonológico.

Também, por exemplo, a configuração de mão usada para classificadores humanos, na forma um "1" com indicador, não se articula bem no espaço de contato do interlocutor porque a parte interna do pulso não é fácil de ser posicionada no interlocutor com precisão. Tudo indica que a modalidade tátil favorece uma forma mais sequencial e menos simultânea do que as línguas de sinais visuais. Portanto, como observado por Checchetto et al. (2018), os sinais novos introduzidos na língua tátil podem sofrer processos fonológicos existentes na Fonologia da língua de sinais visual, como assimilação. Mesmo que as línguas de sinais táteis evoluam ou venham a se adaptar como uma língua independente das línguas de sinais visuais, os processos fonológicos serão previsíveis. A expectativa é que haverá adaptações em casos em que não é possível manter a estrutura fonológica da língua manual-visual, dada a diferença articulatória da língua tátil. Podemos mencionar casos de orientação da palma da mão ou de marcas não-manuais que costumam ser produzidas com a boca.

AQUISIÇÃO DE LINGUAGEM E O DILEMA DA IDADE

Estudos na área de aquisição partem da premissa de o processo de aquisição é universal e homogêneo: toda criança independente da variedade do contexto social e cultural adquire pelo menos uma língua, apresentando estágios e períodos similares de aquisição (Grolla; Figueiredo Silva, 2014), em concordância com a hipótese de que há um suporte contextual universal para aquisição de uma língua (Hoff, 2006). No caso da criança surda com perda profunda, estudos apontam cenário semelhante ao da criança ouvinte, desde que essa criança faça parte de uma família surda sinalizante (Petitto, 2000). Para todos os outros contextos, o processo de aquisição de linguagem tem resultados variados, dado que a interação e o modelo linguístico diferem bastante para essas crianças. A idade em que a criança perde a audição e o momento em que a criança se descobre surda vai influenciar também o processo de aquisição de linguagem. Um longo período sem *input* linguístico acarretará uma aquisição de linguagem tardia. Há evidência robusta de que a idade de aquisição de linguagem é um fator importantíssimo para o pleno desenvolvimento linguístico e cognitivo. O dilema da idade se refere aos efeitos observados no desenvolvimento de crianças e adultos relativos à idade de aquisição. No Brasil, uma forma de minorar esse cenário foi a implementação da Triagem Auditiva Neonatal universal, conhecido como "Teste da Orelhinha". Esse teste reduziu bastante a idade em que se identifica a perda auditiva e, portanto, é possível uma ação rápida para que a criança não permaneça longos períodos sem *input* linguístico.

Diversos estudos demonstram que diferente da aquisição de L2 tardia, a aquisição de L1 tardia tem impactos graves no desenvolvimento linguístico, desde a dificuldade de perceber marcas linguísticas (Mayberry; Kluender, 2018) até dificuldades em outras cognições como a Teoria da Mente (Peterson; Siegal, 2000). Schick et al. (2007) observaram que vocabulário bem como compreensão de complementos sintáticos são capazes de predizer de maneira independente o sucesso em tarefas verbais ou não de Teoria da Mente, o que mais uma vez aponta para a importância da aquisição de linguagem. Se a interação linguística for efetiva, os efeitos de atraso linguístico podem ser minorados ou nem existirem.

Bilinguismo bimodal é o termo que utilizamos para indicar quando uma pessoa tem acesso a uma língua em cada modalidade (oral-audivitiva e gesto-visual), independente de quando essas línguas são adquiridas. No caso das crianças surdas, a língua oral-auditiva só é, muitas vezes, acessada com recursos externos e não em uma via natural de aquisição. Se o acesso a uma língua de sinais ocorre posteriormente, temos uma situação muito distinta do bilinguismo que observamos em crianças bilíngues. Crianças ouvintes em geral não têm aquisição de L1 tardia. Apesar de se poder observar variação na idade em que as crianças ouvintes começam a produzir em L1 e que essa produção pode também não ser prototípica, isso não se compara a situações de privação linguística vivida por crianças surdas, que podem não ter acesso a nenhuma língua. De qualquer forma, não se espera que crianças imersas em uma comunidade de fala sofram privação linguística.

Crianças ouvintes com acesso a uma língua adquirem esta língua, crianças surdas com acesso a uma comunidade linguística sinalizante, principalmente em família de surdos, adquirem uma língua de sinais. Estudos demonstram que, quando uma criança é exposta a uma língua de sinais, o processo de aquisição de linguagem é semelhante àquele das crianças ouvintes (Petitto; Marentette, 1991; Quadros, 1997). A dificuldade se apresentará para 95% das crianças surdas que nascem em lares ouvintes (Fernandes; Moreira, 2014) em consequência da falta de acesso a uma comunidade de fala. Por isso, é necessária uma ação deliberada.

Se o processo efetivo de aquisição de linguagem começar tardiamente, estudos indicam que haverá condição deficitária para o resto da vida. Isso ocorre em casos de privação linguística e social, como no famoso caso da menina *Genie* no início dos anos 70, na Califórnia, EUA. Confinada pela família desde os 20 meses, *Genie* sobreviveu a condições sem interação linguística até ser encontrada com 13 anos e 7 meses. A menina era mantida em cárcere privado por isso não sabia mastigar, nem permanecer ereta, entre outras mazelas. Inicialmente foi identificado que tinha compreensão um pouco melhor do que a produção. Ao longo do processo de reabilitação de *Genie*, houve desenvolvimento em vários sentidos, sendo capaz de produzir frases na ordem correta, mas com resultados inconsistentemente para outros elementos linguísticos. Casos de privação linguística também podem ocorrer em graus mais leves em famílias que amam seus filhos, mas que, por não identificarem prontamente a condição de surdez, perdem o momento ideal para oferecimento, ao infante, de *inputs* linguísticos adequados.

A escolha sobre qual língua a criança surda será exposta será sempre mediada por sua família, que decidirá seu caminho a partir das informações que a equipe de saúde, entre outras fontes, fornece quando ocorre a identificação. Por isso, é crucial que a família receba informações claras a partir de dados científicos sobre os ganhos e perdas de cada escolha (Rodrigues, 2017). O momento do diagnóstico pode levar a grande fragilidade da família que precisa lidar com uma nova realidade. Por isso é fundamental que as orientações sejam baseadas em evidências científicas e que haja também acompanhamento psicológico para que a inação não entrave o desenvolvimento pleno da criança.

Cabe à família direcionar conscientemente os esforços para o desenvolvimento das línguas por ela utilizadas, assim desenvolvendo sua Política Linguística da Família (PLF), que vem a ser o campo de pesquisa sobre como as línguas são gerenciadas, aprendidas e negociadas no contexto familiar. Assim, a família pode escolher um perfil multilíngue com um olhar para cada uma das línguas que quer promover. Contudo, o que não pode ocorrer é uma criança ficar desassistida em violação aos seus direitos linguísticos básicos. (Schwartz, 2010).

Pode-se pensar em muitas configurações familiares em que diferentes línguas são faladas. A família pode definir, por exemplo, quais, como, por quem e por quanto tempo cada língua será falada. Pode parecer irrealista pensar que é possível ter um controle completo sobre as línguas em uso, mas a família pode estipular objetivos. Pode definir o uso de cada língua em momentos do dia (ex. manhã em Libras, à tarde em português, caso a família decida pelo implante ou aparelho auditivo), em atividades específicas mais controladas (ex. hora do banho, hora da refeição etc.) ou em espaços determinados (na rua, em casa, na escola etc.) ou até por pessoa (a mãe fala língua americana de sinais - ASL - e o pai Libras). Podem-se observar configurações linguísticas variadas em que os dois pais falam uma língua diferente da falada na sociedade, cada pai é falante de uma língua que difere daquela da sociedade. Discutir PLF é importante no entendimento e conscientização sobre o processo de desenvolvimento linguístico, não só para a criança surda. Estudos apontam que é necessário, grosso modo, que 30% dos dados linguísticos sejam na língua-alvo da criança (Pearson, 2008). Dessa forma, a quantidade de interação e de *input* linguístico que a criança acessa das línguas em aquisição é importante. Logo, é fundamental garantir que a criança tenha exposição real às línguas em aquisição. Caso contrário, a experiência pode ser frustrante.

A questão é que no caso da criança surda, a família está imersa em um contexto clínico. Nesse campo, a possibilidade de "cura" para a surdez é, muitas vezes, apresentada como definitiva e como algo indiscutível. No entanto, com os avanços científicos nas diversas áreas que estudam a surdez e com a disponibilidade de novos dispositivos e protocolos, as possibilidades devem ser apresentadas de forma a permitir que cada pessoa, individualmente, possa decidir se segue com as recomendações baseadas em modelos clínicos. Por isso, ao apresentar os caminhos possíveis, deve-se evitar as convicções pessoais e discutir, com clareza para ambos os lados, os dados científicos existentes. Há exemplos na literatura de casos em que avanços científicos tanto em termos de medicação quanto em relação a dispositivos tecnológicos tiveram um impacto negativo na saúde dos pacientes (Blume, 2010). Por isso, há uma discussão sobre os benefícios que cada nova abordagem, evitando o "mito do benefício infinito" apresentado em Blume (2010), em que se supõe que qualquer avanço da ciência é benéfico para os pacientes. Um exemplo disso é apresentado no filme *Voices from El-Sayed* de 2008 em que um menino que fala Al-Sayyid Bedouin Sign Language (ABSL) é fortemente incentivado a um implante coclear, não obtendo, todavia, sucesso no processo de aquisição da fala oral.

Outra discussão em torno do implante coclear é se a sua disseminação irá extinguir as línguas de sinais. Muitas vezes mudanças no ambiente, ou inovações tecnológicas colocam as línguas em risco de extinção. Muitas questões de identidade linguística entram, como recentemente retratado no filme *O som do silêncio*, vencedor do Oscar de 2021 na categoria Melhor Som. O filme retrata a situação de um adulto que perde a audição de maneira drástica e vê no implante coclear a possibilidade de retomar sua vida anterior. O drama retratado do filme ilustra a expectativa equivocada do surdo de que o IC possa restaurar a condição anterior de audição. Uma expectativa irreal do que o IC trará para a vida do indivíduo surdo leva a compreensões bem diversas do que seria "sucesso". Passar a ouvir não quer dizer automaticamente adquirir uma língua, por isso mesmo em caso de implante coclear é possível encontrar atraso linguístico. Uma visão binária, IC contra língua de sinais, contribui para a exclusão de um dos mundos em que a pessoa surda transita, a família ouvinte ou a comunidade surda. Há a possibilidade da coexistência de duas línguas, o importante é o público em geral ter informações atualizadas das contribuições do bilinguismo bimodal.

CONTRIBUIÇÕES DO BILINGUISMO

Quando se trata de bilinguismo, observamos dois polos em contraste. De um lado, temos os feitos impressionantes em que crianças bilíngues adquirem, sem esforço aparente, duas línguas. De outro, temos a preocupação de que a exposição precoce a mais de uma língua trará atrasos ou até mesmo confusão. Petitto (2001) denomina esse cenário de "paradoxo bilíngue" em que, por vezes, uma mesma pessoa da família, da escola, da equipe de saúde pode atestar que o feito das crianças bilíngues é impressionante, mas de outro tem convicção de que a exposição precoce a duas línguas pode levar a atrasos e uma mistura de línguas. Acreditam então que seria melhor esperar que uma língua esteja bem estabelecida para começar com a segunda língua. Percebe-se com isso a presença de forças de natureza política ou do senso comum, em detrimento da ciência. Isso leva alguns pais a paralisar o desenvolvimento linguístico, esperando o momento mais propício ou seguro para expor os filhos a outra língua.

Os filhos ouvintes de pais surdos, Codas ou Kodas,[50] são menos sujeitos ao paradoxo em questão. Além de não haver dúvida para essa família da importância de uma língua de sinais, não há um olhar externo para a escolha linguística dessa família. Os pais se comunicam naturalmente com seus filhos, que crescem nativos da língua de sinal da família. Se os dois pais forem surdos sinalizantes brasileiros, o mais comum é que a Koda receba Libras em casa e português fora de casa por exemplo na creche, em passeios etc. A Koda, como outras crianças bilíngues, desenvolve inconscientemente uma espécie de etiqueta para cada pessoa, identificando assim com quem deve usar qual língua de seu repertório.

A preocupação com uma mistura de línguas só foi reportada em crianças bilíngues que recebem a mesma quantidade de dados nas duas línguas e quando os próprios pais fazem uso dessa mistura (Genesee et al., 1995). Como já foi dito, crianças bilíngues não têm problemas em manter esses códigos separados.

No caso de surdos bilíngues algo que pode ser confundido como mistura de línguas é o uso de certos componentes da língua oral, como o uso de soletração manual ou até a presença de palavras da língua oral vocalizadas total ou parcialmente durante a sinalização. No entanto, esses são casos de empréstimos linguísticos que não podem ser confundidos com falta de riqueza linguística, como se a língua fosse uma representação manual da língua oral, o que não é.

O elemento que pode aparentemente causar maior estranhamento em pessoas que não estão habituadas à comunidade surda é o uso de *mouthing*, que é um tipo de movimento com a boca que pode ser reconhecido como uma palavra ou parte de uma palavra na língua oral (Sherry et al., 2017). Os falantes de línguas de sinais variam na quantidade de *mouthing* que utilizam. No entanto, há alguns sinais em que *mouthing* parece estar incorporado ao sinal tanto na estrutura lexical como morfossintática (van de Sande; Crasborn, 2009). No entanto, o uso de *mouthing* não é a única forma em que se observa empréstimos da língua oral; ela pode aparecer no caso da soletração manual de palavras do português, especialmente em sobrenomes de pessoas ou léxico técnico, mas pode ainda aparecer em contextos bilíngues em que há troca de código.

É muito comum em comunidades bilíngues mesmo com alto grau de proficiência nas duas línguas que se observe o uso de uma palavra ou sintagma da outra língua. No caso do bilinguismo monomodal, como em duas línguas orais ou duas línguas de sinais, em que a via de produção é a mesma, não se pode produzir línguas de mesma modalidade ao mesmo tempo, pois se faz uso dos mesmos articuladores; no caso das línguas orais do mesmo aparelho fonador. Quando estamos tratando de bilinguismo bimodal, é possível produzir em ambas as línguas, pois a modalidade não é a mesma. Esse fenômeno tem termo técnico - no primeiro caso temos *code-*

switching e no segundo *code-blending*. Podemos pensar em switch como um interruptor que está ligado ou desligado, não podendo estar *on* e *off* ao mesmo tempo. Ou seja, é necessário parar a língua em curso para produzir na outra língua. No caso de *code-blending*, observamos as duas línguas ocorrendo ao mesmo tempo. Para que o *code-blending* ocorra é necessário que as línguas sejam de modalidades diferentes para que seja possível sua produção (e.g. Libras e português oral ao mesmo tempo).

É importante frisar que os fenômenos apresentados acima não se relacionam com pobreza de uma das línguas em questão. Na experiência bilíngue o falante percebe que um sinal ou uma palavra vão expressar com maior eficácia uma dada ideia. Mas em geral os casos de *code-switching* e *code-blending* não vão ocorrer de maneira consistente para os mesmos itens nem entre falantes, o que é diferente dos casos de *mouthing* e de movimentos expressivos com a boca que vão se atrelar especificamente aos sinais.

Estudos que comparam vantagem ou desvantagem bilíngue em geral comparam monolíngues com bilíngues (ver Almeida; Flores, 2017). As desvantagens encontradas em estudos com bilíngues dizem respeito ao tamanho do vocabulário. Se analisarmos o número de itens de vocabulário que a criança bilíngue em comparação com crianças monolíngues, pode ocorrer de a criança bilíngue ter mais rótulos para um mesmo objeto dado que ela pode nomeá-lo nas duas línguas. Outra problemática dessas comparações que precisa ser levada em conta é a falta de observar as variáveis socioeconômicas que podem mascarar diferenças dado a fatores não diretamente relacionados com o fato de as crianças estarem adquirindo duas línguas (para uma revisão da discussão ver Hamers; Blanc, 2004).

As vantagens do bilinguismo estão em grande parte relacionadas à função executiva. Função executiva são os processos cognitivos responsáveis pelo controle, planejamento, inibição, coordenação e controle da sequência de ações que são necessárias para manter o objetivo e cumpri-lo mesmo na presença de estímulo distrator (Kovács, 2007). Em uma comunidade bilíngue, haverá aqueles que são monolíngues, então a criança bilíngue precisa saber com quem pode falar uma ou outra língua, dado que a escolha da língua errada não será efetiva para a comunicação com monolíngues. Nesse sentido, ao longo de um dia de interação com os membros dessa comunidade, a criança terá que inibir, e, momentos diferentes, as duas línguas para alcançar uma comunicação efetiva. Se há pessoas que utilizam apenas inglês ou português, a criança que fala as duas línguas precisará se dirigir a A em inglês e B em português, enquanto para falantes bilíngues a criança poderá, em teoria, escolher qual língua usar. É claro que há fatores sociais que interferem para definir qual a língua de preferência de um bilíngue, mas, de qualquer forma, o processo cognitivo envolvido no aparente simples convívio familiar dá a criança bilíngue uma vantagem cognitiva que é captada em diferentes estudos (Petitto, 2009).

A questão é como uma família com uma criança surda pode efetivar esse bilinguismo. Isso vai depender do grau de audição presente para se efetivar a aquisição da língua oral e a escolha da aquisição de uma língua de sinais. Uma preocupação recorrente que influencia a escolha dos pais ouvintes é a qualidade dos dados inconsistentes que eles estão fornecendo a seus filhos, visto que eles mesmos também são aprendizes daquela língua.

É comum, dado o potencial icônico da modalidade visual-gestual, que haja a invenção de gestos no contexto familiar, esses são chamados de sinais caseiros ou gestos caseiros (*home signs* em inglês). Os sinais caseiros resolvem questões pontuais de comunicação, mas é necessário contextos bem específicos para que a partir desses dados haja a emergência de uma língua. Um dos casos mais estudados e mapeados é o da língua de sinais da Nicarágua (LSN), que desenvolveu propriedades de línguas naturais após três gerações escolares ('levas' escolares). Até os anos 1970 surdos nicaraguenses viviam de certa forma isolados uns dos outros. Em 1977, uma escola em Manágua começou a receber alunos surdos e outras seguiram pelo mesmo caminho. A partir daí o contato entre surdos se ampliou consideravelmente e a comunicação que era inicialmente gestual com sinais combinados na casa de cada criança, sinais caseiros, começou a se convencionalizar para uma sistematização do sistema linguístico levando a emergência da LSN.

Estudos demonstram que mesmo quando há *input* inconsistente de ASL, por exemplo, é possível adquirir uma regra gramatical (Singleton; Newport, 2004). De qualquer forma, a família pode definir qual(is) língua(s) vai expor a sua criança com o apoio de uma equipe que os ajude a identificar as possibilidades e desafios em cada escolha. É muito importante que a equipe de saúde que faz o atendimento primário dessa criança esteja bem-informada sobre as opções e dê o segmento adequado a cada caso. No entanto, alguns elementos vão estar além do controle da família. Se a família decide pelo implante coclear, mas há uma lista de espera ou o aparelho apresenta defeito com alto custo para consertar ou ainda não há equipe disponível para atendimento especializado na cidade em que a criança mora ou o número de dias disponíveis para o atendimento fonoaudiológico não parece ser suficiente, em todos esses casos a criança surda pode não receber os dados linguísticos necessários para aquisição de linguagem oral. Por mais que a família tenha desenvolvido um plano para a aquisição da língua oral, ele não poderá ser efetivado. No caso de a família decidir pela Libras, será interessante que a família aprenda a língua enquanto a criança a adquire para prover um apoio afetivo, mas não é condição determinante para aquisição da criança. É importante que a criança tenha contato com outras crianças sinalizantes em processo de aquisição além de adultos surdos ou profissionais sinalizantes com quem a família como um todo possa interagir. É importante "para a construção positiva da identidade das crianças e não apenas para seu desenvolvimento linguístico e cognitivo" que as crianças interajam com outros surdos (Quadros, 1997).

Há diversas associações de surdos que organizam atividades para a comunidade surda. No entanto, é possível que esse recurso não exista na cidade onde a família mora. Outro elemento fora do controle da família é a escola. Não há escolas bilíngues para surdos suficientes ou em todas as cidades para atender todas as crianças surdas. Na grande maioria dos casos, a criança surda vai para uma escola inclusiva. Por vezes, ela é a única criança sinalizante na comunidade escolar e encontra apenas um par linguístico que é o intérprete educacional com quem pouco interage, em teoria, pois o intérprete é responsável pela mediação professor-aluno e aluno-aluno, não havendo tanto espaço para uma interação espontânea entre intérprete e aluno. Não desenvolver política linguística amplamente, não só para família, com uma legislação adequada, leva a uma vulnerabilidade ora por serem pressionadas por escolher o português (língua majoritária) e abandonar sua língua, ora acreditando que a educação bilíngue de uma língua de prestígio, como o português no caso da criança surda, trará vantagens e sucesso profissional sem saber muito bem o que estão recebendo com o rótulo bilíngue. A questão é identificar qual seria a definição de bilinguismo que as escolas bilíngues brasileiras para surdos oferecem.

No Brasil, há uma diversidade de cenários de escolas com o rótulo "bilíngue". Algumas apresentam um ensino de L2 ampliado com um número maior de horas para essa língua do que outras escolas que não se dizem bilíngues, enquanto outras escolas bilíngues oferecem conteúdo na segunda língua (Matemática, Ciências etc.). Não há uma legislação nacional do que seria escola ou programa bilíngue. Por isso encontramos bastante variedade no Brasil. No caso específico das crianças surdas, em que dados mostram que 95% delas nascem em lares ouvintes, a PLF é um imperativo. Discutir quais línguas serão utilizadas, quais formas de garantir o acesso a elas, qual a língua de instrução da escola, como e quanto tempo a família e/ou a criança vai estar em cada língua são fatores importantes para o desenvolvimento linguístico pleno dessas crianças seja qual for a escolha da família. Em 2020, uma nova política nacional de educação especial é instituída a partir do decreto 10.502/2020, apesar de muitas críticas sobre o artigo 6º item I "oferecer atendimento educacional especializado e de qualidade, em classes e escolas regulares inclusivas, classes e escolas especializadas ou classes e escolas bilíngues de surdos a todos que demandarem esse tipo de serviço, para que lhes seja assegurada a inclusão social, cultural, acadêmica e profissional, de forma equitativa e com a possibilidade de aprendizado ao longo da vida;", para a comunidade surda a possibilidade de classes bilíngues e escolas bilíngues é visto como uma vitória.

A escolha por privilegiar um espaço bilíngue em que a criança tem acesso aos professores, equipe escolar, colegas e conteúdos de maneira direta se dá pela importância do desenvolvimento linguístico no âmbito do desenvolvimento cognitivo, social e identitário. Muito já se debateu na literatura sobre período crítico, período de desenvolvimento quando a aprendizagem é mais eficiente, também chamado de período sensível. Seria possível uma incapacidade completa de adquirir linguagem depois da puberdade? Isso seria um bloqueio completo ou uma redução da facilidade? Mayberry e Kluender (2018) apresentam uma discussão importante sobre a aquisição tardia versus precoce de primeira língua. A conclusão após uma revisão de diversos estudos é que a aquisição tardia de primeira língua entrava a aquisição de outras línguas, já a aquisição precoce de uma língua facilita a aquisição de uma segunda língua. Há ainda estudos que demonstram efeitos no cérebro devido a aquisição tardia de primeira língua com alterações de organização funcional do cérebro adulto até alterações de organização anatômica devido a idade de aquisição de linguagem (Penicaud et al., 2013). Dado o exposto, é fundamental o desenvolvimento linguístico de pelo menos uma língua para promover o pleno desenvolvimento em todas as áreas que a linguagem toca.

Um desses aspectos é a leitura. Mayberry e Witcher (2005) bem como Dye (2006) apresentam resultados de leitura e acuidade no uso da L1 em que o adulto surdo com aquisição tardia apresenta acesso lexical mais lento e menos acurado do que aqueles que adquiriram a língua decorrente de contato em comunidade linguística desde o nascimento ou muito cedo. Segundo Jasinska et al. (2017), a estrutura das duas línguas e suas ortografias impactam significativamente a arquitetura neurocognitiva da criança aprendendo a ler. Os dados apresentados são de bilíngues de francês e espanhol.

Ribeiro et al. (2019) discutem a questão da escolarização das crianças surdas e a importância do apoio às famílias para que o acesso à Libras seja ampliado. As autoras apontam diversos dispositivos legais no Brasil e proposições de agências internacionais como a Unesco indicando a importância do papel da família no desenvolvimento de crianças com deficiência e a necessidade de instrumentalizar a família sobre como atuar para ajudar a criança a se desenvolver plenamente.

Outro ponto bastante discutido é a questão da metodologia de ensino empregada para o ensino de leitura. O termo 'guerras da leitura' discutido em Castles et al. (2018) pode também ser empregado para educação de surdos dado que não há consenso sobre o método, o que em si não é um problema, mas em geral a escolha é por adaptar sistemas desenvolvidos para ouvintes. Isso também não seria um problema se as premissas estivessem claras em cada abordagem. Em 2019, uma discussão foi travada no Brasil acerca do método de ensino a partir de uma proposta do governo, apontando a existência de muitas lacunas sobre como o método mencionado poderia ser implementado para essa população (para a discussão ver Costa et al., 2020).

A seguir, propomos um relato de caso de uma criança surda para exemplificação da discussão proposta até aqui.

RELATO DE CASO

J.A.M., 11 anos de idade, gênero masculino, compareceu ao serviço fonoaudiológico acompanhado da mãe (52 anos), encaminhado pela escola com a queixa de dificuldades em acompanhar as atividades escolares.

A mãe do paciente refere gestação e parto sem intercorrências, percebendo que o bebê não respondia a sons altos apenas por volta dos oito meses de idade. Não há histórico de pessoas surdas na família. O paciente recebeu cuidados médicos desde então com a atenção de diversos especialistas. Trata-se de ambiente familiar atencioso e com abundância de recursos para a criança. O paciente foi diagnosticado com surdez sensorioneural profunda bilateral antes de completar um ano de idade e, já na idade de um ano e oito meses fazia uso de Aasi.

Iniciou trajetória em ambiente escolar aos 4 anos de idade, em escola particular inclusiva, sem uso de língua de sinais ou intérprete, onde o aluno permaneceu até o ano anterior ao acolhimento fonoaudiológico. A mãe relata que J.A.M. recebe a mesma atenção dada às outras crianças e que participa do percurso escolar do filho como apoio educacional. Após o processo de alfabetização, a mãe relata que acompanha a criança em todas as atividades como mediadora da comunicação, transcrevendo em um caderno o que as outras pessoas dizem a seu filho e respondendo/interagindo a partir da escrita, oralização e gesticulação do filho.

J.A.M. frequenta terapia fonoaudiológica desde o diagnóstico da surdez, em terapia para reabilitação auditiva, desenvolvimento da oralidade e da leitura e escrita do português, com a mesma fonoaudióloga, que também atuava na escola onde o paciente estudava. A partir de uma mudança para uma nova cidade e nova escola, a nova coordenação pedagógica questionou a participação da mãe como mediadora e, em uma avaliação pedagógica, relatou as dificuldades que J.A.M. apresentou nos três primeiros meses na escola, o que fundamentou o encaminhamento para avaliação fonoaudiológica.

As informações educacionais apresentadas no relatório pedagógico de J.A.M., enviado pela escola atual, relatam uma criança tranquila, introspectiva, mas sem contato comunicativo com os pares. Em atividades de leitura e escrita, a criança não apresentou desempenho similar ao desempenho de seus pares. Hipotetizando a falta da atuação da mãe como mediadora comunicativa, a escola permitiu que, durante uma semana, a mãe atuasse da mesma forma que atuava na escola anterior. O relatório destaca que, na mediação, a mãe constantemente completava as respostas para o filho a fim de tornar a interação com as outras crianças e com os adultos mais fluida.

O relatório pedagógico enfatizou que a escola propôs a contratação de um intérprete de Libras, mas que os pais foram muito resistentes à ideia, dizendo que queriam que a criança se desenvolvesse pela oralidade e aproveitando o uso do Aasi, alegando que o uso da Libras deixaria a criança preguiçosa e que impediria o desenvolvimento da língua oral.

Em avaliação fonoaudiológica de linguagem, o paciente apresentou-se tranquilo e colaborativo. Foi realizada uma interação livre com uso de brinquedos. J.A.M. não compreende nem se expressa em Libras, mas apresentou intenção comunicativa na interação, apontando e tentando nomear alguns objetos presentes na sala, como bola e cavalo. Entretanto, sua oralização foi inconsistente e restrita à repetição de poucos fonemas. Durante a interação lúdica, apresentou, habilidade simbólica no uso de instrumentos e brinquedos. Em seguida, foi realizada uma prova de repetição de palavras com e sem leitura orofacial, com e sem Aasi. Não houve diferença entre as aplicações. O paciente realizou gesticulações e oralizou apenas os fonemas /a/, /o/, /u/ e /p/, e de forma inconsistente. Foi apresentada uma história em sequência com três figuras, que o paciente conseguiu organizar na ordem correta. Na tentativa de recontar a história, ele apresentou gesticulação e vocalizações, sem a organização de frases ou a oralização de palavras. Na tentativa de comunicação por meio da escrita, o paciente conseguiu escrever o seu nome e realizou cópias de outros registros que estavam nos materiais sobre a mesa.

Embora tenha recebido atenção fonoaudiológica antes de completar um ano de idade, o desempenho linguístico e comunicativo de J.A.M. é compatível com transtorno não especificado do desenvolvimento da fala ou da linguagem e com transtorno expressivo da linguagem.

A família recebeu orientação fonoaudiológica com relação ao uso da Libras e também em relação a estratégias para o desenvolvimento da oralidade. A partir desse ponto a família terá três caminhos terapêuticos a seguir:

1. continuar na linha de estimulação da oralidade;
2. instituir o uso da Libras e trabalhar o português em modalidade escrita apenas;
3. proceder em uma abordagem bilíngue que prevê a estimulação da oralidade e o incentivo ao uso da Libras, com Aasi ou IC, ou mesmo sem esses dispositivos, para os casos daquelas crianças que se recusem a usar.

Essas hipóteses apresentadas devem compor o protocolo de informações apresentadas a todas as famílias com crianças surdas, tomando como base o art. 25 do Decreto n. 5626, de 22 de dezembro de 2005 (Brasil, 2005), para que possam tomar suas decisões sobre as línguas que venham a ser usadas pela criança surda em seu processo educacional, interações sociais no seu desenvolvimento como sujeito.

Caso a família escolha a primeira opção, poderá encontrar orientações sobre como auxiliar a criança no processo de estimulação da oralidade e quais os passos necessários caso haja indicação para o implante coclear. Essa opção é estritamente monolíngue e é direcionada à uma abordagem clínica que envolve a realização de terapia fonoaudiológica para reabilitação auditiva e para o desenvolvimento da fala.

Os estudos sobre intervenção fonoaudiológica apresentam poucas pesquisas que verificam a eficácia de intervenções. Os trabalhos de Law, Garret e Nye (2003) e Moraes (2020) apontam que os processos de intervenção se debruçam sobre os níveis fonético e fonológico (ver os capítulos *Fonética* e *Fonologia* deste livro) ou pragmático, com poucas referências a intervenções no nível sintático. Esta informação é de especial importância para a intervenção fonoaudiológica para crianças surdas porque implica no processo de apropriação da língua pelo paciente. O foco demasiado na reabilitação auditiva, no desenvolvimento de repertório lexical e de adequação da produção articulatória de fala e a escassa intervenção em aspectos da Sintaxe da língua oral, em conjunto com as barreiras sensoriais impostas pela perda auditiva, podem levar a criança surda a uma situação de domínio parcial ou insuficiente da língua oral, causando impactos importantes no desempenho escolar e no desenvolvimento humano da pessoa surda (Lacerda; Nakamura, 2000).

As duas opções remanescentes são opções bilíngues: seja pela Libras e Português escrito; seja pela Libras e Português oral/escrito.

Caso a família opte pela segunda opção, o profissional fonoaudiólogo indicará formas de estimulação linguística para a criança e para a família que precisará aprender a Libras. Além das atividades de aprendizagem da escrita do Português conduzidas pela escola, a equipe multidisciplinar que acompanha a criança pode propor formas de ampliar o ambiente de letramento por meio de atividades conduzidas pela família e no consultório.

Se a família escolher a terceira opção, além do acompanhamento habitual, precisaria idealmente passar por oficinas em que conheça um pouco mais sobre política linguística da família e como é possível trabalhar com duas ou mais línguas no dia a dia da criança. A família, como nas demais possibilidades de intervenção, exercerá um importante papel na condução do desenvolvimento da linguagem de suas crianças, com a apropriação da língua e dessa organização mínima, o que proverá à família um forte potencial de desenvolver as duas línguas normalmente. A intervenção fonoaudiológica deve prover as orientações adequadas para que os objetivos das famílias sejam alcançados. O Programa de Intervenção Fonoaudiológica em Famílias de Crianças Surdas (Piffics) (Lichtig, 2004) apresenta as experiências de um serviço com esta proposta de intervenção, com oficinas em Libras e em Português, além de reuniões frequentes de grupos de pais e familiares.

Além das questões tradicionalmente relacionadas à intervenção fonoaudiológica para pessoas surdas, a reabilitação auditiva e estimulação para desenvolvimento da oralidade, há de se lembrar que a Fonoaudiologia abrange o diagnóstico e tratamento de desordens da linguagem. As questões que as crianças surdas trazem sobre a oralidade não podem ser classificadas como uma desordem de linguagem porque elas estão relacionadas ao processo de domínio de uma segunda língua - o Português, no caso do Brasil - e de uma segunda língua que oferece, às pessoas surdas, restrições de acesso. Mas, o processamento de linguagem não se relaciona apenas às línguas orais. Como a Libras e as demais línguas de sinais do mundo são línguas naturais, as desordens de linguagem podem se expressar na sinalização (produção em língua de sinais) e na compreensão (Barbosa, 2016), gerando uma demanda de diagnóstico e tratamento de desordens da linguagem em língua de sinais. Isso significa que pessoas surdas podem apresentar distúrbios fonológicos na língua de sinais, podem apresentar Transtorno do Desenvolvimento de Linguagem na língua de sinais, podem apresentar quadros afásicos, demenciais, desordens da fluência de sinalização (não de fala) ou mesmo quadros com desordens de linguagem associadas ao atraso na aquisição de língua de sinais, com expressões clínicas na língua de sinais. São situações que estão dentro do escopo da atenção fonoaudiológica especializada.

A questão das línguas na constituição do sujeito não deve ser observada apenas por sua utilidade e praticidade nas interações cotidianas. Há relatos de engajamento das famílias com a língua sinalizada enquanto a "chegada da audição" não ocorre e há uma desistência da modalidade visoespacial quando a criança passa a ouvir (Blume, 2010). Essa visão utilitarista da língua de sinais como meio de comunicação emergencial, adotada por muitos fonoaudiólogos, acaba por impor à família a condição de uso exclusivo da língua de sinais quando o dispositivo auditivo falhar, seja por quebra de algum componente ou por outra questão técnica relacionada às suas funções. Nesta visão equivocada, a língua de sinais não consegue existir ou haverá apenas um nível muito superficial da língua. A condição que se instala nesses casos pode resolver situações comunicativas básicas, mas não é capaz, no longo prazo, de desenvolver a capacidade linguística e cognitiva da criança de maneira plena. Da mesma forma que saber algumas poucas palavras de inglês não nos possibilita falar inglês, alguns poucos sinais também não nos permitirão falar propriamente nenhuma língua de sinais. Falar só em inglês em uma viagem de 10 dias e depois voltar para casa e não utilizar mais a língua não será suficiente para nos manter falantes naquela língua. É importante que ao optar pela Libras que a família seja orientada a abraçar essa língua e identidade surda do filho, oportunizando interação com outras crianças e adultos surdos sinalizantes para que a língua não fique restrita apenas aos contextos de aprendizado formal (cursos ou escola).

Batamula, Herbold e Mitchiner (2020) propõe caminhos para manter a identidade cultural e linguística de famílias multilíngues. Eles afirmam que "seja lá qual for a língua que a família utilize, retirá-la da vida da criança pode afetar negativamente a conexão entre a criança e sua família e levar a perda de conhecimento cultural e identitário para aquela criança."

Dessa forma, não é tarefa trivial definir qual(is) línguas a família irá promover. Uma decisão consciente e informada dos ganhos e perdas dessas escolhas é importante para o bom desenvolvimento da criança, mas o suporte da família em ecoar essa decisão ao longo da vida é fundamental para que a estratégia definida traga maior qualidade de vida para a criança e família. A equipe que faz o acompanhamento terapêutico sozinha vai encontrar mais dificuldade no atendimento se a família não participar do processo ativamente.

Diversos elementos do cuidado de uma criança passam por escolhas e tensões. O importante é que em cada cenário possível haja o acolhimento da escolha da família sem julgamento. Se a família entrar em um processo de negação da surdez e se afastar de pontos de apoio, seja de equipes de saúde ou comunidade surda, isso pode levar a um processo de privação linguística em que a criança se comunica apenas para as necessidades mais básicas do dia a dia podendo levar a entraves cognitivos para o pleno desenvolvimento.

Será necessário que a família tenha essas questões em mente de maneira consciente para garantir um ambiente linguístico rico para todas as línguas que deseja promover. Oferecer um ambiente linguístico rico é promover oportunidades de conversa sobre todos os tópicos de interesse da criança: atividades do dia a dia, planos para o futuro (como férias, volta às aulas) e memórias do que viveram juntos, por exemplo. Uma visão assistencialista de que a criança nunca alcançará uma vida plena, pode funcionar como uma profecia autorrealizada que embota a criança ainda pequena. Por isso é importante um trabalho multidisciplinar de acompanhamento da família para que não só as questões relativas à surdez sejam trabalhadas.

CONSIDERAÇÕES FINAIS

O presente capítulo apresentou o panorama da área que se dedica à pessoa surda. Apresentamos os aspectos clínicos da surdez, bem como os dispositivos de reparação da audição, suas potencialidades e desafios. Demonstramos ao longo deste capítulo a importância do acesso a uma língua e os impactos no desenvolvimento linguístico da criança em aspectos cognitivos e sociais e indicamos que a via bilíngue é a que promove os melhores resultados de desenvolvimento pleno para a criança surda.

Salientamos também o reconhecimento das línguas de sinais como marco político importante para área, a criação de políticas linguísticas decorrentes dessa legislação além do amadurecimento dos estudos sobre as línguas de sinais que ampliam nosso conhecimento sobre desenvolvimento linguístico padrão e casos em que há perda linguística em usuários de línguas de sinais. Discutimos a importância de um acompanhamento multidisciplinar da família pautado em dados científicos para elaboração de PLF e de acompanhamento integral em conjunto com as escolas que atendem crianças surdas.

A partir de um trabalho conjunto com a maioria da população surda é possível observar seus anseios e desafios e avançar nas diferentes frentes de trabalho desde os avanços clínicos para a recuperação da audição a colaboração entre especialistas em linguagem e o serviço médico, para recomendações embasadas na vasta literatura desenvolvida no Brasil e no mundo que garanta os direitos dos surdos. O fundamental nesse debate é que a criança tenha um ambiente linguístico diversificado para que ela possa receber *input* significativo que vai se desdobrar na capacidade linguística e, com ela, o desenvolvimento de outras cognições que se apoiam na linguagem.

BIBLIOGRAFIA

ALMEIDA, L.; FLORES, C. Bilinguismo In: FREITAS, M. J.; SANTOS, A. L. (orgs.) *Aquisição de língua materna e não materna:* questões gerais e dados do português (Textbooks in Language Sciences 3). Berlin: Language Science Press., 2017, pp. 275-304.

ALSOP, L. *Understanding Deafblindness:* Issues, Perspectives and Strategies. Logan: Home Oriented Program Essentials, Dba Hope, Inc., 2002.

BALBANI, A. P. S.; MONTOVANI, J. Impacto das otites médias na aquisição da linguagem em crianças. *Jornal de Pediatria,* v. 79, n. 5, 2003, pp. 391-6.

BARBOSA, F. V. *Avaliação das habilidades comunicativas de crianças surdas:* a influência do uso da língua de sinais e do Português pelo examinador bilíngue. [tese]. São Paulo, 2007. Faculdade de Medicina, Universidade de São Paulo.

_____; LICHTIG, I. Abordagem Bilíngue na Terapia Fonoaudiológica de Surdos. In: FERNANDES, F. D. M.; MENDES, B. C. A.; NAVAS, A. L. P. G. P. *Tratado de Fonoaudiologia.* 2. ed. São Paulo: Roca, 2009. pp. 210-19.

BATAMULA, C.; HERBOLD, B. J. K.; MITCHINER, J. "Family Language Planning with Deaf and Hard of Hearing Children: Fostering Multilingual Development" *Odyssey: New Directions in Deaf Education*, v. 21, 2020, pp. 8-13.

BENTO, R. F. Introdução. In: BENTO, R. F. et al. *Tratado de Implante Coclear e Próteses Auditivas Implantáveis.* Rio de Janeiro: Thieme, 2014.

BIALYSTOK, E. *Bilingualism in development*: Language, literacy, and cognition. Cambridge: Cambridge University Press, 2001.

BLUME, S. *The Artificial Ear*: Cochlear Implants and the Culture of Deafness. New Brunswick, Nova Jersey: Rutgers University Press, 2010.

BOGER, M. E.; BARRETO, M. A. S. C.; SAMPAIO, A. L. L. A perda auditiva no idoso e suas interferências na linguagem e na vida psicossocial. *Revista Eletrônica Gestão & Saúde*, v. 7, n. 1, 2016, pp. 407-12.

BRASIL. Decreto n. 5626, de 22 de dezembro de 2005. Portal da Câmara dos Deputados. Disponível em: <https://www2.camara.leg.br/legin/fed/decret/2005/decreto-5626-22-dezembro-2005-539842-publicacaooriginal-39399-pe.html> Acesso em: 14 set. 2020.

BREE, E. de et al. Language learning from inconsistent input: Bilingual and monolingual toddlers compared, *Infant and Child Development*, v. 26, n. 4, 2017.

CAMPOS, C. A. H; RUSSO, I. C. P.; ALMEIDA, K. Indicação, Seleção e Adaptação de Próteses Auditivas: princípios gerais. In: ALMEIDA, K; IORIO, M. C. M. *Próteses Auditivas:* fundamentos teóricos e aplicações clínicas. São Paulo: Lovise, 2003, pp. 36-54.

CHECCHETTO, A. et al. The language instinct in extreme circumstances: The transition to tactile Italian Sign Language (LISt) by Deafblind signers. *Glossa: A Journal of General Linguistics,* v. 3, n. 66, 2018. Doi: 10.5334/gjgl.357.

COLLINS, S. *Adverbial morphemes in Tactile American Sign Language.* Cincinnati, 2004. (dissertation) Graduate College of Union Institute and University.

CORMEDI, M. A. *Alicerces de significados e sentidos:* aquisição de linguagem na surdocegueira congênita. São Paulo, 2011. 402 f. Tese (Doutorado) - Faculdade de Educação, Universidade de São Paulo.

COSTA, M.U.C.L.M. et al. As guerras do ensino da leitura: um olhar a partir da Epistemologia surda. *Revista Espaço*, n. 53, jan-jun 2020, pp. 127-51.

CRUZ, C. R. *Consciência fonológica na Língua de Sinais Brasileira (Libras) em crianças e adolescentes surdos com início da aquisição da primeira língua (Libras) precoce ou tardio.* Porto Alegre, 2016. Tese de Doutorado. Universidade Federal do Rio Grande do Sul.

CRUZ, O. L. M.; ZANONI, A. Anatomia e Fisiologia do Sistema Auditivo. In: BENTO, R. F. et al. *Tratado de Implante Coclear e Próteses Auditivas Implantáveis.* Rio de Janeiro: Thieme, 2014, pp. 18-23.

EDWARDS, T.; BRENTARI, D. *Feeling Phonology:* The conventionalization of phonology in protactile communities in the United States. Language. No prelo.

EMMOREY, K; MEHTA, S; GRABOWSKI, T. J. "The neural correlates of sign versus word production". *NeuroImage*, v. 36, n. 1, 2007, pp. 202-8.

FERNANDES, S.; MOREIRA, L. C. Políticas de educação bilíngue para surdos: o contexto brasileiro. *Educar em Revista.* UFPR, Curitiba, n. 2, 2014, pp. 51-69, edição especial.

GARCIA, S. F. Análise da fluência verbal de surdos oralizados em Português Brasileiro e usuários de Língua Brasileira de Sinais. São Paulo, 2001. Dissertação de Mestrado. Universidade de São Paulo.

GROLLA, E.; FIGUEIREDO SILVA, M. C. *Para conhecer Aquisição da linguagem.* São Paulo: Contexto, 2014.

HAMERS, J.; BLANC, M. *Bilinguality and Bilingualism.* Cambridge: Cambridge University Press, 2. ed., 2004.

IORIA, M. C. M. Métodos prescritivos para seleção do ganho e resposta de frequências de sistemas lineares. In: ALMEIDA, K; IORIO, M. C. M. *Próteses Auditivas:* fundamentos teóricos e aplicações clínicas. São Paulo: Lovise, 2003, pp. 217-27.

JASIŃSKA, K. K. et al. Bilingualism yields language-specific plasticity in left hemisphere's circuitry for learning to read in young children, *Neuropsychologia*, v. 98, fev. 2017, pp. 34-45. Disponível em: <https://doi.org/10.1016/j.neuropsychologia.2016.11.018>. Acesso em: 20 set. 2020.

KINSEY, A. A. *Atas:* Congresso de Milão [de] 1880. Rio de Janeiro: Ines, 2011.

LACERDA, C. B. F. de; NAKAMURA, H. Y. (org.) ; LIMA, Maria Cecília (org.). *Fonoaudiologia*: Surdez e Abordagem Bilíngüe. 1. ed. São Paulo: Plexus, 2000, v. 1. p. 122.

_____. "Um pouco da história das diferentes abordagens na educação dos surdos". Campinas: *Cadernos Cedes*, v. 19, n. 46, set. 1998, pp. 68-80. Disponível em: <http://www.scielo.br/scielo.php?script=sci_arttext&pid=S0101-32621998000300007&lng=en&nrm=iso>. Acesso em: 14 out. 2020. <https://doi.org/10.1590/S0101-32621998000300007>.

LAW, J.; GARRETT, Z.; NYE, C. Speech and language therapy interventions for children with primary speech and language delay or disorder. *Cochrane Database Syst Rev.* v. 3, n. 3, 2003. CD004110.

LI, Q; XIA, S. An fMRI study of Chinese sign language in functional cortex of prelingual deaf signers. *International Conference on Future BioMedical Information Engineering (FBIE)*, Sanya, China, 2009, pp. 1-4.

LICHTIG, I; BARBOSA, F.V. Plano *Terapêutico Fonoaudiológico para Adequação do Desenvolvimento de Linguagem no Atraso da Aquisição da Libras*. In: Pró-Fono (org.). Planos Terapêuticos Fonoaudiológicos (PTFs). Barueri: Pró-Fono, 2012. pp. 315-20.

_____; _____; MOURA, G. M. Educação e Surdez. In: BENTO, R. F. et al. (org.). *Tratado de Implante Coclear e Próteses Auditivas Implantáveis*. Rio de Janeiro: Thieme, 2014. v. 1, pp. 453-7.

_____; _____. Plano Terapêutico Fonoaudiológico para Estimulação de Linguagem de Surdos Adultos com Língua de Sinais Atípica. In: Pró-Fono (org.). *Planos Terapêuticos Fonoaudiológicos* (PTFs). Barueri: Pró-Fono, 2015, v. 2, pp. 337-42.

_____. (org.). *Programa de Intervenção Fonoaudiológica em Famílias de Crianças Surdas (Piffcs)*. Barueri: Pró-Fono, 2004, pp. 39-78.

LILLO-MARTIN, D. *Sign Language Acquisition Studies*: Past, Present And Future, Sign Languages: spinning and unraveling the past, present and future. TISLR9, 9th. Theoretical Issues in Sign Language Research Conference, Florianopolis, Brazil, December 2006. QUADROS, R. M. de (ed.). Petrópolis: Arara Azul, 2008. RJ. Brazil. Disponível em: <http://www.signsandsmiles.org/files/2015/04/Sign-Language-Acquisition-Studies-Past-Present-And-Future.pdf>.

LODI, A. C. B.; HARRISON, K. M. P. "*Língua de Sinais e Fonoaudiologia*". Espaço (Rio de Janeiro. 1990), Rio de Janeiro: Ines, 1998, v. 10, pp. 41-6.

_____. Educação Bilíngüe para Surdos. In: LACERDA, Cristina B. F. de; NAKAMURA, Helenice; LIMA, Maria Cecilia. (org.). *Fonoaudiologia*: Surdez e Abordagem Bilíngüe. 1. ed. São Paulo: Plexus, 2000. pp. 60-79.

LOPES, D. Z. V. *Língua Brasileira de Sinais:* o domínio dos contrastes mínimos. Santa Maria, 2016. Tese de Doutorado, Universidade Federal de Santa Maria.

LOPES-FILHO. O. Deficiência Auditiva. In: Lopes-Filho, O. *Tratado de Fonoaudiologia*. São Paulo: Manole, 2013. pp. 3-14.

MACSWEENEY, M. et al. The signing brain: the neurobiology of sign language. *Trends in Cognitive Sciences*, v. 12, n. 11, 2008, pp. 432-40.

MATHER, S. M.; ANDREWS, J. F. Eyes over Ears: The Development of Visual Strategies by Hearing Children of Deaf Parents. In: MATHER, S. M.; ANDREWS, J. F. *Hearing, Mother Father Deaf*: Hearing People in Deaf Families, Gauls, 2009.

MAYBERRY, R. I.; KLUENDER, R. Rethinking the critical period for language: Insights into an old question from American Sign Language. *Bilingualism: Language and Cognition*, 2017, pp. 1-20. Doi:10.1017/S1366728917000724.

_____; WITCHER, P. What age of acquisition effects reveal about the nature of phonological processing. *Center for Research on Language Technical Report*, v. 17, n. 3, 2005.

MCFARLAND, W. H. Próteses Auditivas e Compreensão de Fala. In: ALMEIDA, K; IORIO, M. C. M. *Próteses Auditivas:* fundamentos teóricos e aplicações clínicas. São Paulo: Lovise, 2003, pp.17-34.

MCQUARIE, L.; ABBOT, M. Bilingual deaf students' phonological awareness in ASL and reading skills in English. *Sign Lang Stud*, v. 14, n. 1, 2013, pp. 80-100. Doi:10.1353/ sls.2013.0028.

MELO, E. B. de, MONTEIRO, T. R.; GARCIA, V. L. Linguagem oral de adolescentes deficientes auditivos: avaliação fonoaudiológica e relato dos professores. *Revista Cefac*, v. 17, n. 4, 2015, pp. 1288-301.

MOMENSOHN-SANTOS, T. M. Avaliação Audiológica: Interpretação dos Resultados. In: FERNANDES, F. D. M; MENDES B. C. A; NAVAS, A. L. G. P. *Tratado de Fonoaudiologia*. Sociedade Brasileira de Fonoaudiologia. São Paulo: Roca, 2009, pp. 125-37.

MORAES, A. A. de. Materiais e estratégias para intervenção em linguagem na primeira infância: análise da produção brasileira e proposição de um produto. São Paulo, 2020. Dissertação de Mestrado. Faculdade de Ciências Médicas da Santa Casa de São Paulo. Curso de Pós-Graduação em Saúde da Comunicação Humana.

MOURA, M. C. *O surdo:* caminhos para uma nova identidade. Rio de Janeiro: Revinter, Fapesp, 2000.

NYST, V. A. S. *A Descriptive Analysis of Adamorobe Sign Language (Ghana).* Utrecht: LOT, 2007.

PANCSOFAR, N.; VERNON-FEAGANS, L. Mother and father language input to young children: Contributions to later language development, *Journal of Applied Developmental Psychology,* v. 27, 2006, pp. 571–87.

PEARSON, B. Z. *Raising a bilingual child:* A step-by-step guide for parents. Nova York: Random House, 2008.

PENTEADO, S. P. Aspectos tecnológicos do Implante Coclear. In: BENTO, R. F. et al. *Tratado de Implante Coclear e Próteses Auditivas Implantáveis.* Rio de Janeiro: Thieme, 2014, pp. 156-60.

PETERSON, C. C.; SIEGAL, M. Insights into theory of mind from deafness and autism. *Mind & Language,* v. 15, n. 1, February 2000, pp. 123–45.

PETITTO, L. A. The acquisition of natural signed languages: Lessons in the nature of human language and its biological foundations. In: CHAMBERLAIN, C.; MORFORD, J. P.; MAYBERRY, R. I. (orgs.). *Language Acquisition by Eye.* Mahwah, NJ: Lawrence Erlbaum Associates, 2001, pp. 41-50.

_____; MARENTETTE, P. F. Babbling in the Manual Mode: Evidence for the Ontogeny of Language. *Science,* v. 251, 1991, pp. 1493-6.

_____. New discoveries from the bilingual brain and mind across the lifespan: Implications for education. *Mind, Brain, and Education,* v. 3. n. 4, 2009, pp. 185-97.

PEREIRA, L. D. Sistema Auditivo e Desenvolvimento das Habilidades Auditivas. In: FERNANDES, F. D. M.; MENDES B. C. A; NAVAS, A. L. G. P. *Tratado de Fonoaudiologia.* Sociedade Brasileira de Fonoaudiologia. São Paulo: Roca, 2009, pp. 3-16.

POIZNER, H.; KLIMA, E. S.; BELLUGI, U. MIT Press series on issues in the biology of language and cognition. *What the hands reveal about the brain.* Cambridge: MIT Press, 1987.

POULIN-DUBOIS, D. et al. The effects of bilingualism on toddlers' executive functioning Journal of Experimental, *Child Psychology,* v. 108, n. 3, 2011, pp. 567-79.

QUADROS, R. M. *Educação de Surdos: A* Aquisição da Linguagem. Porto Alegre: ArtMed, 1997.

_____; CRUZ, C. R. *Língua de Sinais:* Instrumentos de Avaliação. Porto Alegre: ArtMed, 2011.

_____; KARNOPP, L. B. *Língua de Sinais Brasileira:* estudos linguísticos. Porto Alegre: ArtMed, 2004, p. 221.

RATHMANN, C.; MANN, W.; MORGAN, G. Narrative structure and narrative development in deaf children, *Deafness Educ. Int.* v. 9, n. 4, 2007, pp. 187–96.

REED, C. M. et al. A study of the tactual reception of sign language. *Journal of Speech, Language, and Hearing Research,* v. 38, n. 2, 1995, pp. 477–89,

RIBEIRO, V. L.; BARBOSA, R. L. L.; MARTINS, S. E. S. O. Pais ouvintes e filhos surdos: o lugar das famílias em propostas educacionais bilíngues, *Revista Educação* - UFSM, v. 44, 2019. – Publicação contínua, ISSN Eletrônico: 1984-6444.

RUSSO, I. C. P. O mundo sonoro e a audição. In: LICHTIG, I.; CARVALLO, R. M. M. *Audição:* abordagens atuais. Carapicuíba: Pró-Fono, 1997, pp. 23-44.

SHERRY, L. et al. *Hearing, Mother Father Deaf:* Hearing People in Deaf Families. Washington: Gallaudet University Press, 2009. Disponível em:<muse.jhu.edu/book/10670>.

SCHICK, B. et al. Language and theory of mind: A study of deaf children, *Child Development,* v. 78, n. 2, March/ April 2007, pp. 376–96.

SINGLETON, J. L.; NEWPORT, E. L. When learners surpass their models: The acquisition of American Sign Language from inconsistent input. *Cognitive Psychology,* v. 49, n. 4, 2004, pp. 370-407.

SOARES, A. D. *Competência Narrativa em Deficientes Auditivos Oralizados.* São Paulo, 2007. Dissertação de Mestrado. Universidade Federal de São Paulo.

SOARES, L. A. A. *A emergência de um sistema de competidores:* um estudo cognitivo- funcional dos processos mentais subjacentes ao desenvolvimento do PBL2 em surdos universitários. Rio de Janeiro, 2018. 160 f. Tese (Doutorado em Estudos de Língua) – Instituto de Letras, Universidade do Estado do Rio de Janeiro.

Linguagem, surdez e surdos **235**

_____. Português e Libras: distorções e supergeneralizações. In: FREITAS JR, Roberto de; SOARES, Lia Abrantes Antunes; NASCIMENTO, João Paulo da Silva (orgs). *Aprendizes surdos e escrita em L2:* reflexões teóricas e práticas. Rio de Janeiro: Faculdade de Letras. 1. ed. 2020.

SPOLSKY, B. *Language Management,* Cambridge: University Press, 2009.

STOKOE, W. Sign language structure: An outline of the visual communication systems of the American deaf. *Studies in linguistics,* n. 8, 1960.

VALADAO, Michelle Nave et al. Visualizando a elaboração da linguagem em surdos bilíngues por meio da ressonância magnética funcional. *Revita Brasileira Linguística Aplicada,* Belo Horizonte, v. 14, n. 4, dez. 2014, pp. 835-59.

VAN DE SANDE, I.; CRASBORN, O. Lexically bound mouth actions in Sign Language of the Netherlands. A comparison between different registers and age groups. *Linguistics in the Netherlands,* v. 26, 2009, pp. 78-90.

VOICES FROM EL-SAYED, Oded Adomi Leshem. Israel: Belfilms, 2008.

ZAEYEN, E. A audição do bebê. In: MOREIRA, M. E. L; BRAGA, N. A.; MORSCH, D. S. (orgs.). *Quando a vida começa diferente:* o bebê e sua família na UTI neonatal [online]. Rio de Janeiro: Fiocruz, Criança, Mulher e Saúde collection, 2003, pp. 131-40.

YAMAGUCHI, Cíntia Tizue; GOFFI-GOMEZ, Maria Valéria Schmidt. Perfil audiológico do usuário implante coclear e aparelho de amplificação sonora individual na orelha contralateral: resultados preliminares. *Revista Cefac,* v. 11, n. 3, Epub July 31, 2009, pp. 494-8.

Afasias

Adriana Lessa, Arabie Bezri Hermont e Maria Isabel D. Freitas

A linguagem é considerada uma das mais importantes características do ser humano. Essa capacidade que diferencia nossa espécie das outras dada a complexidade da forma como nos comunicamos, está diretamente interligada à nossa forma exclusiva de representar o mundo mentalmente.

Em função dessa complexidade, investigar a linguagem como sistema neurofisiológico, ou a falta dela, requer uma cooperação interdisciplinar entre áreas como a Neurologia, a Linguística e a Fonoaudiologia. É esse tipo de cooperação que o presente capítulo se propõe a ilustrar ao se debruçar sobre as afasias, que compreendem uma série de distúrbios causados por lesão em uma ou mais áreas cerebrais relacionadas à linguagem.

A depender da sua gravidade, esses distúrbios podem se revelar incapacitantes ao seu portador em termos comunicativos. A Afasia pode ter múltiplas manifestações linguísticas, afetando todos ou alguns aspectos da representação e do processamento linguístico. Por essa heterogeneidade, utilizamos aqui, inclusive, o termo afasias, no plural, já que pretendemos categorizar diferentes tipos de afasia.

A fim de fornecer aos leitores curiosos, sejam da área das Letras ou da Saúde, mais informações sobre os estudos da linguagem, este capítulo apresenta o distúrbio em seus diferentes tipos, como podem ser estudados e tratados. Para isso, na seção inicial, fazemos um breve histórico dos estudos das afasias, desde as primeiras descrições médicas, e também as principais manifestações linguísticas e taxonomias das afasias. Na seção seguinte, apresentamos a classificação das afasias, considerando uma visão ampliada da neuroanatomia da linguagem. Na seção O estudo das afasias sob o prisma linguístico, discutimos como as afasias vêm sendo estudadas ao longo do tempo e quais são as principais contribuições desses estudos de e para a Linguística e a Fonoaudiologia. Por fim, na seção Estudo de caso, apresentamos, a partir de um estudo de caso, algumas das principais características da Afasia e exemplos de como se pode proceder a um estudo da linguagem do afásico, seguida pelas considerações finais.

UM BREVE HISTÓRICO DAS AFASIAS

O interesse pelo estudo da linguagem para entender a mente e o cérebro humano é bastante antigo e certamente em muito se pautou sobre a falta de linguagem. O recorte feito aqui se inicia com um estudo fundamental que teve lugar em 1861. Nesse ano, o neurologista francês, Pierre Paul Broca, publicou o caso de um paciente, chamado Leborgne, que falava algumas palavras isoladas, sem articular frases completas, mas sua expressão linguística consistia basicamente da sílaba 'tan'. Por isso, ele ficou conhecido como 'paciente Tan'. Entretanto, o mais curioso no caso era que, a despeito de suas dificuldades de produção, Tan, aparentemente, entendia tudo o que lhe era dito.

Assim que Leborgne morreu, Broca examinou-lhe o cérebro e pôde observar uma lesão em determinada área localizada na base da terceira circunvolução do lobo frontal do hemisfério cerebral esquerdo. Chegou à conclusão de que tal região era a responsável pela produção da linguagem por meio do seguinte raciocínio: Leborgne não tinha deficiência com a comunicação não linguística e, sim, com a linguística. No que diz respeito à comunicação linguística, o paciente era capaz de compreender o que as pessoas lhe diziam. A função deficiente de Leborgne era praticamente a de produção da linguagem. Então, Broca identificou a área lesionada como a responsável pela faculdade de produção da linguagem. Tal região, hoje, é conhecida como "área de Broca", em homenagem ao neurologista.

Tendo em vista esses desdobramentos, acredita-se que a Neuropsicologia moderna teve início naquela ocasião, em 1861, quando Broca entregou à Sociedade Antropológica de Paris o texto que tratou sobre o caso do paciente Tan (Amunts; Grodzinsky, 2006: 287). Nessa mesma década, Broca apresentou mais oito casos de pacientes com comportamentos similares, todos com lesão na área destinada à faculdade da produção da linguagem. Assim, passou a defender a localização da linguagem no hemisfério esquerdo. Essa descoberta, aliás, foi o embrião de outra: a de que os hemisférios cerebrais não atuam da mesma forma, ou seja, são assimétricos.

Depois de Broca, o segundo avanço na compreensão das afasias deveu-se ao neurologista alemão Carl Wernicke que, em 1874, publicou um artigo *O Complexo Sintomático da Afasia: Um estudo psicológico sobre Base Anatômica* (Kandel, 1997: 10). O novo estudo demonstrava outro tipo de afasia, ligado ao distúrbio de compreensão e não ao de produção, conforme aquele já apresentado por Broca.

Wernicke descreveu alguns casos de pacientes que tinham dificuldade de compreender a fala, até mesmo o que eles próprios diziam, mas não apresentavam restrições na produção da linguagem. Os indivíduos pesquisados demonstravam elementos prosódicos normais em suas produções linguísticas, mas, muitas vezes, não faziam sentido. Quando um dos pacientes morreu, seu cérebro foi examinado e o neurologista constatou uma ruptura na região do primeiro giro temporal à esquerda, que, mais tarde, ficou conhecida como "área de Wernicke".

Wernicke ainda sugeriu que somente as funções mentais mais simples, como a percepção e a atividade motora, seriam mais especificamente localizadas nas áreas do córtex, que é a camada mais externa do cérebro. Já as funções mentais mais complexas seriam o resultado de interconexões entre várias áreas funcionais. Essa noção foi denominada "processamento distribuído" e, assim, Wernicke introduziu a ideia do fluxo de informação linguística e da interrupção desse fluxo em decorrência de uma lesão.

A partir dessa noção, Wernicke sugeriu ainda um novo tipo de afasia, que veio a ser comprovada clinicamente tempos depois: a Afasia de condução, decorrente de lesão nas vias de fibras que interconectam as áreas responsáveis pelas atividades receptivas e motoras. A Afasia de condução se caracteriza pela produção incorreta das palavras (parafasia). Desse modo, os pacientes podem ouvir, ver e não têm dificuldade para falar, mas não conseguem falar corretamente, omitem partes de determinadas palavras ou as substituem por sons errôneos.

A forma como Wernicke passou a abordar o estudo sobre Afasia foi de grande importância para a Neurociência, inspirando o conexionismo, modelo neural da linguagem influenciado por suas propostas. Lichtheim, discípulo de Wernicke, em uma tentativa de avançar nos estudos das afasias, publicou, em 1885, um diagrama sobre o fluxo da informação, que também visava à descrição das afasias estudadas sob o modelo conexionista e foi, por nós, adaptado na figura 1.

Figura 1: Adaptação do Diagrama de Lichtheim

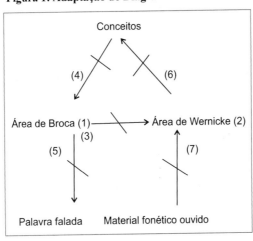

Fonte: Elaborada pela autora Arabie B. Hermont com inspiração em Lichtheim (in Caplan, 1987: 56-7).

A área de Broca, evidentemente, seria a responsável pela produção da linguagem e a área de Wernicke estaria ligada à recepção. Haveria uma área relacionada aos conceitos e são sinalizados, no diagrama, dois itens, quais sejam: a palavra falada e o material fonético ouvido. O fluxo da informação ocorreria, de acordo com esse diagrama, da seguinte forma: ao ouvir uma palavra, o aparelho auditivo mandaria a informação à área de Wernicke, região em que ocorreria a recepção de tal palavra. A conexão entre a área de Wernicke e a de Broca se daria por meio de um conjunto de fibras denominado fascículo arqueado. Haveria, na área de Wernicke, segundo a concepção conexionista, memória dos sinais auditivos das palavras e, na área de Broca, haveria memória para a articulação das palavras. Dessa forma, a fala seria ouvida, compreendida, produzida e articulada. No diagrama de Lichtheim, a área denominada "Conceitos" seria o espaço em que as representações linguísticas poderiam chegar da área de Wernicke e partir para a área de Broca.

A proposta do diagrama é que, se houver comprometimento na área de Broca (1), haveria, conforme já dito, a Afasia de Broca. Se a lesão for na área de Wernicke (2), ocorreria, por conseguinte, a Afasia de Wernicke. Acontecendo rompimento do fluxo entre as duas áreas (3), teríamos a Afasia de condução. O indivíduo com esse comprometimento interpretaria a informação, mas não lhe seria possível a repetição dessa. Se ocorrer ruptura entre a região dos Conceitos e a área de Broca (4), a Afasia é denominada motora transcortical, obtendo-se uma produção da linguagem similar à da Afasia de Broca, sendo a repetição normal. Se o problema residir entre a área de Broca e o que se denomina 'palavra falada' (5), haveria uma lesão motora subcortical, ou seja, o distúrbio seria na articulação e não se configuraria como afasia. Acontecendo um comprometimento do fluxo entre a área de Wernicke e a região dos Conceitos (6), teríamos a Afasia sensório-transcortical, que manifesta dificuldade de compreensão, sendo o centro conceptual afetado. A repetição, no entanto, não seria afetada. Por fim, se o problema ocorrer entre o material fonético ouvido e a área de Wernicke (7), ocorreria a lesão sensório-subcortical, cuja consequência é a surdez, portanto também não caracterizaria uma afasia. Os comprometimentos em 5 e em 7 seriam dificuldades de articular e de ouvir, respectivamente.

Benson e Geschwind (1971 apud Caplan, 1987: 87) refizeram a classificação realizada por Lichtheim, sem alterar fundamentalmente as descrições das síndromes ou a relação das síndromes com as áreas do cérebro e adicionaram três tipos de Afasia àqueles mencionados por Lichtheim: Afasia anômica, em que o indivíduo tem uma grande dificuldade em nomear objetos; isolamento da área da fala, em que o paciente pode repetir, mas não fala nem compreende a linguagem; e Afasia global, na qual todas as modalidades da habilidade linguística estão gravemente comprometidas.

A despeito das várias reelaborações no estudo da relação entre linguagem, afasia e cérebro, recentes pesquisas neuropsicológicas e de imageamento comparando a habilidade linguística em pessoas sem déficit neurológico e em indivíduos afásicos indicam que tal modelo pode ser simplista em diversos aspectos. O principal deles é a importância dada às áreas de Broca e de Wernicke para designar que um indivíduo com lesão tem dificuldades de expressar-se e de compreender, respectivamente. Na verdade, as áreas lesionadas costumam abarcar áreas adjacentes.

Isso posto, podemos dizer que, a despeito de hoje termos mais conhecimento da base neural e sua relação com a natureza da linguagem, conforme exploraremos na seção Classificação das afasias, Broca e Wernicke são considerados os precursores no estudo científico que diz respeito à localização da linguagem no cérebro tomando por base os distúrbios de linguagem. Desde o século XIX, muitos estudos foram empreendidos no sentido de compreender as distintas afasias e, ainda que haja muitas perspectivas teóricas para analisar os fenômenos linguísticos ocorrentes na afasia, podemos delinear as principais manifestações linguísticas desse distúrbio observadas durante a avaliação que ajudam a delinear o tratamento fonoaudiológico das pessoas com a afasia.

De acordo com Ortiz (2010: 72), essas manifestações linguísticas podem ocorrer no nível da palavra, da sentença ou do discurso, sendo observadas tanto na expressão oral como na escrita. São elas: (a) **Parafasia Fonética**: em que há distorção de fonemas que são mal pronunciados; (b) **Parafasia Fonêmica**: em que ocorrem substituições, omissões ou acréscimos de fonemas ou sílabas que originam uma pseudopalavra (por exemplo, trocar 'cavalo' por 'vacalo' ou 'cajalo'); (c) **Parafasia Morfêmica**: em que acontece a substituição de morfemas gramaticais das palavras (como 'menino' por 'menina', 'andamos' por 'andar'); (d) **Parafasia Formal**: em que ocorrem substituições, omissões ou acréscimos de fonemas ou sílabas que originam uma outra palavra da língua (como trocar 'martelo' por 'marmelo'), mas que não tenha relação semântica; (e) **Parafasia Verbal**: em que se dá a emissão de uma palavra que não conseguimos identificar sua relação com a palavra-alvo nem quanto à forma nem quanto ao conteúdo (como usar 'chapéu' no lugar de 'maçã'); (f) **Parafasia Semântica**: em que ocorre a emissão de uma palavra relacionada semanticamente à palavra-alvo (por exemplo, 'caneta' por 'lápis'). Vale dizer que, quando essas manifestações ocorrem na leitura em voz alta, são denominadas de **Paralexias** e, quando ocorrem na escrita, são chamadas de **Paragrafias**.

Outras manifestações linguísticas observadas nas afasias, segundo Belan (2019: 204), são: (a) **anomia**: que é uma dificuldade de acessar o nome da palavra por falha fonológica, semântica ou lexical; (b) **paráfrase**: que é a emissão de uma frase em substituição a uma palavra que não é evocada (por exemplo: aquilo que se usa para lavar as mãos); (c) **circunlóquio**: caracterizado pela dificuldade de acesso ao tópico conversacional, presença de tangencialidade do discurso, falta de foco ao tema principal do discurso; (d) **agramatismo**: que seria a falha do processamento sintático com omissões de elementos gramaticais da frase; (e) **neologismo**: em que há a emissão de pseudopalavras; (f) **estereotipia**: que seriam repetições involuntárias e perseverativas de uma palavra, pseudopalavras ou até mesmo de expressões; (g) **perseveração**: em que há a manutenção da mesma resposta mesmo quando o estímulo é modificado; (h) **redução**: que seria a diminuição do número de enunciados numa unidade de tempo; (i) **supressão**: em que se dá a ausência completa da fala.

Nesta seção, apresentamos o histórico da afasia, que descortina os primeiros estudos sobre a relação entre dano cerebral e desempenho linguístico, a tipologia clássica das afasias e a apresentação das principais manifestações linguísticas desse distúrbio. Na seção Classificação das afasias, faremos um breve panorama histórico sobre a classificação das afasias com informações para que o leitor compreenda não só o embasamento teórico subjacente à classificação das afasias como também as discussões atuais em favor de uma perspectiva mais ampla do distúrbio.

CLASSIFICAÇÃO DAS AFASIAS

Na seção Um breve histórico das afasias, apresentamos a tipologia clássica das afasias, que tem suas raízes nas descrições dos casos clínicos de Paul Broca e Carl Wernicke, no modelo de Wernicke-Lichtheim, que foi posteriormente refinado por Geschwind. Esse tipo de classificação associa os principais tipos de Afasia a localizações específicas da lesão cerebral (Fridriksson et al., 2018). Tal taxonomia ainda é útil para a compreensão da categorização das afasias, nas quais lesões cerebrais frontais causam afasias motoras, lesões temporais e temporoparietais causam afasias sensoriais, lesões que afetam o fascículo arqueado causam Afasia de condução e lesões corticais mais profundas causam síndrome de desconexão, que é o termo geralmente usado para indicar síndromes clássicas em que lesões nas conexões da substância branca levam à disfunção de funções cognitivas.

Contudo, nesta seção, esperamos tornar claro que este modelo, que domina os livros didáticos e as pesquisas, precisa ser analisado de forma mais abrangente. Essa necessidade se justifica pelo fato de tal modelo concentrar-se em estruturas corticais, que representam a camada mais externa do cérebro, excluindo regiões subcorticais, que permeiam a camada mais interna. Dessa forma, não contempla toda a gama de síndromes afásicas que podem ocorrer, já que não considera as conexões neurais de todas as áreas cerebrais envolvidas com a linguagem.

Nessa direção, estudos baseados principalmente em neuroimagem funcional comprovaram a necessidade de termos uma **visão ampliada da neuroanatomia da linguagem**, uma vez que hoje já se sabe, por exemplo, que ambos os lobos temporais estão envolvidos na compreensão da linguagem e, durante a produção, uma ampla gama de regiões frontais e parietais, geralmente no hemisfério esquerdo, são ativadas. Além disso, muitas regiões e tratos subcorticais, incluindo o cerebelo, estão implicados com a linguagem quando consideramos suas diferentes modalidades.

Os relatos históricos da Afasiologia formaram a base para os atuais sistemas de classificação das afasias. As duas **classificações de Afasia mais influentes** são: a do grupo de Boston, tendo como principais representantes os pesquisadores Geschwind, Benson, Alexander, Goodglass; Kaplan; e a de Luria. Essas duas classificações de Afasia têm guiado significativamente a área nas últimas décadas.

A classificação do **grupo de Boston**, que é mais utilizada, foi desenvolvida a partir das ideias de Wernicke e faz duas distinções básicas das afasias: (1) as afasias podem ser fluentes ou não fluentes; e (2) as afasias podem ser corticais, subcorticais ou transcorticais. A Afasia de condução é introduzida para explicar os déficits de repetição de linguagem frequentemente encontradas em dano parietal esquerdo (ou insular).

Em contraste, o sistema proposto por **Luria** (1970) representa uma exceção notável à terminologia clássica das afasias, sendo uma abordagem alternativa ao localizacionismo. Sua proposta é baseada no entendimento que o cérebro é formado por sistemas funcionais dinâmicos. Todavia, deve-se notar que Luria investigou a Afasia em pacientes que sofreram traumatismo cranioencefálico (TCE) em decorrência de ferimentos por armas de fogo, e não lesões relacionadas a Acidente Vascular Cerebral (AVC), como nas demais classificações.

Nessa abordagem, os subtipos e nomes das afasias referem-se ao nível específico de linguagem que está prejudicado (Ardila, 2010). Desse modo, Luria definiu inicialmente seis variantes da Afasia que são: motora eferente, motora aferente, sensorial, acústico-amnésico, semântico, dinâmico. Em estudos posteriores dos anos 1976 e 1980, ele se referiu abertamente a sete subtipos de afasia, incluindo a Afasia amnéstica. Contudo, como o objetivo desta seção é fazer um breve panorama sobre as classificações das afasias e discutir a aplicação atual da tipologia mais utilizada, não apresentaremos as discussões teóricas detalhadas da classificação de Luria.

Embora vários sistemas de classificação tenham sido propostos ao longo dos anos, as descrições de distúrbios de linguagem adquiridos, agrupados em síndromes relacionadas aos substratos anatômicos, permanecem comuns em ambientes clínicos e de pesquisa. Contudo, atualmente, tem-se uma visão ampliada do funcionamento da linguagem no cérebro considerando a **conectividade neural** e as variações individuais. Os achados de estudos de neuroimagem funcional demonstram que o processamento da fala e da linguagem depende de uma extensa rede. Curiosamente, danos a diferentes subcomponentes dessa rede podem resultar em dificuldade em uma mesma tarefa de comunicação, mas, apesar dessa **heterogeneidade**, há similaridade suficiente nos padrões de lesão dentro de um determinado tipo de Afasia para diferenciá-lo de outros tipos de Afasia (Fridriksson et al., 2018).

Ainda que comuns, os distúrbios de linguagem adquiridos nem sempre são fáceis de serem avaliados na clínica ou à beira do leito. Como já mencionado anteriormente, as apresentações podem ser variadas e existem alguns esquemas dicotômicos para dividir os subtipos de afasia, que, a depender do autor, usam os termos afasias de expressão/afasias de compreensão, afasias emissivas/afasias receptivas ou afasias fluentes/afasias não fluentes. Todavia, a classificação tradicional divide as afasias em fluentes e não fluentes com base em três principais parâmetros: fluência, compreensão e repetição. O parâmetro da fluência seria o mais complexo, abarcando uma análise do número de palavras por minuto, a extensão da frase, o esforço articulatório e o uso de palavras do conteúdo, que seriam substantivos, adjetivos e verbos.

Independentemente dos possíveis desencontros terminológicos, destacamos a importância das classificações do ponto de vista didático. Mesmo com o advento da neuroimagem e neuromodulação, a classificação tradicional das afasias ainda é clinicamente útil.

As afasias clássicas podem ser consideradas como **síndromes vasculares** cujos déficits estão frequentemente associados ao dano ou à disfunção de regiões do tecido neural (essenciais para funções específicas da linguagem) supridas por uma artéria particular. No quadro 1, a classificação tradicional das afasias é apresentada a partir de esquema proposto por Radanovic; Mansur (2011).

Quadro 1: Síndromes afásicas e principais manifestações linguísticas

Manifestações linguísticas/ Tipo de Afasia	Fluência	Características principais	Compreensão	Repetição	Nomeação	Escrita
LESÕES ANTERIORES						
Broca	Não fluente	Agramatismo (fala e escrita)	Variável (fala e escrita de acordo com a severidade do agramatismo	Pobre	Pobre (parafasias semânticas)	Semelhante à fala

Afasias 245

Transcortical motora	Não fluente	Simplificação gramatical, ecolalia, dificuldade para iniciar a fala	Relativamente boa (oral e escrita); pode haver algum prejuízo devido a deficits cognitivos relacionados à lesão frontal	Boa	Prejudicada (parafasias, perseverações)	Semelhante à fala
LESÕES POSTERIORES						
Wernicke	Fluente, mas vazia (parafasias, circunlóquios)	Fala com jargões/ neologismos e prejuízo sintático	Pobre (oral e escrita) desde discriminação de palavra a material complexo	Pobre	Pobre (parafasias, circunlóquios, ausência de respostas)	Similar à fala
Transcortical sensorial	Fluente	Parafasias semânticas, circunlóquios	Pobre (oral e escrita)	Boa	Prejudicada	Similar à fala
Condução	Fluente	Parafasias fonêmicas	Boa (oral e escrita)	Desproporcionalmente pobre	Prejudicada (variável)	Mais afetada do que a fala; alexia com agrafia pode ocorrer
LESÕES COMBINADAS						
Global	Não Fluente	Estereotipias	Pobre (oral e escrita)	Ausente	Ausente	Ausente
Transcortical Mista	Não Fluente	Ecolalia	Pobre (oral e escrita)	Boa	Prejudicada	Leitura e escrita reduzidas
Anômica	Fluente	Circunlóquios e palavras de preenchimento usualmente residuais, evoluindo de outras afasias	Boa	Boa	Pobre	Variável com a severidade da anomia

Fonte: Traduzido e adaptado de Radanovic; Mansur (2011).

Conforme podemos observar no quadro 1, o modelo clássico de Afasia prediz um certo conjunto finito de síndromes de afasias típicas. No entanto, na prática, muitos pacientes não apresentam toda a sintomatologia nem se encaixam perfeitamente em um subtipo único, mesmo levando em consideração o viés natural de ajustar observações a síndromes conhecidas. Apesar dessa dificuldade relatada, pesquisas sugerem que o uso de baterias de avaliação de linguagem padronizadas e validadas, sobre as quais comentamos na seção O estudo das afasias sob o prisma linguístico, fornecem critérios para classificar consistentemente as síndromes afásicas, pois apresentam correlações com os padrões do dano neural subjacente.

Tal classificação costuma ser usada também para categorizar a Afasia decorrente de outros comprometimentos neurológicos como TCE, tumor cerebral e quadros neurodegenerativos, como as demências. Entretanto, as manifestações de linguagem em decorrência dessas outras doenças neurológicas podem não apresentar o mesmo padrão das afasias decorrentes de AVC, já que tais quadros costumam envolver lesões difusas ou em regiões "não clássicas" da linguagem. Dessa forma, as alterações de linguagem decorrentes dessas outras condições neurológicas costumam ser secundárias aos distúrbios de outras funções cognitivas, o que caracterizaria o que chamamos de **Distúrbio Cognitivo da Comunicação** ou mesmo **Distúrbio linguístico-cognitivo.**

As **lesões no hemisfério direito**, da mesma forma, não são denominadas "afasias clássicas". Como os déficits afetam os processamentos comunicativos discursivos, pragmático-inferenciais, léxico-semânticos e prosódicos, os termos mais adequados para se referir a tais comprometimentos seriam distúrbio da comunicação ou Afasia Pragmática. A Afasia cruzada também é causada por uma alteração adquirida da linguagem após uma lesão do hemisfério direito, mas, neste caso, há um consenso na literatura de que só pode ser diagnosticada em pacientes que (a) são claramente afásicos, (b) são fortemente destros, (c) apresentam uma lesão claramente unilateral no hemisfério direito e (d) não mostram uma história anterior de dano cerebral (Coppens; Hungerford, 2001).

Seguindo o entendimento de que há o **envolvimento de áreas subcorticais** do cérebro no processamento da linguagem, alguns autores denominam as alterações de linguagem decorrentes de lesões em áreas subcorticais como "afasias subcorticais". Essas seriam uma entidade separada, com características clínicas que as distinguem das afasias corticais. A ausência de consenso na literatura e a diversidade de lesões neuroanatômicas que podem ser consideradas "subcorticais" têm levado a uma subclassificação dessas afasias em "talâmica" (quando há lesão no tálamo) e "não talâmica", referindo-se às afasias causadas por lesões nos gânglios da base e vias da substância branca subcortical (Radanovic; Mansur, 2011). Da mesma forma, lesões cerebelares podem causar síndromes associadas às afasias não-fluentes.

Conforme pudemos ver, no passado, a representação da linguagem no cérebro era considerada modular, refletindo propostas para a representação mental. Sob esse conceito, a avaliação e o tratamento eram limitados a tarefas linguísticas isoladas e conduzidos separadamente para cada módulo (por exemplo, nomeação, repetição, compreensão). Agora, sabemos que as funções da linguagem se distribuem amplamente por todo o nosso cérebro e estão interconectadas com muitas outras funções cognitivas.

Portanto, a perspectiva atual para o processamento cerebral da linguagem deve ser entendida sob vários pontos de vista: da multifuncionalidade do cérebro, da conectividade estrutural e funcional, da plasticidade neuronal e da hipótese de reserva cognitiva. Essa visão complexa nos ajuda a compreender o cérebro como um órgão de comunicação, onde as redes linguísticas e cognitivas cooperam ininterruptamente.

Acreditamos que esse novo conhecimento, juntamente com o progresso tecnológico, com novas ferramentas sofisticadas de neuroimagem e neuromodulação, mudará, num futuro breve, a Neurolinguística clínica para uma era de estratégias terapêuticas aprimoradas para pessoas que vivem com distúrbios de fala, linguagem e comunicação. Para um melhor entendimento da transição na abordagem da Neurolinguística que nos leva a esse futuro, na seção O estudo das afasias sob o prisma linguístico, apresentamos como as afasias podem ser estudadas, levando-se em conta a relação entre teoria e métodos de pesquisa e diagnóstico ao longo do tempo.

O ESTUDO DAS AFASIAS SOB O PRISMA LINGUÍSTICO

Esta seção se propõe a apresentar como as afasias passaram a ser estudadas por pesquisadores interessados em entender a natureza da linguagem. No entanto, toda escolha metodológica parte de uma questão teórica específica que esperamos colocar à prova. Sendo assim, antes de explicarmos as escolhas metodológicas, precisamos nos situar historicamente quanto à concepção de língua por trás desse percurso científico.

Em primeiro lugar, é importante destacar como o estudo das afasias se relaciona diretamente à história da Linguística moderna ocidental, que é bastante jovem. O reconhecimento da **Linguística como ciência autônoma** é associado à publicação póstuma do Curso de Linguística Geral, de Ferdinand Saussure, em 1916. Já nessa

248 Lessa, Hermont e Freitas

obra seminal, a descoberta de Broca, tratada na seção Um breve histórico das afasias, é mencionada para abordar o caráter natural da linguagem e defender a existência de "uma faculdade mais geral", "a faculdade linguística por excelência" (Saussure, 1916: 18). Conforme Saussure, a existência dessa faculdade tornaria a questão da articulação pelos aparelhos vocais secundária ao problema da linguagem e isso justificaria a relevância da existência da Linguística enquanto área de pesquisa independente de outras, como a Antropologia e a Psicologia.

Naquele momento, apesar de já haver a indicação de que "tudo é psicológico na língua, inclusive suas manifestações materiais e mecânicas", definiu-se que o objeto principal de análise dos estudos da linguagem seria a **língua como "produto social"**, fruto dessa faculdade psicológica (Saussure, 1916: 17). Em outras palavras: para esse empreendimento de estruturar a Linguística como ciência, os pesquisadores tomaram como tarefa primeira a descrição dos fatos das línguas e sua história, sem focalizar a natureza mental da linguagem.

No entanto, observamos que as definições saussurianas já indicavam, ainda que de forma incipiente, uma visão modular da mente, ou seja, de que haveria um módulo mental responsável pela faculdade da linguagem, distinto de outras faculdades de que os seres humanos são dotados, como o pensamento e a emoção. Na metade do século XX, essa ideia ganhou destaque e se tornou um dos pressupostos fundamentais da Linguística Gerativa, de Noam Chomsky, sobre a qual é possível ler mais no capítulo *Sintaxe*, deste livro.

Com o fortalecimento dessa corrente teórica, a **natureza mentalista da linguagem** passa a ser o foco dos estudos. Se, até então, a preocupação era descrever as línguas como produto da linguagem humana, depois, o objetivo principal passou a ser investigar o conhecimento mental de um falante de determinada língua que o permite falar, compreender e ter intuições sobre sua língua. Chomsky previa que, com as descobertas sobre a linguagem em um nível cognitivo, poderíamos fornecer elementos para estudos futuros em um nível cerebral. Em busca dessa interface entre Linguística e Neurociência, as afasias começaram a ser investigadas por linguistas que queriam compreender a linguagem em uma perspectiva mentalista. Assim, consolidava-se a revolução cognitivista na Linguística e o advento da Neurolinguística.

Toda essa revolução na Linguística foi influenciada pelo surgimento da Neuropsicologia Cognitiva, no final da década de 1960, com a qual se fortaleceu o entendimento da **linguagem como processamento**. A busca passou a ser a superação de modelos tradicionais de explicação da linguagem em prol da compreensão de como a informação é transformada e processada para se atingir um fim específico. Com isso, na Fonoaudiologia, a caracterização das afasias mudou de simples descrições das tarefas de linguagem que são prejudicadas por danos cerebrais para a identificação dos processos cognitivos subjacentes à linguagem que estão prejudicados. Concomitantemente, na Linguística, a pesquisa com afásicos também forneceu evidências importantes para transições metodológicas e teóricas.

Quanto às **transições teóricas**, podemos estabelecer perguntas-chave que guiaram a pesquisa da linguagem nas afasias, com base nas três ideias fundamentais que Novaes (2019) afirma terem emergido dos principais trabalhos nas décadas finais do século XX. As questões-problema seriam: (i) quais modalidades de linguagem são afetadas pelas diferentes lesões neurológicas?; (ii) qual é a participação da área de Broca em fenômenos sintáticos, especificamente, em movimentos abstratos de constituintes linguísticos?, e (iii) que diálogo pode ser estabelecido entre as teorias propostas para dar conta do conhecimento linguístico de indivíduos saudáveis e afásicos?.

Em relação à primeira questão, sobre as **modalidades da linguagem**, é interessante destacar que, no tratamento fonoaudiológico das afasias, costumeiramente, avaliamos as habilidades de fluência, nomeação, compreensão oral, leitura e escrita, com possíveis desdobramentos dessas categorias de análise. Essa organização dos dados parece, de certa forma, refletir a lógica estabelecida desde os estudos de Broca e Wernicke, de que uma Afasia afetava a produção e a outra, a compreensão, respectivamente. Todavia, pesquisas linguísticas com pacientes agramáticos confirmam, desde a década de 1970, que a lesão na área de Broca não afeta, de forma seletiva, somente uma das modalidades da linguagem, mas, sim, o conhecimento de linguagem. Logo, ainda que o prejuízo maior nessa Afasia seja a produção linguística, o comprometimento sintático, de conhecimento essencialmente linguístico, afetaria tanto a produção quanto a compreensão linguísticas.

Esse tipo de constatação, que detalharemos mais ainda nesta seção, embasa a segunda questão fundamental, sobre como a área de Broca estaria implicada em **fenômenos sintáticos abstratos**. Se o comprometimento da Afasia de Broca não indica uma dissociação entre as modalidades de compreensão e produção da linguagem, ele seria fruto de uma dissociação entre dois módulos da linguagem, quais sejam: Sintaxe e Semântica? Daí desdobramos ainda a terceira questão, sobre o **diálogo entre as teorias**. As pesquisas sobre as manifestações linguísticas de indivíduos afásicos contribuiriam não só para o entendimento da Afasia, mas também para a reafirmação das teorias linguísticas propostas para dar conta da linguagem de indivíduos saudáveis, no que tange aos submódulos da linguagem (Sintaxe e Semântica, no caso).

A pesquisa de Caramazza e Zurif (1976) ilustra bem o **processo inferencial** utilizado metodologicamente para consolidar essas três ideias fundamentais. Para investigar a compreensão de indivíduos acometidos pela Afasia de Broca quando ela dependia exclusivamente de conhecimentos sintáticos, os pesquisadores aplicaram um tipo de teste chamado de **teste de relacionamento figura-sentença** ou **teste de recepção da gramática**, em que se requisita do paciente que ele relacione a situação expressa por determinada sentença, lida por ou para ele, à única imagem correspondente, diante da exibição de duas ou mais opções. Assim, constataram que, em sentenças semanticamente reversíveis, como (a), o desempenho dos pacientes era mais baixo do que em sentenças semanticamente irreversíveis, como (b), quando a concatenação de informações contextuais ou do conhecimento de mundo do paciente são suficientes para interpretação da situação.

Quadro 2: Sentenças semanticamente reversíveis e irreversíveis

Semanticamente reversível	Semanticamente irreversível
(a) **The fish** that the frog is biting is **green**. "**O peixe** que o sapo está mordendo é **verde**."	(b) **The ball** that the boy is kicking is **red**. "**A bola** que o menino está chutando é **vermelha**."

Como se vê, em (a), tanto "o peixe" quanto "o sapo" poderiam ser verdes, sendo necessário recorrer a conhecimento sintático para interpretar a situação, mas, em (b), para identificar que "a bola", e não "o menino", era da cor vermelha, um conhecimento de mundo seria suficiente. O paciente precisaria reconhecer que o sujeito de que se fala não é o último elemento mencionado, "o sapo", pelo fato de haver uma oração relativa encaixada separando sujeito de predicado na oração principal, mas, sim, "o peixe", sujeito da oração principal, destacado em negrito. Logo, quanto à primeira questão fundamental, os autores identificaram haver déficit na compreensão linguística; quanto à segunda, haveria um envolvimento da área de Broca com fenômenos sintáticos; quanto à terceira, constataram uma dissociação entre conhecimento semântico e sintático, estando o primeiro preservado e o segundo, comprometido.

Assim, compreendemos de forma mais concreta as questões teóricas explicitadas anteriormente. Todavia, conforme explicitamos no início da seção, os métodos de uma pesquisa são escolhidos a partir de seu potencial de trazer respostas à questão problema teórica. Portanto, a pesquisa de Caramazza e Zurif também ilustra as transições metodológicas da segunda metade do século XX. A adoção de testes *offline*, como o **teste de relacionamento figura-sentença** ou **teste de recepção da gramática**, usado por eles, representou um dos principais procedimentos metodológicos em estudos das manifestações linguísticas da afasia, complementando a análise de dados de produção oral oriundos de **entrevistas** com pacientes. Outro tipo de teste muito utilizado nesse período foi o **teste de julgamento de agramaticalidade**, em que, diante de sentenças com ou sem alterações sintáticas, o falante deve identificar quais lhe parecem naturais ou não. Esse método marcou as pesquisas da Linguística Gerativa nesse período e foi bastante adotado nos estudos da Afasia para precisar os déficits sintáticos da Afasia de Broca.

Essa tendência metodológica também influenciou a avaliação fonoaudiológica, com a criação de testes de linguagem padronizados. Como resultado, nos dias atuais, o diagnóstico fonoaudiológico de Afasia é comumente determinado com base nesses testes, juntamente à análise de amostras de fala espontânea. Mundialmente conhecidos, o **Teste de Boston** para o Diagnóstico de Afasia (BDAE) e a *Western Aphasia Battery* (WAB) são baterias de avaliação abrangente da linguagem, mas que, no Brasil, até o momento, não tiveram o processo de validação concluído e/ou não são comercializadas e costumam ser usados somente em ambientes de pesquisa. Já a **Bateria Montreal-Toulouse** (MTL-Brasil) e a **Bateria Montreal de Avaliação da Comunicação** (MAC) são instrumentos de avaliação de linguagem que estão validados e disponíveis comercialmente no Brasil com dados normativos para a população brasileira. Para complementar a avaliação e compreender a relação da linguagem com as demais funções cognitivas, é importante que o fonoaudiólogo utilize também **instrumentos de avaliação neuropsicológica**, como o Mini-Exame do Estado Mental (MEEM) e a Coleção Neupsilin, que são instrumentos de avaliação neuropsicológica breves, permitidos para serem aplicados por fonoaudiólogos e que possuem dados normativos para a nossa população. Dessa forma, torna-se possível um diagnóstico mais preciso da preservação/comprometimento da competência linguística do paciente.

O último ponto que ilustramos pelo estudo da década de 1970 é o tipo de procedimento de análise científica dos dados para alcançar generalizações. Na Neuropsicologia e, consequentemente, na Neurolinguística, as **dissociações empíricas** ganharam destaque como procedimento inferencial analítico para investigar as operações mentais, como as linguísticas. Numa dissociação simples, uma dada variável afeta o resultado de determinada tarefa, mas não de outra tarefa, como é o caso do estudo de Caramazza e Zurif, em que o comprometimento sintático afetou a tarefa de compreensão em sentenças semanticamente irreversíveis, mas não as semanticamente reversíveis. Já em **duplas dissociações**, soma-se a esse tipo de quadro descrito o fato de uma segunda variável afetar outra tarefa, embora não afete o resultado da primeira tarefa.

Apesar de ainda ser bastante difundido na área, o uso das dissociações funcionais, por raciocínio indutivo, recebeu críticas, especialmente no que se refere ao perigo de generalizações estabelecidas em relação à memória e a outros tipos de processos cognitivos. Esse debate se estendeu, ainda, às diferentes visões sobre riscos e contribuições de **estudos de grupo** em contraste a **estudos de caso** na área da afasia. Grodzinsky e colegas (1999), por exemplo, defenderam a ideia de que as variações entre pacientes encontram-se dentro de uma margem estatística, já eliminando processos de adivinhação pelo paciente. Em oposição à defesa de estudos de grupo, Berndt e Caramazza (1999) apontaram riscos de manipulação de dados em estudos de grupo para se alcançarem generalizações, desconsiderando desempenhos distintos entre os pacientes. Em encontro a essa visão, Novaes (2004) demonstrou como as análises individuais permitem detectar padrões específicos de dissociação que poderiam ser mascarados dentro de um grupo.

Toda essa discussão metodológica foi alimentada pelo fato de a Afasia não ser uma Patologia homogênea, o que leva, inclusive, à dificuldade em se caracterizar com acuidade o tipo de Afasia de cada paciente, sobre a qual comentamos na seção Classificação das afasias, deste capítulo. Todavia, com a emergência de **métodos não invasivos** de avaliação cerebral pela **neuroimagem** – eletroencefalograma (EEG), ressonância magnética (RM) e tomografia computadorizada (TC) –, muitas dessas propostas teóricas para dar conta dos comprometimentos linguísticos de afásicos puderem ser colocadas à prova.

Stromswold e colegas (1996), por exemplo, investigando o processamento sentencial em indivíduos saudáveis por tomografia por emissão de pósitron (PET), indicaram que o processamento de orações relativas, como aquela exemplificada em (a) e (b) para explicitar as dificuldades sintáticas de afásicos de Broca identificadas por Caramazza e Zurif, ativaria regiões bem delimitadas da área de Broca. Por outro lado, o processamento geral da sentença ativaria regiões do córtex de associação perisilviano, em que se localiza a área de Wernicke.

No entanto, estudos de caso e de grupo com análises baseadas em dissociações funcionais continuam sendo realizados, trazendo contribuições para a teoria da linguagem. Boye e Bastiaanse (2018), por exemplo, investigaram recentemente as instâncias lexical e gramatical do verbo, no holandês, comparando a fala de três grupos: afásicos fluentes, afásicos agramáticos e indivíduos sem dano cerebral, totalizando 29 participantes. A partir de análises estatísticas, os autores identificaram uma distinção entre essas classes de verbo, especificamente, em relação ao verbo "hebben". De forma semelhante ao nosso verbo "ter", o verbo holandês "hebben" poderia assumir o papel de verbo auxiliar, tal qual um item gramatical, como em

"*Tenho* estudado muito", ou o papel de verbo lexical, indicando posse, como em "*Tenho* dois carros". Os resultados da pesquisa confirmaram a previsão dos autores de que, em comparação aos indivíduos sem danos cerebrais: (i) os itens gramaticais seriam mais severamente afetados no discurso de afásicos agramáticos; e (ii) os itens lexicais seriam mais severamente afetados do que os itens gramaticais no discurso de afásicos fluentes. Assim, o estudo responde à terceira questão fundamental, estabelecendo diálogo entre teorias.

Paralelamente à consolidação dos estudos neurolinguísticos sob uma perspectiva formalista, consolidou-se também, a partir da década de 1980, a perspectiva do sujeito/discurso para o tratamento fonoaudiológico. Coudry (1986) trouxe a perspectiva de que a Afasia não pode ser concebida como um distúrbio de desorganização de uma linguagem interna, mas sim de seu uso. Com o desenvolvimento da abordagem enunciativo-discursiva, destacaram-se as alterações nas relações de sentidos, principalmente, a partir da construção de inferências, ou seja, dificuldades com implícitos e subentendidos, e da violação de leis conversacionais ou discursivas. Essa abordagem influenciou uma vertente diferenciada para o tratamento fonoaudiológico, colocando o sujeito e sua relação com a língua em uso no centro do processo terapêutico.

Por fim, é importante ressaltar as contribuições dos estudos das manifestações linguísticas da Afasia para o entendimento de outras patologias que afetam a linguagem, do ponto de vista tanto teórico quanto metodológico. Nas primeiras décadas do século XXI, emergiram, por exemplo, investigações sobre a linguagem de pacientes com Doença de Alzheimer, que debatem, inclusive, a existência de Afasia no processo de declínio cognitivo. Atualmente, as tentativas de categorizar os estágios desse transtorno como classes diferentes de Afasia são consideradas injustificadas, pelos motivos debatidos na seção Classificação das afasias. Todavia, é importante destacar como a existência de descrições e estudos aprofundados sobre as manifestações linguísticas com pacientes afásicos permitiu a comparação desses comprometimentos com os de pacientes com Doença de Alzheimer, contribuindo para o entendimento de outras doenças.

Dessa forma, nesta seção, explicamos como se tem estudado a afasia. Para isso, abordamos as principais contribuições teórico-metodológicas, por um lado, dos estudos das afasias para a Linguística e sua interface com a Fonoaudiologia e, por outro lado, dessas áreas para o estudo das afasias. Na seção Estudo de caso, esperamos concretizar ainda mais essa relação entre teoria e métodos de pesquisa e diagnóstico a partir da apresentação de um estudo de caso real.

ESTUDO DE CASO

Esta seção se destina a analisar a produção oral de uma pessoa com Afasia Transcortical Motora, que apresenta muitos traços semelhantes aos da Afasia de Broca, bastante mencionada neste capítulo. Para tanto, inicialmente, demonstramos as principais caracterizações do sujeito pesquisado e, em seguida, apresentamos alguns trechos de produção linguística, a título de exemplificação.

H., 66 anos, é do sexo masculino, destro, possui nível superior completo com graduação em Ciências da Computação, é analista de sistemas aposentado e trabalhou por 30 anos em uma empresa de tecnologia. Casado, possui três filhos e 3 netos, mas, como os filhos já são adultos, atualmente, mora sozinho com a esposa.

H. sofreu um AVC isquêmico na região fronto-parietal esquerda. A esposa explicou que, antes do AVC, ele gostava de estar com os amigos e assistir à televisão nas horas de lazer. Porém, após sofrer o AVC, H. perdeu o contato com a maioria dos amigos e não gosta mais de assistir à televisão porque não consegue acompanhar a velocidade da fala das pessoas.

O paciente realiza tratamento fonoaudiológico e costuma comparecer sozinho às sessões. Apesar da hemiplegia do lado direito do corpo, que foi uma das sequelas do AVC, ele consegue se deslocar de forma independente, usando o transporte coletivo. Ainda assim, sua esposa comparece a algumas sessões de fonoterapia para conversar e receber orientações.

Devido à dificuldade para falar, o paciente leva consigo uma agenda onde constam várias informações escritas sobre a sua vida como nome dos filhos, netos, genros, esposa e local onde mora. Quando não consegue falar, o paciente também busca na agenda algumas frases que a esposa escreveu para ajudar-lhe na comunicação.

H. demonstra frustração ao tentar falar e não conseguir expressar o que gostaria. Quando recebe auxílio com pistas semânticas ou fonêmicas, normalmente se aproveita delas. Em algumas situações, quando a fonoaudióloga lhe oferece uma pista para elicitar a fala, o paciente comete parafasias e perseverações, que lhe incomodam muito.

Após avaliação da linguagem, concluiu-se o diagnóstico fonoaudiológico do paciente como um caso de Afasia Transcortical Motora. Suas principais manifestações linguísticas são: fala não fluente, redução, agramatismo, anomias, perseverações, estereotipias, parafasias, repetição preservada, nomeação prejudicada, compreensão oral preservada para sentenças simples, compreensão escrita reduzida e produção escrita proporcional à fala (realizada com dificuldade com a mão esquerda devido à hemiplegia direita).

A seguir, apresentamos a transcrição da conversa entre o paciente e a fonoaudióloga durante as sessões de fonoterapia, dividida em seis trechos, em que "P" representa o paciente e "F", fonoaudióloga. Por meio da fala desse paciente, esperamos ilustrar as principais manifestações linguísticas apresentadas na seção Um breve histórico das afasias. Embora essas manifestações reflitam as principais características da Afasia Transcortical Motora, também podem ser encontradas em outros tipos de afasia, conforme ilustramos no quadro 1, da seção Classificação das afasias.

Quadro 3: Tarefa de nomeação com manifestações de anomia, parafasia e perseveração

Durante a tarefa de nomeação: F: Que figura é essa? (Relógio) P: Ro...role...rolóogio... F: De novo, repete relógio. P: Rolégio...relógio F: Diz pra mim o que é essa figura aqui? *(Figura de vassoura)* P: Va... É... Vassoura... F: Aqui é onde a gente mora. Cada um tem uma para morar. *(Figura de casa)* P: É... F: Como é o nome disso? P: Vassoura... Não, não... *(com a cabeça baixando tentando pensar na palavra correta)* F: É uma ca... P: Casa... Casa. F: Isso. E este aqui o que é? *(apontando para a figura de um pente)* P: Vassoura...Va... Sou... Hum... É...	F: Serve para quê? P: *(levou a mão ao bolso para pegar o objeto)* F: O senhor tem, né? P: *(risos)* F: E o que o senhor faz com ele? Mostra pra mim? P: *(ficou segurando o pente, mas não fez o gesto de pentear)* F: Faz o quê? Mostra onde o senhor usa isso. P: *(fez o gesto de pentear o cabelo)* F: Hum... No cabelo. Então o nome disso é como? P: Ai, ai, ai... F: Pe... P: Empete. F: Pen... P: Empente. F: Pente! P: Pente. Pente. F: Isso mesmo!

Nesse primeiro trecho, ilustramos o uso da **tarefa de nomeação**, que é um dos métodos usados tanto para o diagnóstico quanto para o tratamento dos pacientes afásicos. Pela sua realização, já observamos, independentemente dos conhecimentos prévios sobre o paciente, o prejuízo de sua habilidade de nomeação pela presença de **anomia** (por não lembrar, sem ajuda, o nome de "pente"), parafasias ("rológio" ou "rolégio" para "relógio") e **perseverações** de respostas anteriores (ao responder "vassoura" para três figuras distintas). Apresentamos outras características da fala do afásico, a seguir, no quadro 4.

Quadro 4: Redução da linguagem, manifestações de parafasia, estereotipia no agramatismo

F: Como é o nome dos seus irmãos? P: É... É... Elza *(nome da esposa)*... Não sei... Nossa senhora! F: Não lembra? É mulher ou homem? P: Homem. F: Todos? P: Isto, isto. F: E o senhor é o mais velho? P: Ahã. Eu mais velho.	F: E sobrinhos, o senhor tem? P: Oooooo... *(fez gesto com a mão que eram muitos sobrinhos)* F: Muitos? P: Opa! F: E as suas netas? Como é o nome delas mesmo? P: É... Puxa! Nome... Neta... *(abriu a sua agenda onde estão escritos os nomes, mas não encontrou)*

Nesse trecho, observamos uma fala com significativa **redução de linguagem**, que é a diminuição do número de elementos da frase por unidade de tempo; **agramatismo**, que é uma falha do processamento sintático com omissões de elementos gramaticais da frase e também compõe um quadro de redução de linguagem. Há, ainda, manifestações de **anomia**, pela dificuldade em nomear as netas; **parafasia**, quando ele substitui o nome dos irmãos pelo nome de sua esposa, e **estereotipias**, pelo uso de "isto", "opa", "puxa", também relacionadas à anomia. No quadro 5, a seguir, temos um exemplo mais claro de agramatismo.

Quadro 5: Manifestações de parafasia morfêmica no agramatismo

F: O senhor veio aqui na fono. Para que o senhor veio aqui? P: Fono... Ajudar ... Palavras... Isso. F: Hum, entendi... O senhor quer ficar melhor? P: Isso, isso, isso.

Nesse trecho, há uma tentativa de construção de sentença pelo paciente ao dizer por que estava vindo à fonoterapia. Todavia, devido ao **agramatismo**, emitiu apenas palavras soltas, relacionadas à pergunta, sem conectá-las por meio de elementos gramaticais, tais como preposições, conjunções e artigos. Além disso, na sua única realização verbal, pelo verbo "ajudar", no infinitivo, não há marcas de flexão, o que também é considerado uma **parafasia morfêmica**, típica do agramatismo. Ainda assim, a estrutura da sentença é ordenada pelo paciente conforme a expectativa, pois o verbo 'ajudar', refletindo seu uso padrão, foi antecedido por 'fono', que é o argumento externo (na função sintática de sujeito), e sucedido por 'palavras', que é o argumento interno (na função sintática de objeto). Logo, percebemos a preservação de conhecimento sintático quanto à reprodução da estrutura argumental da sentença. No quadro seguinte, temos mais exemplos da produção da linguagem por H.:

Afasias 257

Quadro 6: Fala não fluente com manifestações de parafasia fonêmica, anomia e agramatismo

F: Conta pra Dona Elza *(esposa, que estava presente na sessão)* que fomos passear em volta do prédio e o que tinha lá? P: Eu, eu... Fui fazer... É... A... Duas de uma... Uma... De uma... A... Dois banca grande... De aqui... É... Ai, ai, ai... No... Que... F: Primeiro a gente passou na recepção. P: Aham. F: Com quem a gente falou lá? P: Não, não *(balançando a cabeça negativamente)* O.., O... Dois homens. F: Isso, dois homens. P: Isso. F: E depois? Fomos aonde?	P: Aaa... Quer dizer... Aaa... Isso... Aaa... Quer dizer... Aaa... F: Lembra que eu falei do estacionamento para o senhor? P: Aham. F: Então, o que eu falei do estacionamento? O que acontece no estacionamento? P: Tem dois estocionamentos. Um... E... Um... E... Um... Para as fepressores. Ai... Professores. F: E o outro para quem? P: Os dois estocionamentos para... Para... Para... Ai, ai, ai... F: Ah, entendi. Os dois reservados para os professores que trabalham aqui no prédio. P: Isso.

Nesse trecho, observamos uma grande dificuldade de construção de sentenças para elaborar sua narrativa, o que caracteriza sua fala como **não fluente** com presença de **agramatismo, anomi**a, já explicitados no trecho anterior, e **parafasias fonêmicas** ("banca" por "banco"; "fepressores" por "professores" e "estocionamentos" por "estacionamentos"). Tendo explicitado a produção de H., no quadro 7, podemos observar seu processo de compreensão.

Quadro 7: Compreensão oral de estruturas sintáticas complexas no agramatismo com manifestações de perseveração e estereotipia

F: E o que o senhor acha ruim em morar em cidade grande? P: Não, não, não. F: O que é ruim aqui? Nada? P: Não, não, não. F: O senhor gosta de morar em São Paulo? P: Isto, isto. F: Nada deixa o senhor irritado? P: Não, não, não. F: O senhor acha que o trânsito é bom? P: Nossa! Bom! Aham. *(fez sinal de positivo)*	F: É mesmo? P: Isso, aham. F: Mas não tem muito engarrafamento de carro? P: Não, não, não. F: O senhor não se preocupa com isto? P: Não, não... Ihhh... F: É porque o senhor anda de ônibus, não é? Daí não tem muita preocupação. P: Isto, isto. F: E a violência? P: Nossa! *(levantou os ombros como se não soubesse ou não se importasse)*

Apesar de o paciente ter apresentado **compreensão oral** relativamente boa nos trechos exibidos nos quadros anteriores, conforme é característico de seu tipo de afasia, no quadro 7, percebe-se certa dificuldade de compreensão de perguntas que demandam a mobilização de conhecimentos sintáticos, conforme debatemos na seção O estudo das afasias sob o prisma linguístico. Observamos uma complexidade sintática maior, por exemplo, na pergunta da fonoaudióloga "E o que o senhor acha ruim em morar em São Paulo?". Para responder à pergunta, o paciente precisaria compreender o encaixamento entre "o senhor **acha** ruim" e "em **morar** em São Paulo" (com dois verbos distintos, "achar" e "morar") e ao movimento sintático abstrato de uma sentença interrogativa do tipo QU-, iniciada por "o que". Explicando melhor esse movimento sintático: o elemento representado por "o que" se move para antes do verbo, no início da sentença, já que "o que achamos ruim" apareceria no fim de uma sentença afirmativa, como em "Acho ruim **isso**.", e não no início, como em "**O que** eu acho ruim?".

O mesmo tipo de estrutura aparece logo na pergunta seguinte da fonoaudióloga: "**O que** é ruim aqui?". Podemos constatar a incompreensão da estrutura sintática pelo paciente a partir da sua resposta: "Não, não, não", incompatível com perguntas que começam com "o que". É possível identificar também a presença de **perseveração** nessa resposta, pela repetição de "não" e, na continuação da conversa, a presença de **estereotipia** ("isto", "nossa", "ihh"), o que também marca a fala reduzida e não fluente. No quadro 8, podemos verificar mais algumas características típicas do agramatismo na compreensão da linguagem de H.

Quadro 8: Compreensão oral de estruturas sintáticas interrogativas no agramatismo e capacidade de repetição

F: O senhor mora com quem? P: Eu, senhor... É... É... É... Marido... É... Ai, ai, ai... É... F: Quem mora na sua casa? P: Isto! F: Quem? P: Família. F: É o senhor e quem mais? P: Não. F: Na sua casa, mora o senhor e...? P: Esse... E... Ai, ai, ai... E... Família e... No...*(abaixou a cabeça com fisionomia triste por não conseguir falar)* F: E a sua esposa, né? P: Isso, isso. F: Então, o senhor tem que falar assim: "Eu moro com a minha esposa". P: E... Po posa... Ai...	F: Olha, repete pra mim: "Eu moro com a minha esposa". P: Hum... Moro com minha esposa. F: E agora que o senhor não trabalha mais, o que o senhor mais gosta de fazer? P: Nossa senhora! F: Quando o senhor está em casa. P: Ai, ai... *(levantou os ombros tentando dizer que não sabe e fez gesto negativo com a cabeça).* F: Quando está em casa o que o senhor faz? P: *(risos)* F: Conta pra mim! P: *(risos)* Não sei. Não sei... Ai... F: Olha, quando o senhor está em casa, a sua esposa me disse que o senhor gosta de ficar no jardim. P: Isso, ficar no jardim.

Este trecho nos permite estender a análise dos conhecimentos sintáticos do paciente que se revelam comprometidos, característica do **agramatismo**. A dificuldade demonstrada com perguntas que se iniciam com "o que", debatida a partir do quadro 7, estende-se agora a outras perguntas QU-, como "quem" e "quando". Além disso, destacamos que o paciente ora investigado, em suas tentativas de estruturar sentenças, apenas conseguiu produzir palavras de classe lexical e pouca ou nenhuma palavra correspondente àquelas de categoria funcional, como é o caso da flexão verbal e das interrogativas, fenômenos sobre as quais você pode ler mais no capítulo *Sintaxe*, deste livro.

Ainda em relação a esse último trecho, ilustramos, por fim, um ponto muito importante para a classificação do tipo de Afasia do paciente: a preservação da sua capacidade de **repetição**, que é a principal característica distintiva entre a Afasia de Broca e a Afasia Transcortical Motora, que o paciente apresenta. Diante da solicitação para repetir a frase "eu moro com a minha esposa", ele conseguiu repetir "moro com minha esposa". E, ao final desse trecho, o paciente consegue repetir "ficar no jardim". Caso ele não conseguisse realizar esse tipo de tarefa, seria classificado como um paciente com Afasia de Broca, que apresenta habilidade de repetição pobre e, na maioria das vezes, não consegue repetir nem palavras isoladas.

CONSIDERAÇÕES FINAIS

A Afasia é um distúrbio linguístico derivado de uma lesão cerebral. Desde as primeiras classificações, feitas por Broca e Wernicke, muitos estudos já foram empreendidos e, conforme demonstramos neste capítulo, há uma gama de síndromes afásicas. O estudo dessas síndromes sob o prisma linguístico contribuíram não só para a compreensão do processamento cerebral relacionado aos diferentes tipos de conhecimento linguístico como para o estabelecimento de diálogos entre as teorias propostas para dar conta da representação mental desse conhecimento em indivíduos saudáveis e afásicos. Fundamentaram, assim, o desenvolvimento da Neurolinguística, criando uma importante interseção entre a Linguística e a Fonoaudiologia.

Para um atendimento adequado do paciente com afasia, é importante o conhecimento do distúrbio linguístico a partir de diferentes áreas e lentes teóricas. Ou seja, para a realização de um diagnóstico fonoaudiológico acurado, é imprescindível o domínio de um aporte teórico linguístico robusto combinado à aplicação de testes padronizados e à análise de amostras de conversa espontânea devidamente contextualizada.

BIBLIOGRAFIA

AMUNTS, K; GRODZINSKY, Y. Choices we made: an introduction to the historical section. In: GRODZINSKY, Y.; AMUNTS, K. *Broca's Region*. Oxford University, 2006.

ARDILA, A. A proposed reinterpretation and reclassification of aphasic syndromes. *Aphasiology*, 3. ed., v. 24, 2010, pp. 363-94, Doi: 10.1080/02687030802553704.

BELAN, A. F. R. Afasias. In: FERREIRA T. *Distúrbios da Comunicação Oral em Adultos e Idosos*. Ribeirão Preto, São Paulo: Booktoy, 2019.

BERNDT, R; CARAMAZZA, A. How "regular" is sentence comprehension in Broca's aphasia? It depends on how you select the patients. *Brain and Language*, Orlando, v. 67, n. 3, May 1999, pp. 242-7. Disponível em: <https://www.sciencedirect.com/science/article/abs/pii/S0093934X99921302?via%3Dihub>. Acesso em: 25 out. 2020.

BOYE, K.; BASTIAANSE, R. Grammatical versus lexical words in theory and aphasia: Integrating linguistics and neurolinguistics. *Glossa: A Journal of General Linguistics*, v. 3, n. 1, 2018, p. 29, Disponível em: <https://www.glossa-journal.org/articles/10.5334/gjgl.436/>. Acesso em: 27 nov. 2020.

CAPLAN, D. *Neurolinguistics and linguistic aphasiology: an introduction*. Cambridge, MA: Cambridge University Press, 1987. p. 489.

CARAMAZZA, A.; ZURIF, E. Dissociation of Algorithmic and Heuristic Processes in Language Comprehension: Evidence from Aphasia. *Brain and Language*, Orlando, v. 3, 1976, pp. 572-82. Disponível em: <https://www.sciencedirect.com/science/article/abs/pii/0093934X76900481>. Acesso em: 26 nov. 2020.

COUDRY, M. I. H. *Diário de Narciso. Discurso e afasia:* análise discursiva de interlocuções com afásicos. Tese de doutorado. Unicamp, Campinas, 1986. Publicada em livro, São Paulo: Martins Fontes, 1988.

FRIDRIKSSON, J. et al. Anatomy of aphasia revisited. 3. ed. *Brain*, v. 141, 2018, pp. 848-62.

GRODZINSKY, Y. et al. The critical role of group studies in neuropsychology: comprehension regularities in Broca's aphasia. *Brain and Language*, Elsevier, Orlando, v. 67, 1999, pp. 134-7. Disponível em: <https://www.sciencedirect.com/science/article/abs/pii/S0093934X99920503>. Acesso em: 27 out. 2020.

KANDEL, E. R.; SCHWARTZ, J. H.; JESSEL, T. M. *Fundamentos da Neurociência e do Comportamento*. Rio de Janeiro: Prentice-Hall do Brasil, 1997, p. 591.

MCCLELLAND, J.; RUMELHART D. M. An interactive-activation model of context effects in letter perception. *Psychological Review*, v. 88, 1981, pp. 375-407.

MIRMAN, D. et al. Neural organization of spoken language revealed by lesion–symptom mapping. *Nature Communications*, v. 6, n. 6762, 16 Apr 2015.

NOVAES, C. Neuropsychology and linguistic aphasiology: evidence in favor of case studies. *Brain and Cognition*, New York, v. 55, n. 2, 2004, pp. 362-4. Disponível em: <https://www.sciencedirect.com/science/article/abs/pii/S0278262604000661>. Acesso em: 26 out. 2020.

_____. *Viver sem Linguagem:* Linguagem, Mente e Cérebro. Rio de Janeiro: Appris, 2019.

ORTIZ, K. *Distúrbios neurológicos adquiridos:* linguagem e cognição. 2. ed. rev. e ed. aum. Barueri: Manole, 2010.

RADANOVIC, M.; MANSUR, L. L. *Language Disturbances in Adulthood - new advances from the neurolinguistics perspective*. Bentham Science Publishers, 2011.

SAUSSURE. F. *Curso de Linguística geral*. 26. ed. São Paulo: Cultrix, 2004 [1916].

STROMSWOLD, K. et al. Localization of syntactic comprehension by positron emission tomography. *Brain and Language*, v. 52, n. 3, 1996, pp. 452-73. Disponível em: <http://psych.colorado.edu/~kimlab/stromswold.etal.1996.pdf>. Acesso em: 26 out. 2020.

Notas

[1] Em homenagem ao famoso cientista francês Louis Pasteur (1822-1895), que revolucionou a Biologia ao investigar a geração de microrganismos no ambiente e, com isso, auxiliar os vinicultores do seu país a resolver o problema prático do azedamento dos vinhos. Uma das técnicas de Pasteur ficou conhecida como pasteurização e é utilizada até hoje (Lent; Buchweitz; Mota, 2018).

[2] Década do Cérebro foi um importante movimento científico e político ocorrido no governo do Presidente Bush nos EUA no final da década de 1980, que foi implantado na década seguinte (1990-2000), resultando em investimentos massivos para enfatizar o potencial de cientistas em fazer descobertas importantes relacionadas ao funcionamento do cérebro.

[3] Na prática da Psicolinguística Experimental, as técnicas podem ser agrupadas em tarefas on-line e off-line. As técnicas on-line são capazes de capturar evidências do processamento linguístico no curso de tarefas de leitura/audição de sentenças – isto é, no momento do processamento propriamente dito, fora da consciência do sujeito em teste.

[4] In fact, variation has become so important that the ability of a grammatical model to account for variation is now often used as one of the measures of the model's sufficiency. (Coetzee; Kawahara, 2012: 48)

[5] "Variability is an inherent property of all biological systems including speech and it cannot be ignored, designed out of experimental protocols, or simply thought of as an undesirable source of noise in the system. Variability has to be taken seriously and approached directly." (Pisoni; Levi, 2005: 9).

[6] Exemplos retirados de Scherre e Naro (1997: 96)

[7] Scherre e Naro (1997: 102)

[8] Scherre e Naro (1993: 9)

[9] No português brasileiro, também se observa o mesmo tipo de variação: xícara ~ xícra; capítulo ~ capítlu (Gomes, 2012).

[10] O quadro 1 exclui alguns sons apresentados em outros manuais de Fonética do português brasileiro. A vibrante [ř] e a lateral velarizada [ł] não foram listadas uma vez que estão em desuso no português brasileiro e não se manifestam em casos de DSF (Asha, 2018). O símbolo [ʎ] foi utilizado para a lateral palatal, que ocorre em 'palha', e o símbolo [ɲ] foi utilizado para a nasal palatal, que ocorre em 'banha'. As consoantes palatais podem ter várias manifestações no português brasileiro (Broad, 2014).

[11] A OT surge com o trabalho seminal de Prince; Smolensky (2004 [1993]).

[12] O par mínimo tem um papel importante para a detecção de contrastes fonológicos nas línguas.

[13] Muito embora Trubetzkoy afirme que fonema seja a menor unidade, ele já prenunciara a decomposição do fonema em características fonéticas (*phonetische Eigenschaften*, no original alemão).

[14] Permaneceram os traços [±consonantal], [±tenso], [±vozeado], [±contínuo], [±nasal] e [±estridente]. Os demais foram substituídos em *SPE*. Para uma visão mais pormenorizada dessas diferenças, sugerimos, por exemplo, a leitura de Matzenauer e Miranda, 2017.

[15] Em Clements; Hume (1995), os traços de classe maior são [soante], [aproximante] e [vocoide].

[16] Traços também aplicáveis a consoantes.

[17] O traço [anterior] se referia, em SPE, a qualquer obstrução antes da região alveolar, sendo, portanto, os segmentos labiais considerados [+anterior]. Propostas ulteriores restringiram esse traço apenas a segmentos coronais. Isso torna o traço [±anterior] não aplicável a segmentos labiais e dorsais.

[18] No caso das dorsais, o traço [±alto] tem sido evocado para distinguir [x ɣ], (+), de [χ ʁ], (–).

[19] Ainda pertencentes a essa classe estão os traços [± glote espalhada] e [± glote constrita], que não atuam distintivamente em português. A maior parte dos sons nas línguas naturais é [– glote espalhada] e [– glote constrita].

[20] Os diacríticos '' e ',' indicam, respectivamente, os acentos primário e secundário. O ponto '.' indica o limite de sílaba. Em algumas publicações, usam-se os símbolos '' e ''' nas respectivas vogais com a mesma finalidade: (pà.ra)(í.zo).

[21] Vogais longas e ditongos podem ser representados como uma sequência de VV vinculadas à mesma sílaba (σ).

[22] Neutralização é a perda de oposição fonêmica entre segmentos em determinado contexto. Sendo assim, podemos dizer que segmentos proibidos na coda estão mais propensos a figurarem em oposições constantes, ao passo que aqueles permitidos na coda costumam figurar em oposições neutralizáveis.

262 Notas

[23] Lembremos que a capacidade de adquirir língua é universal, de forma que todos os seres humanos nascem com a aptidão para a captura de quaisquer sistemas de contrastes, ou seja, qualquer língua natural.

[24] A harmonia consonantal poderia ocorrer com diversas palavras do exame.

[25] Como visto no capítulo "Variação Sociolinguística", a eliminação da coda é um fenômeno variável no PB, ocorrendo mais produtivamente em final de palavras. A eliminação da coda medial é um fenômeno menos frequente no Rio de Janeiro (Gomes; Carnaval; Melo, 2020). Portanto, tal simplificação não deve ser considerada desviante, haja vista a possibilidade de refletir o dialeto utilizado pelas pessoas no ambiente social da criança.

[26] Um exemplo de patologia que pode afetar apenas o desempenho, e não a competência, seria a apraxia verbal, um distúrbio na seleção da sequência motora para a execução muscular pelo aparelho fonatório de determinados sons da fala.

[27] Note que há regras gramaticais, no sentido adotado por nós e já abordado anteriormente, que regem a formação de sintagmas e sentenças. Por exemplo, "o estudante de" não seria um sintagma possível na língua, bem como "João disse que" não seria uma sentença possível na língua.

[28] A sentença "ferve ela", com a forma pronominal "ela", ainda que se desvie da norma padrão, na qual se esperaria "ferve-a", é gramatical e amplamente utilizada no português brasileiro.

[29] O triângulo no DP em (11) indica que a representação do sintagma está simplificada. A representação desenvolvida do DP pode ser verificada em (10).

[30] O conceito de *traços*, advindo dos estudos de Fonologia para os de Sintaxe, deve ser entendido como *informações*. Na teoria gerativa, assume-se que um item lexical contém traços de natureza semântica, fonológica e formal, como a informação sobre a categoria do item (nome, verbo etc.).

[31] O Experienciador seria o possuidor do estado mental de gostar e o Tema seria o que causa o estado mental do experienciador.

[32] Em se tratando de uma sentença na voz passiva, o DP ao qual é atribuído o papel temático de Agente deixa de ser um constituinte selecionado pelo verbo, de modo que a sentença "A água foi fervida", mesmo sem a explicitação do agente, é depreendida como uma sentença completa e, portanto, gramatical. Quando o agente é expresso, como em "A água foi fervida por Maria", o constituinte "por Maria" é um termo adjunto, ou seja, um termo acessório, não semanticamente selecionado pelo verbo.

[33] Uma sentença não-reversível, por outro lado, seria aquela em que os papéis temáticos não são intercambiáveis, como "A água foi fervida por Maria" e "O que a Maria ferveu?". Nessas sentenças, a interpretação é garantida pelo conhecimento de mundo, mesmo havendo comprometimento no conhecimento sintático, uma vez que só há um candidato possível para receber o papel temático de Agente: o DP "A Maria".

[34] O aspecto imperfectivo opõe-se ao aspecto perfectivo por representar fases internas do evento retratado, não o descrevendo, portanto, como um bloco fechado no tempo e sim, por exemplo, como em andamento.

[35] O gerúndio e o particípio, como "roubando" e "roubado", são considerados formas nominais do verbo.

[36] Essa distinção pode ser útil em um texto introdutório como este, mas vale alertar o leitor sobre divergências em relação à própria existência de algum significado linguístico descontextualizado. Essa é uma discussão que acaba, em certas escolas de pensamento, por borrar, ou mesmo eliminar, as fronteiras entre Semântica e Pragmática.

[37] Muitos autores reconhecem ainda uma quarta categoria: a dêixis de discurso (Diessel, 2012; Levinson, 2007; Fillmore, 1997), que se manifesta em usos como "Tanto João quanto José gostam de salada, mas *o primeiro* gosta mais". A dêixis de discurso se diferencia fundamentalmente dos demais tipos pelo fato de fazer referência ao universo textual, e não ao universo extralinguístico.

[38] Para evidências experimentais da realidade psicológica da projeção dêitica, ver Bruder (1995).

[39] Esta é, naturalmente, uma descrição bastante simplificada do valor informacional dos artigos definido e indefinido. Para análises bem mais elaboradas (e interessantes), recomendamos Lambrecht (1994) e Epstein (2002).

[40] Esta formulação é diretamente inspirada na definição de pressuposição pragmática ("pragmatic presupposition") proposta por Lambrecht (1994: 52): "O conjunto de proposições léxico-gramaticalmente evocadas em uma sentença, as quais o falante assume que o ouvinte já sabe ou está pronto para aceitar no momento em que a sentença é enunciada".

[41] Este quadro é uma adaptação parcial da lista de acionadores apresentada em Levinson (2007: 226-32).

[42] Em alguns casos, porém, o ruído simplesmente não acontece. Muitas vezes, apesar de não dispor da informação que o falante atribuiu a ele, o ouvinte consegue assimilá-la rapidamente, dando prosseguimento à conversa (ou à leitura) sem grandes percalços. Esse fenômeno é conhecido como *acomodação de pressuposição*.

[43] As ideias de Grice sobre implicaturas conversacionais foram registradas originalmente em dois ensaios publicados nos anos 1970 (Grice, 1975, 1978). Mais tarde, em 1989, parte da produção do filósofo – aí incluídos aqueles dois ensaios sobre implicaturas – foi reunida no livro póstumo *Studies in the way of words*. Neste capítulo, todas as referências à obra de Grice dizem respeito à edição de 1991 desse livro.

[44] Esta é uma tradução bastante livre. No original: "Make your conversational contribution such as required, at the stage at which it occurs, by the accepted purpose or direction of the talk exchange in which you are engaged" (Grice, 1991: 26).

Notes 263

[45] Mais uma vez, algumas das traduções são bastante livres. Seguem as formulações originais (Grice, 1991: 26-7): "Quantity (...) 1. Make your contribution as informative as required (for the current purposes of the exchange) 2. Do not make you contribution more informative than is required. (...) Quality (...) Try to make your contribution one that is true (...) 1. Do not say what you believe to be false. 2. Do not say that for which you lack adequate evidence. (...) Relation. (...) Be relevant. (...) Manner. (...) Be perspicuous. 1. Avoid obscurity of expression. 2. Avoid ambiguity. 3. Be brief (avoid unnecessary prolixity). 4. Be orderly".

[46] O autor reconhece ainda a existências das *implicaturas convencionais* (que também são implicaturas mas não são conversacionais). Em função das limitações de espaço, não poderemos contemplá-las aqui. Para o leitor interessado, recomendamos o texto original de Grice (1991) e o ótimo manual de Pragmática de Levinson (2007).

[47] Naturalmente, Austin reconhece que o enunciado performativo só alcança esse estatuto se certas condições contextuais forem atendidas. Nos exemplos citados, é preciso que padre e o juiz mencionados sejam de fato um sacerdote instituído pela Igreja e um jurista concursado, e que ambos estejam atuando em cerimônias – casamento e julgamento – institucionalmente reconhecidas como tais. Esse conjunto de restrições aos atos performativos ficou conhecido como "condições de felicidade" (do inglês *"felicity conditions"*).

[48] O Consórcio Catalise consiste em um painel de 59 especialistas de diferentes disciplinas (Educação, Psicologia, Fonoaudiologia etc.) de países de língua inglesa que foi reunido em 2015 com o objetivo de padronizar os critérios para identificação e classificação de déficits linguísticos em crianças. A sigla Catalise significa "Criteria and Therminology Applied to Language Impairments: Synthetising the Evidence" (em português, "Critérios e Terminologia Aplicados a Prejuízos Linguísticos: Sintetizando as Evidências").

[49] Opta-se pelo uso do termo "espectro" porque a gravidade do Transtorno é bastante variada: existem indivíduos não verbais, uns que falam com muitas limitações e outros que falam com fluência, ainda que com dificuldades pragmáticas importantes. O mesmo ocorre em relação à interação social: há os casos se isolam, os que não recusam a presença do outro, os gostam da aproximação mas se mostram inábeis e os que buscam interagir mas o fazem de forma ingênua.

[50] Children of Deaf Adults ou Kids of Deaf Adults.

Os autores

Adriana Leitão Martins concluiu o doutorado em Linguística pela Universidade Federal do Rio de Janeiro (UFRJ) em 2010. É professora associada do Departamento de Linguística e Filologia da UFRJ e chefe desse Departamento (2019-2021). Atua no Programa de Pós-graduação em Linguística e no Mestrado Profissional em Letras - Profletras/UFRJ. Desde 2016 coordena o grupo de pesquisa BioLing (Biologia da Linguagem), no qual desenvolve pesquisas na área de Sintaxe, investigando o conhecimento linguístico de sujeitos saudáveis, com patologias linguísticas, de crianças adquirindo linguagem e de indivíduos adquirindo L2, e atuando principalmente com a investigação da categoria linguística de aspecto.

Adriana Lessa é professora adjunta do Departamento de Letras e Comunicação da Universidade Federal Rural do Rio de Janeiro (UFRRJ) em exercício provisório na Universidade Federal da Bahia (UFBA). Possui mestrado (2010) e doutorado (2015) em Linguística pela Universidade Federal do Rio de Janeiro (UFRJ). Atua no Mestrado Profissional em Letras - PROFLetras/UFRRJ. Coordena o grupo de pesquisa ALEGRA (Aprendizagem de Leitura, Escrita e Gramática) e é membro do grupo BioLing (Biologia da Linguagem), nos quais investiga processos cognitivos relacionados à linguagem, sua aquisição, distúrbios e ao processo de ensino-aprendizagem de línguas.

Ana Regina Calindro possui bacharelado em Linguística e bacharelado / licenciatura em Língua Portuguesa pela Universidade de São Paulo (USP), mestrado e doutorado em Filologia e Língua Portuguesa pela USP com período sanduíche na Universidade de Cambridge. Realizou um estágio de pós-doutorado em linguística na Unicamp. É professora adjunta do Departamento de Linguística e Filologia da Universidade Federal do Rio de Janeiro (UFRJ), membro do Programa de Pós-Graduação em Linguística da UFRJ, diretora adjunta substituta de Pós-Graduação da Faculdade de Letras da UFRJ (2020-2022). Foi professora visitante no Departamento de Línguas Modernas da Universidade de Birmingham em 2019. Coordena o Laboratório Syntech Lab com foco em pesquisas no âmbito da Teoria e Análise Linguística, Sintaxe, Sintaxe Diacrônica, Linguística Histórica, variação e mudança Linguística, análise Linguística de línguas indígenas brasileiras, Linguística Computacional, interface entre teoria Linguística e ensino, ensino de línguas estrangeiras, ensino de Gramática do Português L1 e português L2. Website: www.anacalindro.com

Andrew Ira Nevins possui graduação em ciências cognitivas e ciência da computação pelo Massachusetts Institute of Technology (2000), e doutorado em linguística pelo Massachusetts Institute of Technology (2004). Atualmente é professor titular na Universidade Federal do Rio de Janeiro. Tem experiência e produção em linguística, com ênfase em Fonologia, Morfologia, Linguística experimental, e Línguas indígenas. É autor de *Locality in Vowel Harmony* (MIT Press, 2010), co-autor de *Morphotactics: Basque Auxiliaries and the Structure of Spellout* (Springer, 2012), co-organizador de *Rules, Constraints, and Phonological Phenomena* (Oxford University Press, 2008) co-organizador de *Inflectional Identity* (Oxford University Press 2008), *Sonic Signatures*, (John Benjamins 2017), *Recursion Across Domains* (Cambridge University Press, 2018), e *O apelo das árvores* (Pontes, 2018). De 2013-2017 foi co-editor da seção Squibs and Discussion do periódico *Linguistic Inquiry* (MIT Press). É também orientador de duas doutorandas surdas e coordenador de pesquisas sobre línguas de sinais emergentes.

Aniela Improta França concluiu o doutorado em Linguística pela Universidade Federal do Rio de Janeiro (UFRJ) em 2002, tendo estagiado no Cognitive Neuroscience of Language Lab da Universidade de Maryland, EUA, no Instituto de Neurologia da UFRJ e no Ambulatório de AVC da Universidade Federal Fluminense (UFF). É professora Associada do Departamento de Linguística da UFRJ, Diretora Adjunta de Pós-Graduação da Faculdade de Letras (2020-2022), membro efetivo do Programa Avançado de Neurociência (PAN-UFRJ) e do Espaço Alexandria (EA-UFRJ). Desde 2006 coordena o Laboratório de Acesso Sintático - Acesin (http://www.acesin.letras.ufrj.br/). É pesquisadora do CNPq, Cientista do Nosso Estado da Faperj e membro fundador da Rede Nacional de Ciência para Educação (Rede CpE).

Arabie Bezri Hermont concluiu o doutorado em Linguística pela Universidade Federal do Rio de Janeiro (UFRJ) em 2005. É professora adjunta do Departamento de Letras da Pontifícia Universidade Católica de Minas Gerais, coordenadora do curso de graduação em Letras desde 2017 e membro efetivo do Programa de Pós-graduação em Letras da PUC Minas. Desde 2006, coordena o grupo de pesquisa ElinC - Estudos em Linguagem e Cognição, formando alunos de iniciação científica, mestrado e doutorado em teoria linguística e sob a ótica da Psicolinguística. Além disso, desde 2016, coordena o projeto de extensão Alegria - Alfabetização e letramento gerando respeito, inclusão e autonomia. Tem experiência na área de Linguística, com ênfase em Sintaxe, Morfologia, Léxico, Fonologia e Alfabetização. Tem ainda interesse nas áreas de aquisição da linguagem, problemas na aquisição da linguagem e perda da linguagem. Em decorrência de estudos sobre o déficit específico de linguagem oral, tem ainda pesquisado os processos de aquisição da leitura e escrita em tal síndrome.

Christina A. Gomes concluiu o doutorado em Linguística pela Universidade Federal do Rio de Janeiro (UFRJ) em 1996, tendo realizado pós-doutorado na University of York, UK, 2003-2004 e 2008-2009. É professora titular do Departamento de Linguística e Filologia da UFRJ, membro permanente do Programa de Pós-Graduação em Linguística.

Desenvolve pesquisa de temas da área da Sociolinguística relativos à variação e mudança linguística, à aquisição e à percepção da variação socialmente indexada. É pesquisadora do CNPq e foi bolsista Cientista do Nosso Estado da Faperj.

Diogo Pinheiro tem mestrado em Língua Portuguesa e doutorado em Linguística pela Universidade Federal do Rio de Janeiro (UFRJ). É professor adjunto do Departamento de Linguística e Filologia da UFRJ, membro permanente do Programa de Pós-Graduação em Linguística da UFRJ e membro do Laboratório de Linguística Cognitiva (LinC-UFRJ).

Emily Silvano é fonoaudióloga (UFRJ, 2010), doutoranda e mestre em Linguística pela Universidade Federal do Rio de Janeiro (UFRJ), tendo obtido bolsa CAPES-PrInt para fazer estágio sanduíche no Neuroplasticity and Development Lab na Universidade Johns Hopkins, nos Estados Unidos. Integra o Acesin – Laboratório de Acesso Sintático/UFRJ, desenvolvendo pesquisa com enfoque no processamento sintático durante a leitura ou escuta de sentenças por pessoas cegas e videntes, sob a ótica da Neurociência da Linguagem, onde é também mentora de mestrandos e ICs. É fonoaudióloga concursada da Prefeitura Municipal de Resende. Em 2019 ganhou prêmio de Excelência em pesquisa da Abralin – Associação Brasileira de Linguística.

Felipe Venâncio Barbosa formado em Fonoaudiologia pela Universidade de São Paulo (USP) em 2001, com especialização em Ativação de Processos de Mudança na Formação de Profissionais da Saúde pela ENSP-Fiocruz em 2006 e Doutorado em Ciências da Reabilitação – Comunicação Humana pela USP em 2007. Atualmente é professor doutor do Departamento de Linguística da Faculdade de Filosofia, Letras e Ciências Humanas da USP, sendo o coordenador do Grupo de Pesquisa Língua de Sinais e Cognição – LiSCo. Desenvolveu pesquisas de pós-doutorado no *Deafness, Cognition and Language Centre* da University College London em 2019-2020 e desenvolve um acordo de colaboração com o Istituto Statale per Sordi Roma.

Fernanda de Carvalho Rodrigues concluiu o doutorado em Linguística pela Universidade Federal do Rio de Janeiro (UFRJ) em 2011. É professora adjunta do Departamento de Fonoaudiologia/FM e coordenadora do curso de Fonoaudiologia (2020-2022), tendo atuado como Professora Supervisora do Ambulatório de Afasiologia, sediado no Instituto de Neurologia Deolindo Couto – INDC/UFRJ. Desde 2014 integra a equipe multiprofissional de pesquisa no Instituto D'or de Pesquisa e Ensino e desde 2019, os grupos de pesquisa Fonoaudiologia e suas interfaces nos diversos ciclos de vida e BioLing (Biologia da Linguagem).

Gean Nunes Damulakis membro do Programa de Pós-Graduação em Linguística (PPGL/UFRJ) e Professor Associado no Departamento de Linguística e Filologia da Faculdade de Letras da UFRJ. Membro do Mestrado Profissional em

268 Os autores

Letras (Profletras/UFRJ), do qual foi coordenador até 2020. Fez pós-doutorado na Stony Brook University (NY/EUA). Possui Mestrado (2005) e Doutorado (2010) em Linguística pela UFRJ, tendo concluído a Graduação em Letras (Português-Alemão), em 2002, na mesma instituição. É Pesquisador Associado do Museu Nacional/UFRJ, onde atua como colaborador no Profllind (Mestrado Profissional em Linguística e Línguas Indígenas) e no Celib (Curso de Especialização de Línguas Indígenas Brasileiras). Pesquisa principalmente temas em Fonologia, Léxico e interface Fonologia-Morfologia em línguas Jê, Português e Alemão.

Gladis dos Santos graduada em Fonoaudiologia (1986) e pós-graduada em Psicomotricidade (1991), pelo Instituto Brasileiro de Medicina de Reabilitação (IBMR). Concluiu doutorado em Psicologia pela Universidade Federal do Rio de Janeiro (UFRJ) em 2019. É professora adjunta do Dept de Fonoaudiologia da Faculdade de Medicina da UFRJ, coordenadora da disciplina de Aquisição da Linguagem. É supervisora do Ambulatório de Aquisição e Desenvolvimento da Linguagem do Instituto de Neurologia Deolindo Couto (INDC / UFRJ). Desde 2011 desenvolve o projeto de pesquisa intitulado *Diagnóstico Diferencial de Pacientes em Atendimento no Ambulatório de Aquisição e Desenvolvimento da Linguagem.*

Guiomar Albuquerque concluiu o doutorado em Linguística pela Universidade Federal do Rio de Janeiro (UFRJ) em 2008 e o mestrado em 2003 (mesma instituição e área), ambos com ênfase em Psicolinguística. Graduou-se em Fonoaudiologia na UFRJ em 2000 tendo atuado clinicamente desde então nas áreas de linguagem e aprendizagem. É professora adjunto no Departamento de Fonoaudiologia da Universidade Federal do Espírito Santo (UFES), chefe do Departamento de Fonoaudiologia (2018-2020 e 2020-2022) e docente nas áreas de Linguagem Escrita e Fonoaudiologia Educacional no Curso de Fonoaudiologia (Ufes) e na Clínica Escola Interprofissional em Saúde do Centro de Ciências da Saúde da Ufes (Ceis/CCS/Ufes).

Janaina Weissheimer é professora associada no Departamento de Línguas Estrangeiras da UFRN, membro do Programa de Pós-Graduação em Estudos da Linguagem e colaboradora do Instituto do Cérebro da UFRN. Possui doutorado em Letras Inglês pela UFSC e realizou estágio pós-doutoral em Neurociências no Kutas Cognitive Electrophysiology Lab na UCSD. Seus interesses de pesquisa envolvem o estudo dos correlatos neurais e cognitivos da aprendizagem e do processamento da linguagem. É pesquisadora do CNPq e membro da Rede Nacional de Ciência para a Educação.

Larissa Berti mestre em Educação pela Universidade Estadual Paulista - Unesp (2000), Doutora em Linguística pela Universidade Estadual de Campinas - Unicamp (2006), Pós-Doutorado em Speech Language Pathology pela Universidade de Toronto (2015), Livre-Docente em Fonologia Clínica pela Universidade Estadual

Paulista - Unesp (2019). Professora permanente dos Programas de Pós-Graduação em Estudos Linguísticos (Unesp- São José do Rio Preto) e Fonoaudiologia (Unesp-Marília). É bolsista de Produtividade em Pesquisa do CNPq e também pesquisadora da FAPESP. Vice- Coordenadora do Laboratório de Análise Articulatória e Acústica (LAAc) da UNESP. Tem experiência na área de Fonoaudiologia e Linguística atuando, principalmente, nas seguintes áreas: Aquisição da Linguagem Oral, Fonética e Fonologia, Análise Acústica e Análise Ultrassonográfica.

Liana Biar tem doutorado em Estudos da Linguagem pela PUC-Rio. É professora e coordenadora do Programa de Pós-Graduação em Estudos da Linguagem da PUC-Rio. É pesquisadora do CNPq, Jovem Cientista do Nosso Estado da Faperj e líder do Grupo de Pesquisa Narrativa e Vida Social (Navis/PUC-Rio).

Luciana Mendes concluiu o doutorado em Linguística pela Universidade Federal do Rio de Janeiro (UFRJ) em 2015 e o mestrado na mesma área (2008). Graduou-se em Fonoaudiologia na UFRJ (2000) tendo atuado clinicamente desde então nas áreas de desenvolvimento, linguagem e aprendizagem. A partir de 2012 ingressou como sócia e fonoaudióloga na Lexus, linguagem, desenvolvimento e aprendizagem. Desde 2010 é servidora pública federal no cargo técnico-administrativo de Fonoaudiólogo, no qual atuou na Universidade Federal Rural do Rio de Janeiro (2010-2014) e na UFRJ (2014-2018). Em 2018 ingressou no Instituto de Puericultura e Pediatria Martagão Gesteira (IPPMG-UFRJ) e atua no ambulatório de Fonoaudiologia, no Núcleo de Segurança do Paciente - NSP-I PPMG (2019 até o presente momento) e no Projeto de Extensão Alunos Contadores de Histórias (2021 até o presente momento).

Marcela Branco da Silva concluiu o doutorado em Linguística pela Universidade Federal do Rio de Janeiro (UFRJ) em 2021. Possui Graduação em Fonoaudiologia e Mestrado em Linguística pela UFRJ. Tem experiência na área da Fonoaudiologia com ênfase em atendimento clínico relacionado a crianças com Atraso de Linguagem, Transtornos do Espectro Autista, Distúrbio Fonológico e com dificuldades relacionadas a aprendizagem da leitura e escrita.

Marcelo Melo professor Adjunto do Departamento de Linguística e Filologia da Universidade Federal do Rio de Janeiro (UFRJ). Possui graduação em Direito (2000) e Letras - Português/Inglês (2010) pela UFRJ, mestrado (2012) e doutorado (2017) em Linguística pela UFRJ. É membro do Programa de Pós-Graduação em Linguística (UFRJ), membro do GT de Sociolinguística da Anpoll e do Programa de Estudos sobre o Uso da Língua (Peul/UFRJ). Tem experiência na área de Linguística, com ênfase em Sociolinguística, atuando principalmente na pesquisa dos seguintes temas: variação e mudança linguística, percepção da variação socialmente indexada e aquisição da escrita, em especial por grupos de indivíduos de periferia com pouco acesso às instituições sociais.

270 Os autores

Marcus Maia é doutor em Linguística pela University of Southern California - USC, (1994). Realizou estágio de pós-doutorado na área de Processamento da Linguagem como pesquisador visitante na City University of New York - Cuny (2003-2004). Foi professor visitante no Departamento de Espanhol e Português e no Language Acquisition Research Center da University of Massachusetts, Amherst, no primeiro semestre de 2012 e no Departamento de Linguística da Massey University, Nova Zelândia, no segundo semestre de 2017. Atualmente é professor titular de Linguística do Departamento de Linguística e do Programa de Pós-graduação em Linguística da Faculdade de Letras da UFRJ. É bolsista de Produtividade em Pesquisa, nível 1B (CNPq) e foi Cientista do Nosso Estado (Faperj). Membro fundador da Rede Nacional de Ciência para a Educação. Presidente eleito da International Society of Applied Psycholinguistics - ISAPL, no triênio 2021-2024. Pesquisa sobre Processamento sintático e Lexical, Sintaxe experimental, teoria da Gramática, Psicolinguística e Educação, Línguas Indígenas.

Maria Isabel D. Freitas Fonoaudióloga. Especialização em Fonoaudiologia (Neurolinguística) pela Universidade de São Paulo (USP). Mestrado em Distúrbios da Comunicação (UTP-PR). Doutorado em Neurologia (USP). Pós-Doutorado em Neurologia (USP). Professora Associada do Departamento de Fonoaudiologia da Universidade Federal de Santa Catarina (UFSC). Coordenadora do Ambulatório de Afasia do Hospital Universitário - HU/UFSC. Coordenadora do Comitê de Linguagem Oral e Escrita do Adulto e Idoso do Departamento de Linguagem da Sociedade Brasileira de Fonoaudiologia – SBFa (gestões 2017-2019, 2020-2022).

Marília U. C. Lott de M. Costa doutora em Linguística pela Universidade Federal do Rio de Janeiro tendo estagiado no Laboratoire de Sciences Cognitives et Psycholinguistique da École Normale Supérieure em Paris (França). É professora adjunta no Dept de Letras-Libras da UFRJ no setor de estudos linguísticos e membro permanente do Programa de Pós-Graduação em Linguística da mesma universidade. Desde 2017, coordena o Laboratório SOPA (Laboratório de línguas de Sinais e Orais em Psicolinguística e Aquisição). Tem experiência na área de Linguística e Psicolinguística, principalmente na área de aquisição de linguagem e processamento de leitura. É Jovem Cientista do Nosso Estado da Faperj.

Renata Mousinho é fonoaudióloga, tendo concluído o doutorado em Linguística pela Universidade Federal do Rio de Janeiro (UFRJ) em 2003. Realizou pós-doutorado em Psicologia em 2009 na UFRJ. É professora titular do Dept. de Fonoaudiologia da Fac. de Medicina da UFRJ. Coordena o laboratório ELO: escrita, leitura e oralidade.

Silas Augusto Martins é neurocirurgião do Hospital São Lucas, Rio de Janeiro. Graduado pela Escola de Medicina Souza Marques em 2013, fez residência médica em Neurocirurgia pelo Hospital Adventista Silvestre e pelo Hospital Federal da Lagoa em 2020. Foi trainee em mapeamento funcional cerebral em neurocirurgia oncológica, sob a orientação do Professeur Hugues Duffau, no Hopital Gui Chauliac, em Montpellier na França.

Suzana M. Nery concluiu o doutorado em Linguística pela Universidade Federal do Rio de Janeiro (UFRJ) em 2018. É Fonoaudióloga do quadro permanente da Maternidade Escola da UFRJ. Possui Graduação em Fonoaudiologia pela UFRJ, Especialização em Audiologia Clínica e Ocupacional pelo Cefac – Pós Graduação em Saúde e Educação, e Mestrado em Linguística pela UFRJ. Tem experiência na área de Fonoaudiologia, com ênfase em Audiologia infantil, Triagem Auditiva Neonatal e diagnóstico das alterações funcionais orais do recém-nascido.

Thaïs Cristófaro Silva mestre em Linguística pela UFMG (1986), Doutora em Linguística pela Universidade de Londres (1992) e Pós-Doutorado na Universidade de Newcastle (2002), PucMinas (2011) e University College London (2017). Professora Titular da UFMG até 2019 quando passou a atuar como professora permanente do Programa de Estudos Linguísticos da Fale-UFMG. É bolsista de Produtividade em Pesquisa do CNPq, desenvolvendo o projeto 'Representacões fonológicas: gradiência e categoricidade'. É também pesquisadora da Fapemig desenvolvendo o projeto 'Representações na Fala e na Escrita: Contribuições da Variedade Linguística de Belo Horizonte'. Resultados de pesquisa referentes a estes e outros projetos já concluídos podem ser obtidos em: http://www.letras.ufmg.br/profs/ thaiscristofaro/ (ver publicações). Coordenadora da plataforma de ensino online interativo de Fonologia e Fonética que pode ser acessada em www.fonologia.org. Tem atuação profissional multidisciplinar, sobretudo vinculando-se à Linguística Teórica e Aplicada, com ênfase em Fonologia, Fonoaudiologia e Tecnologia de Fala.

Thiago Oliveira da Motta Sampaio concluiu o doutorado em Linguística pela Universidade Federal do Rio de Janeiro (UFRJ) em 2015. Realizou estágio no Instituto da Saúde e das Pesquisas Médicas da França (Inserm) onde atuou no NeuroSpin Center, laboratório membro do Human Brain Project. Atuou na Unidade de Neuroimagem Cognitiva do Instituto de Imagem Biomédica (atual Instituto Frédéric Joliot) do Comissariado de Energia Atômica e Alternativa (CEA, Paris-Saclay). Atualmente é professor doutor MS 3.1 do Dept de Linguística, coordenador associado do curso de Fonoaudiologia e coordenador do Comitê de Ética nas Ciências Humanas e Sociais da Universidade Estadual de Campinas (Unicamp). Também atua como divulgador de ciência no Portal Deviante, na rede de Blogs de Ciência da Unicamp e é embaixador da Olimpíada Brasileira de Linguística. Desde 2016 coordena o Laboratório de Aquisição, Processamento e Sintaxe (Lapros), dirigindo trabalhos de monografia, iniciação científica, mestrado, doutorado e estágios.